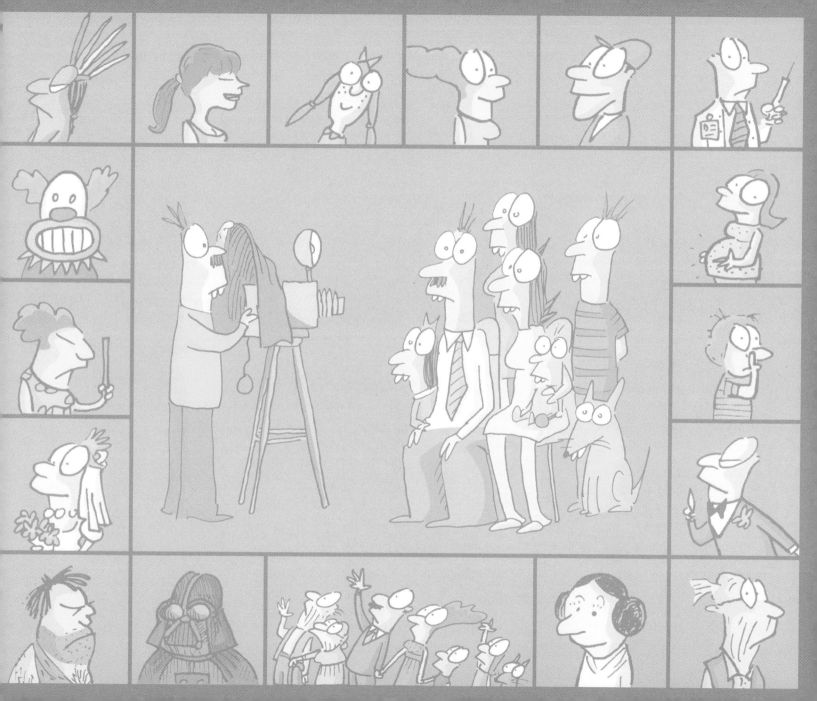

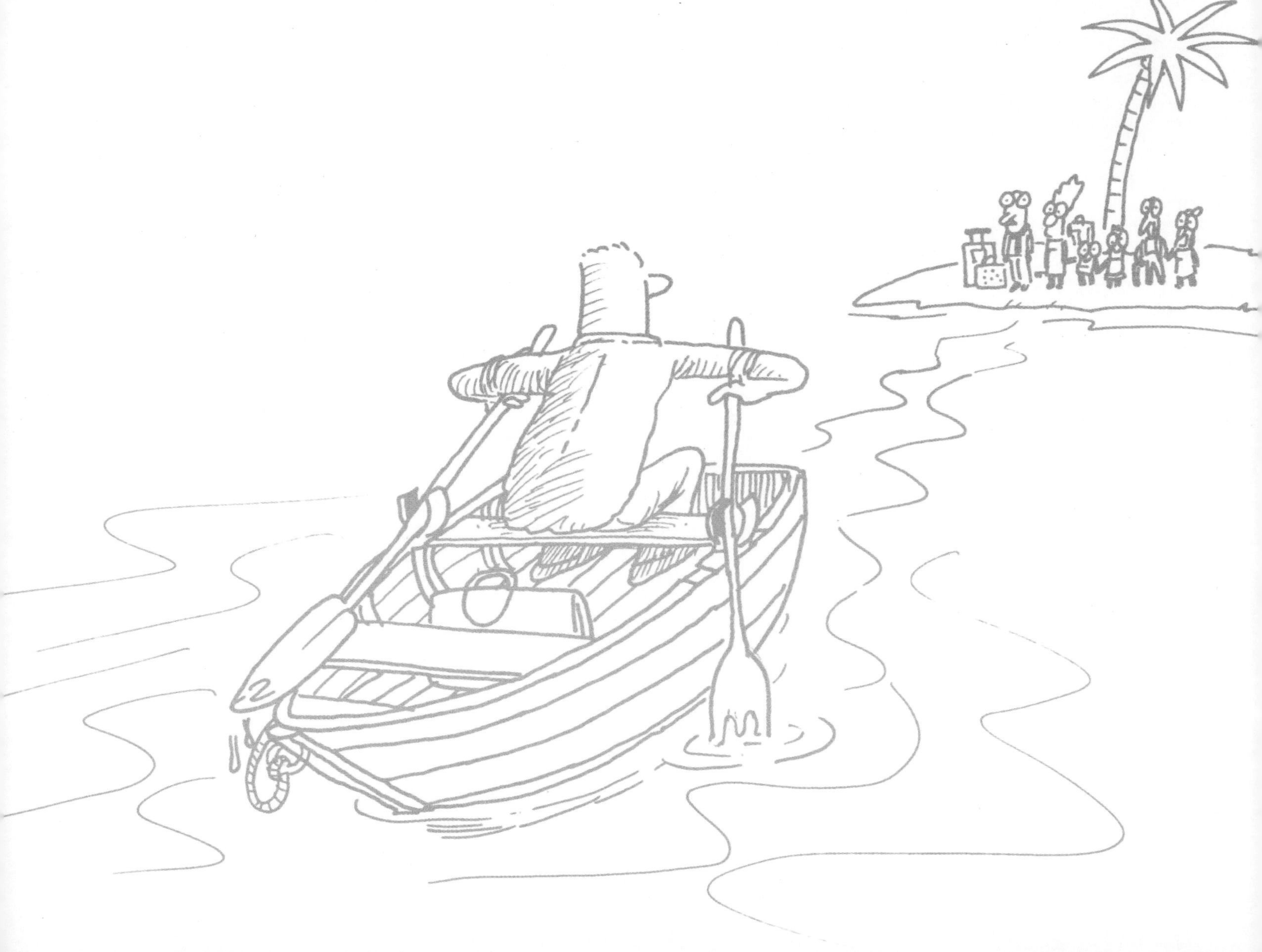

¡VIVA LA FAMILIA!

...PERO BIEN LEJOS

TRINO

TUSQUETS
EDITORES

© José Trinidad Camacho Orozco, Trino

Diagramación, color y diseño de la portada: Gavo Casillas
Aplicación de color: Gonzalo Alejandro López Olguín

Reservados todos los derechos de esta edición para:
© 2013, Tusquets Editores México, S.A. de C.V.
Avenida Presidente Masarik núm. 111, 2o. piso
Colonia Chapultepec Morales
C.P. 11570, México, D.F.

1.ª edición: septiembre de 2013

ISBN: 978-607-421-474-1

Impreso en los talleres de Impresora y Editora Infagon, S.A. de C.V.
Escibilla núm. 3, colonia Paseos de Churubusco, México, D.F.
Impreso y hecho en México – *Printed and made in Mexico*

A toda mi familia, tan lejos, tan cerca...

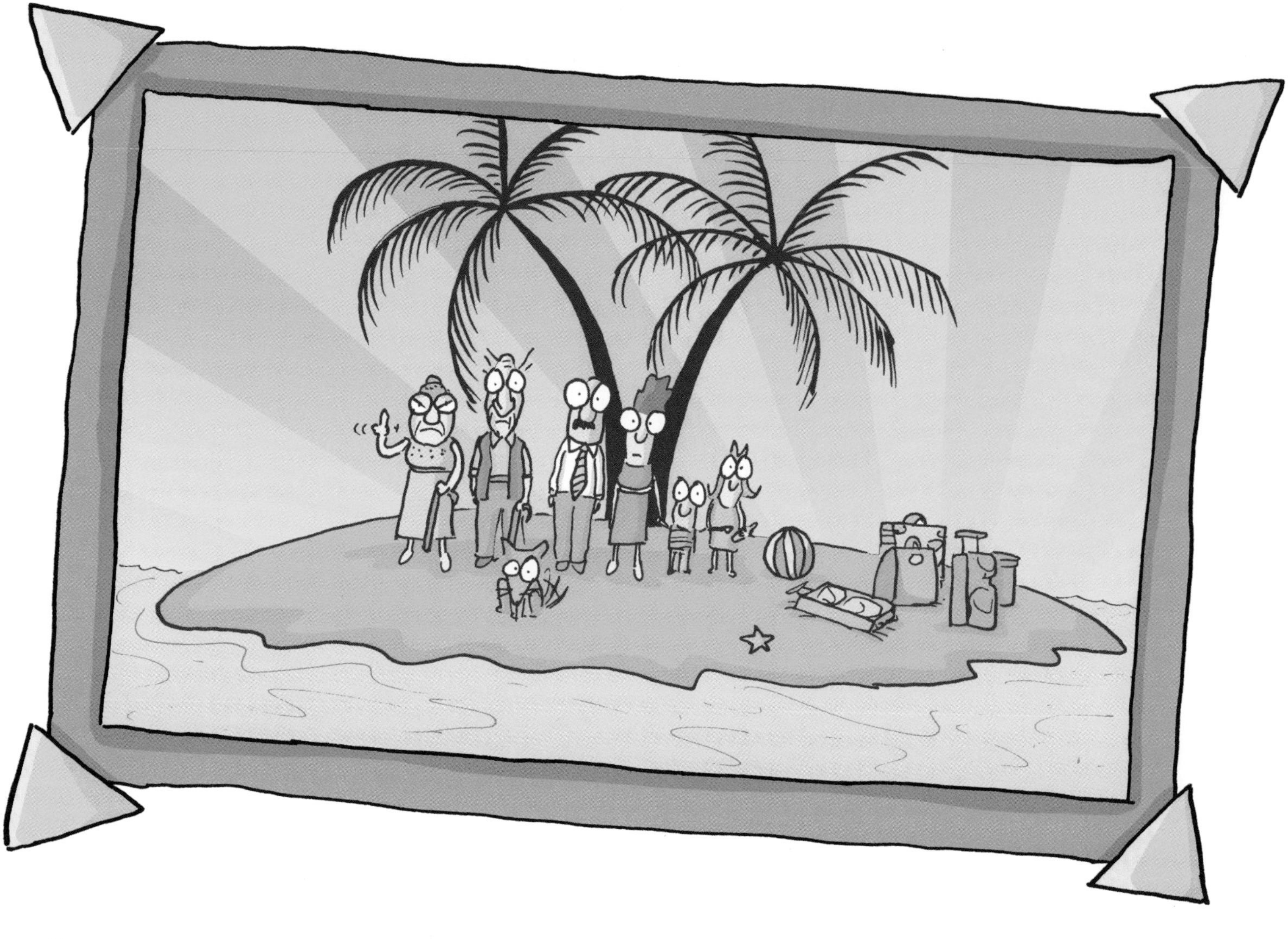

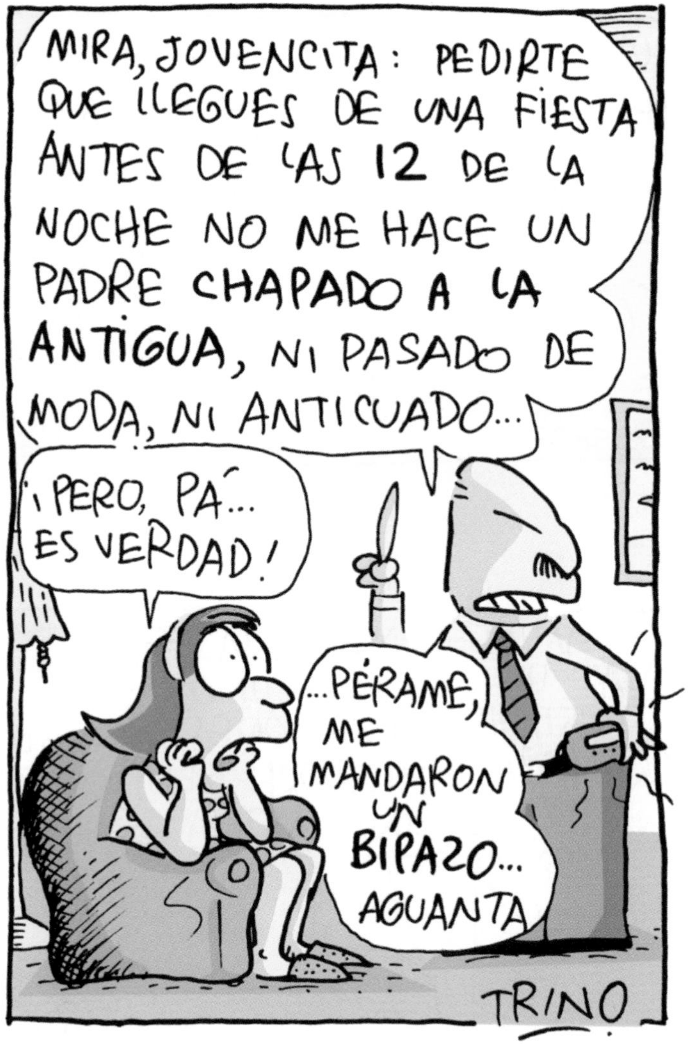
MIRA, JOVENCITA: PEDIRTE QUE LLEGUES DE UNA FIESTA ANTES DE LAS 12 DE LA NOCHE NO ME HACE UN PADRE CHAPADO A LA ANTIGUA, NI PASADO DE MODA, NI ANTICUADO...
¡PERO, PA... ES VERDAD!
...PÉRAME, ME MANDARON UN BIPAZO... AGUANTA
TRINO

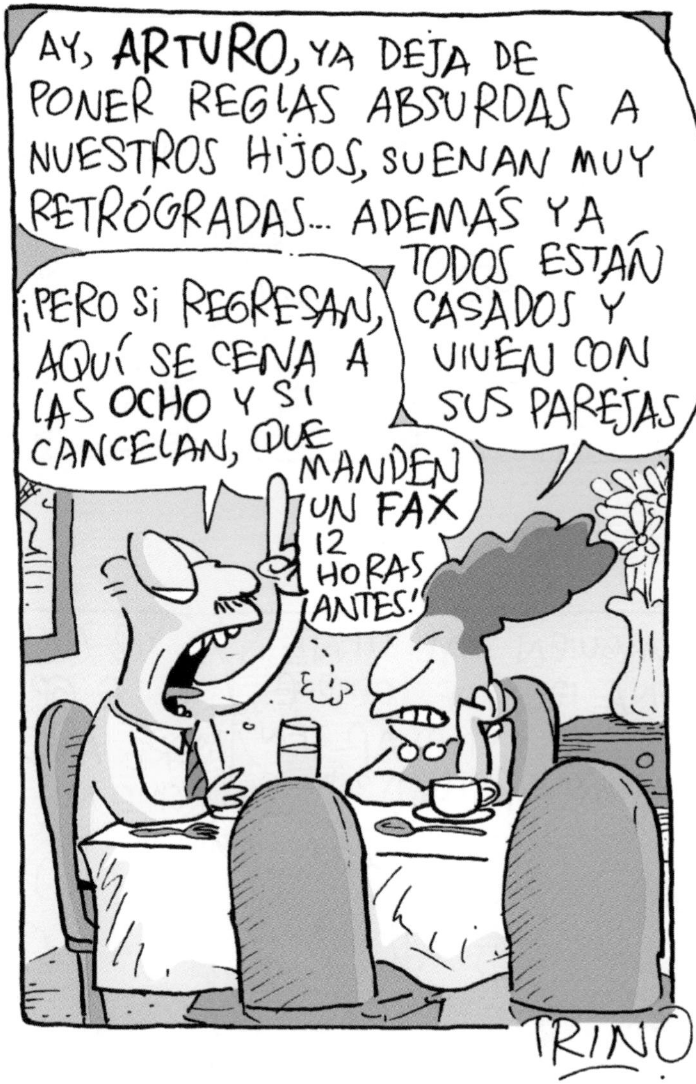
AY, ARTURO, YA DEJA DE PONER REGLAS ABSURDAS A NUESTROS HIJOS, SUENAN MUY RETRÓGRADAS... ADEMÁS YA TODOS ESTÁN CASADOS Y VIVEN CON SUS PAREJAS
¡PERO SI REGRESAN, AQUÍ SE CENA A LAS OCHO Y SI CANCELAN, QUE MANDEN UN FAX 12 HORAS ANTES!
TRINO

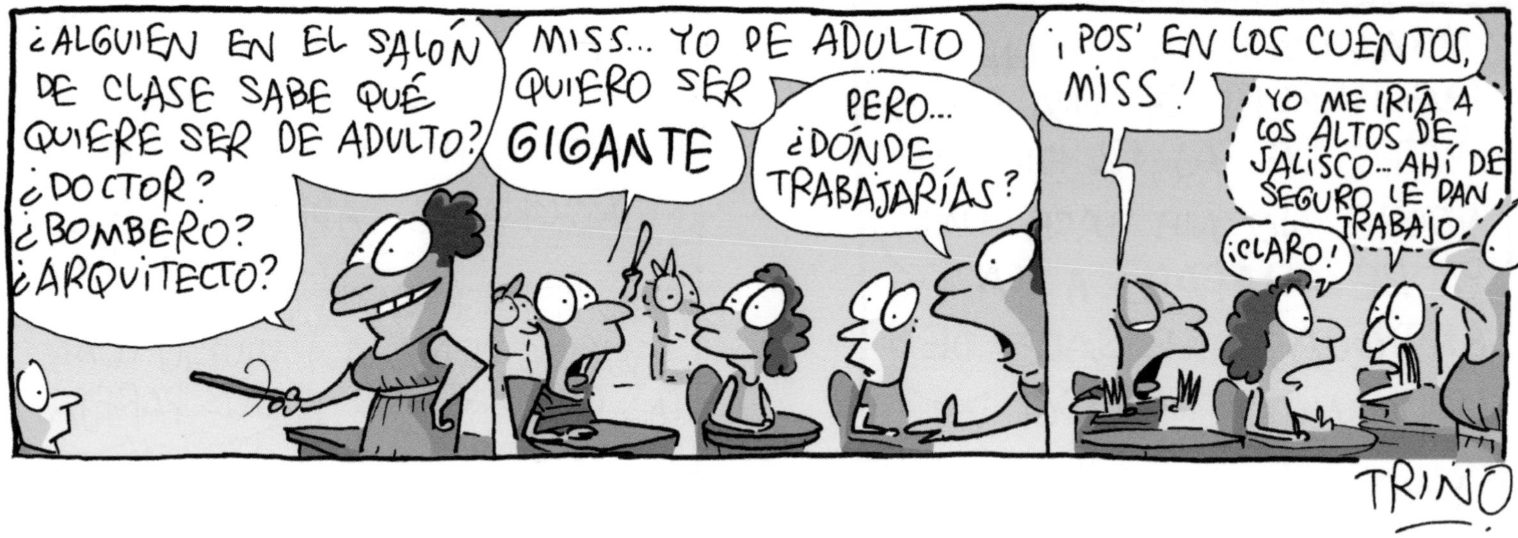
¿ALGUIEN EN EL SALÓN DE CLASE SABE QUÉ QUIERE SER DE ADULTO? ¿DOCTOR? ¿BOMBERO? ¿ARQUITECTO?
MISS... YO DE ADULTO QUIERO SER GIGANTE
PERO... ¿DÓNDE TRABAJARÍAS?
¡POS' EN LOS CUENTOS, MISS!
YO ME IRÍA A LOS ALTOS DE JALISCO... AHÍ DE SEGURO LE DAN TRABAJO.
¡CLARO!
TRINO

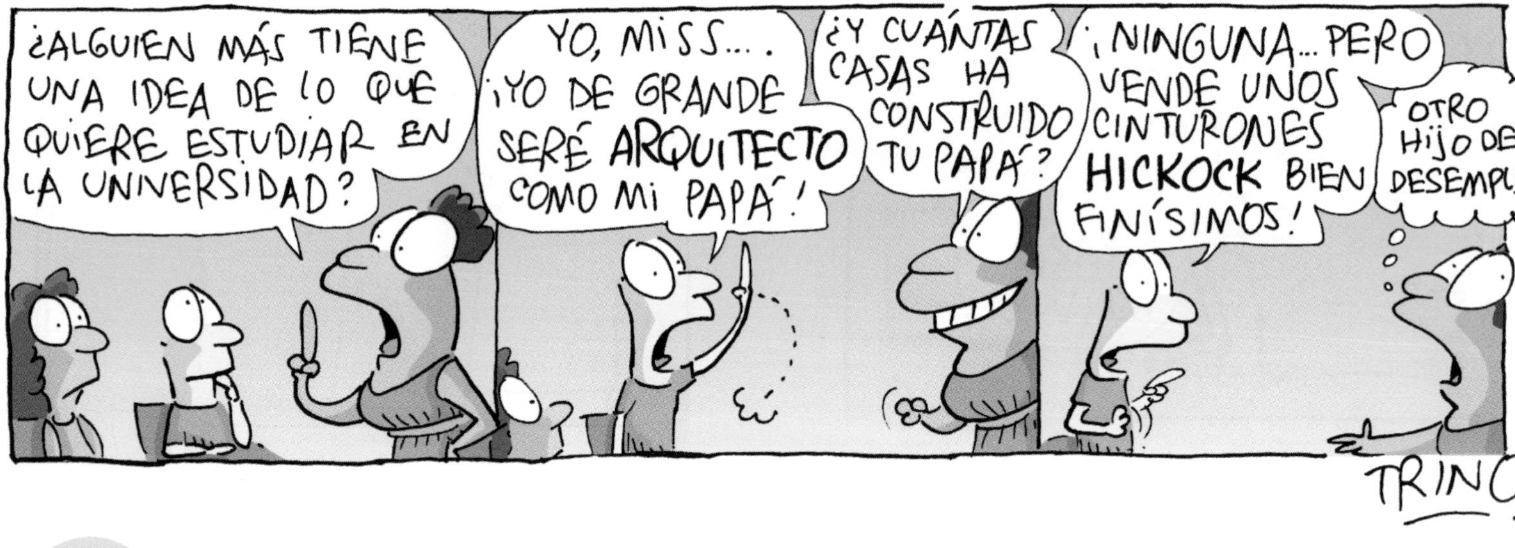
¿ALGUIEN MÁS TIENE UNA IDEA DE LO QUE QUIERE ESTUDIAR EN LA UNIVERSIDAD?
YO, MISS.... ¡YO DE GRANDE SERÉ ARQUITECTO COMO MI PAPÁ!
¿Y CUÁNTAS CASAS HA CONSTRUIDO TU PAPÁ?
¡NINGUNA... PERO VENDE UNOS CINTURONES HICKOCK BIEN FINÍSIMOS!
OTRO HIJO DEL DESEMPLEO
TRINO

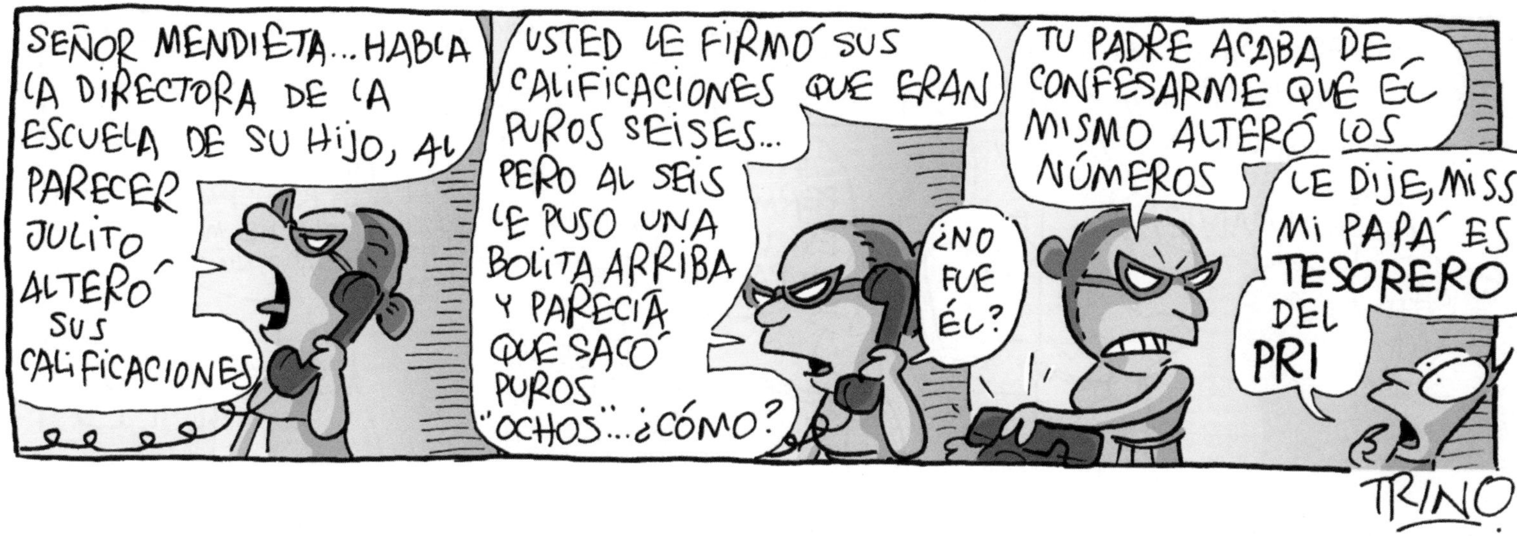
SEÑOR MENDIETA... HABLA LA DIRECTORA DE LA ESCUELA DE SU HIJO, AL PARECER JULITO ALTERÓ SUS CALIFICACIONES
USTED LE FIRMÓ SUS CALIFICACIONES QUE ERAN PUROS SEISES... PERO AL SEIS LE PUSO UNA BOLITA ARRIBA Y PARECÍA QUE SACÓ PUROS "OCHOS"... ¿CÓMO?
¿NO FUE ÉL?
TU PADRE ACABA DE CONFESARME QUE ÉL MISMO ALTERÓ LOS NÚMEROS
LE DIJE, MISS... MI PAPÁ ES TESORERO DEL PRI
TRINO

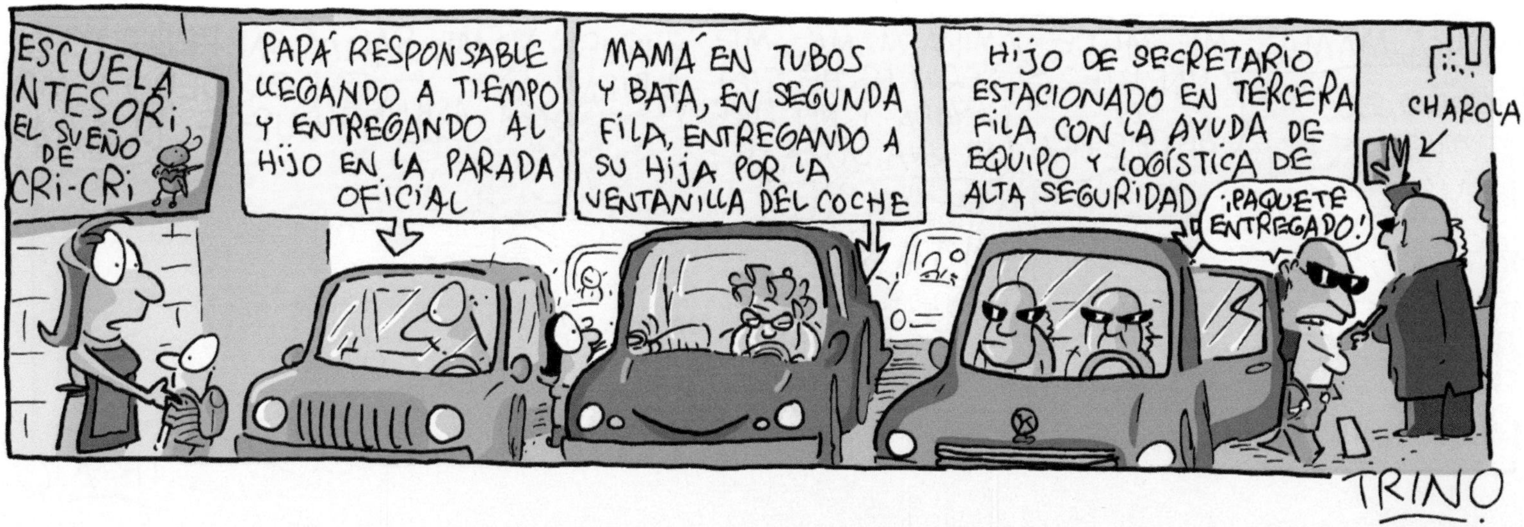
ESCUELA MONTESORI EL SUEÑO DE CRI-CRI
PAPÁ RESPONSABLE LLEGANDO A TIEMPO Y ENTREGANDO AL HIJO EN LA PARADA OFICIAL
MAMÁ EN TUBOS Y BATA, EN SEGUNDA FILA, ENTREGANDO A SU HIJA POR LA VENTANILLA DEL COCHE
HIJO DE SECRETARIO ESTACIONADO EN TERCERA FILA CON LA AYUDA DE EQUIPO Y LOGÍSTICA DE ALTA SEGURIDAD
CHAROLA
¡PAQUETE ENTREGADO!
TRINO

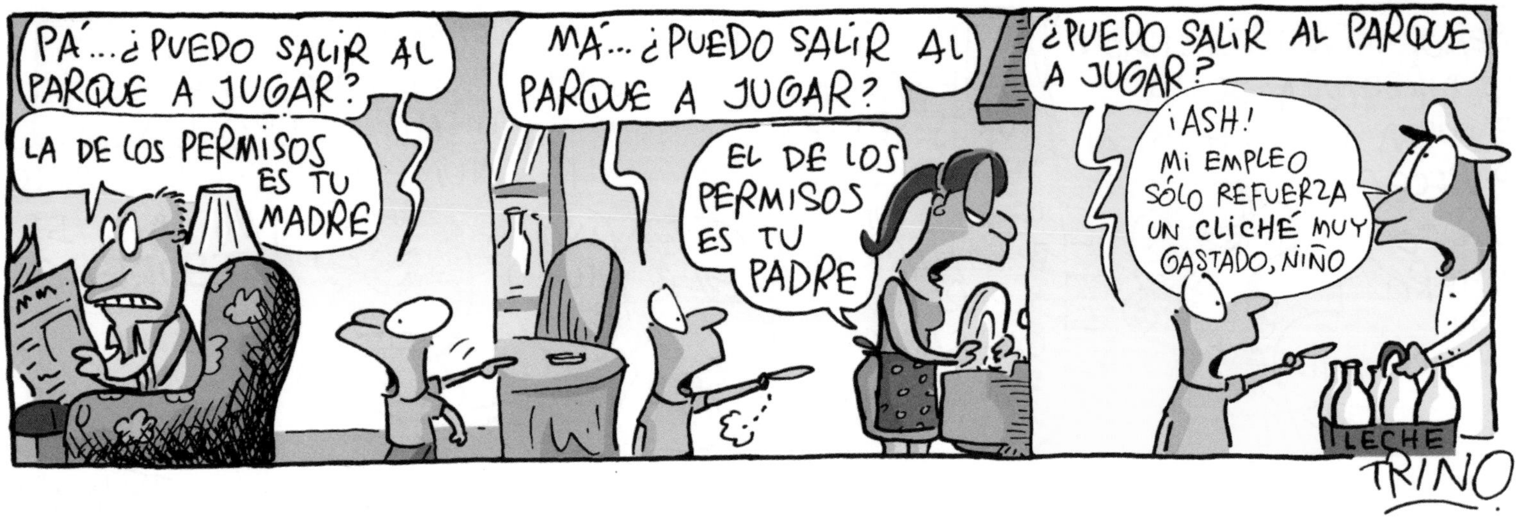
PÁ... ¿PUEDO SALIR AL PARQUE A JUGAR?
LA DE LOS PERMISOS ES TU MADRE
MÁ... ¿PUEDO SALIR AL PARQUE A JUGAR?
EL DE LOS PERMISOS ES TU PADRE
¿PUEDO SALIR AL PARQUE A JUGAR?
¡ASH! MI EMPLEO SÓLO REFUERZA UN CLICHÉ MUY GASTADO, NIÑO
LECHE
TRINO

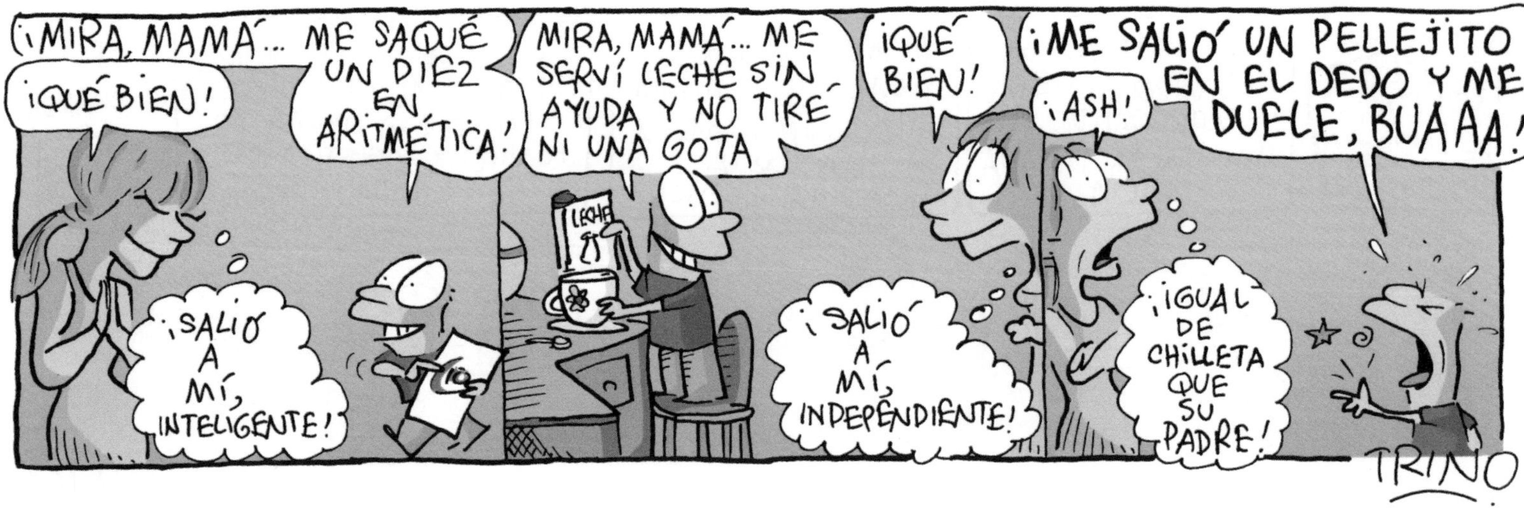
¡MIRA, MAMÁ... ME SAQUÉ UN DIEZ EN ARITMÉTICA!
¡QUÉ BIEN!
¡SALIÓ A MÍ, INTELIGENTE!
MIRA, MAMÁ... ME SERVÍ LECHE SIN AYUDA Y NO TIRÉ NI UNA GOTA
LECHE
¡QUÉ BIEN!
¡SALIÓ A MÍ, INDEPENDIENTE!
¡ME SALIÓ UN PELLEJITO EN EL DEDO Y ME DUELE, BUAAA!
¡ASH!
¡IGUAL DE CHILLETA QUE SU PADRE!
TRINO

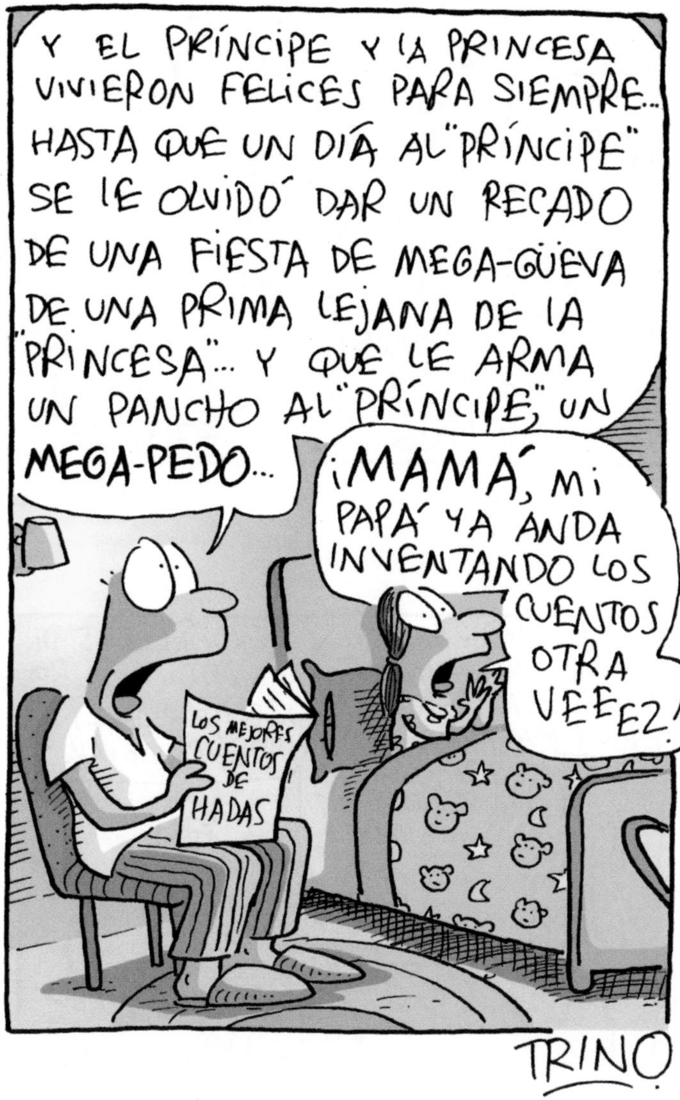
Y EL PRÍNCIPE Y LA PRINCESA VIVIERON FELICES PARA SIEMPRE... HASTA QUE UN DÍA AL "PRÍNCIPE" SE LE OLVIDÓ DAR UN RECADO DE UNA FIESTA DE MEGA-GÜEVA DE UNA PRIMA LEJANA DE LA "PRINCESA"... Y QUE LE ARMA UN PANCHO AL "PRÍNCIPE", UN MEGA-PEDO...
¡MAMÁ, MI PAPÁ YA ANDA INVENTANDO LOS CUENTOS OTRA VEEEZ!
LOS MEJORES CUENTOS DE HADAS
TRINO

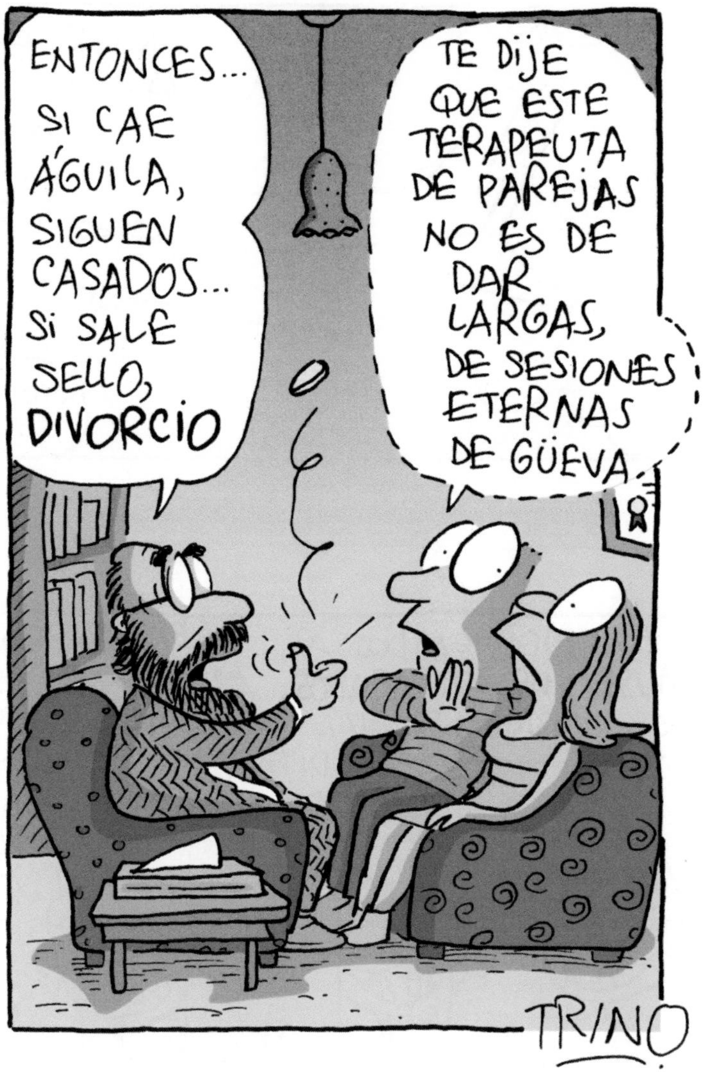
ENTONCES... SI CAE ÁGUILA, SIGUEN CASADOS... SI SALE SELLO, DIVORCIO
TE DIJE QUE ESTE TERAPEUTA DE PAREJAS NO ES DE DAR LARGAS, DE SESIONES ETERNAS DE GÜEVA.
TRINO

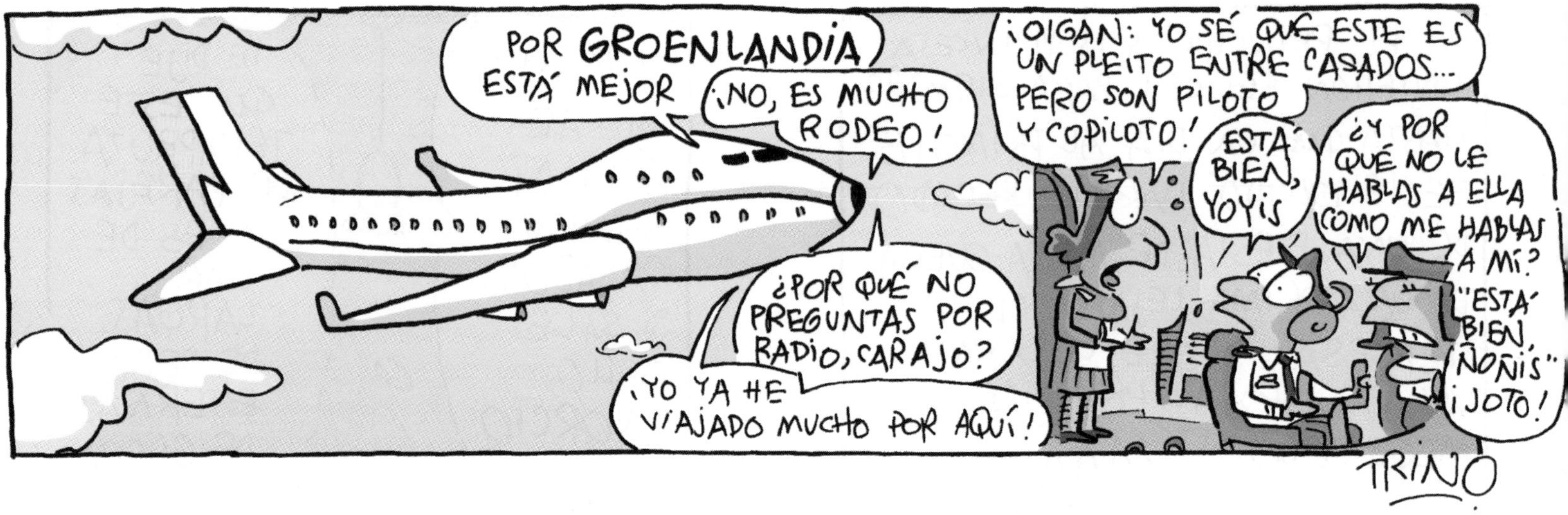
POR GROENLANDIA ESTÁ MEJOR
¡NO, ES MUCHO RODEO!
¿POR QUÉ NO PREGUNTAS POR RADIO, CARAJO?
¡YO YA HE VIAJADO MUCHO POR AQUÍ!
¡OIGAN: YO SÉ QUE ESTE ES UN PLEITO ENTRE CASADOS... PERO SON PILOTO Y COPILOTO!
ESTÁ BIEN, YOYIS
¿Y POR QUÉ NO LE HABLAS A ELLA COMO ME HABLAS A MÍ? "ESTÁ BIEN, ÑOÑIS" ¡JOTO!
TRINO

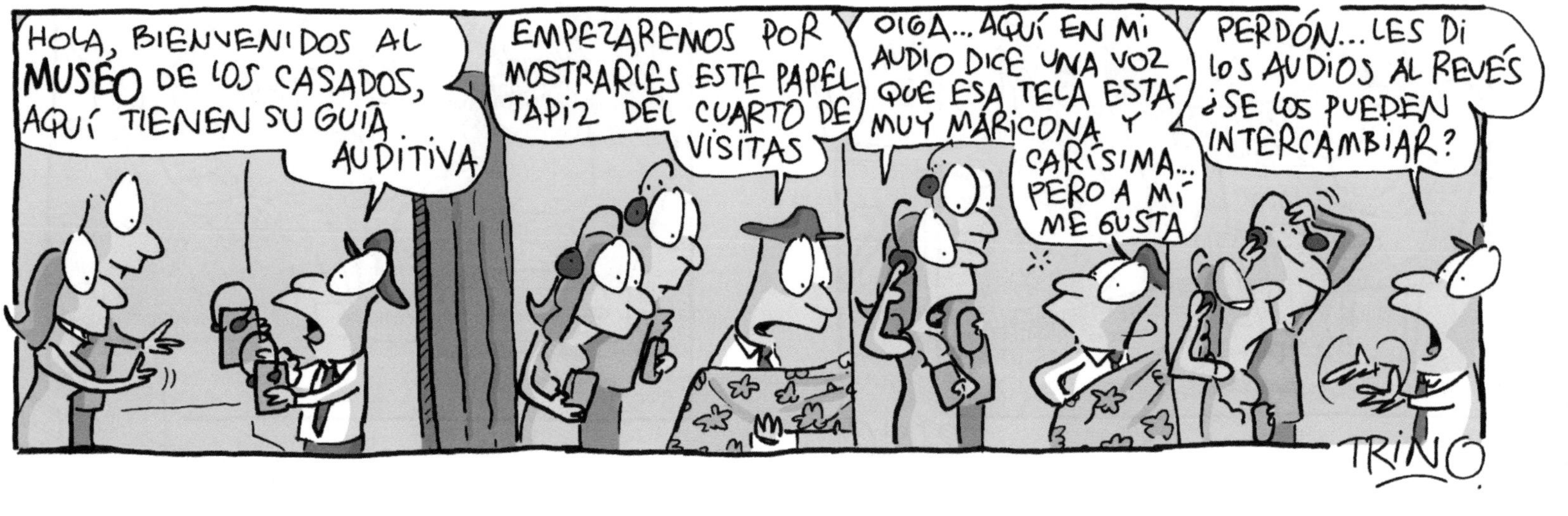
HOLA, BIENVENIDOS AL MUSEO DE LOS CASADOS, AQUÍ TIENEN SU GUÍA AUDITIVA
EMPEZAREMOS POR MOSTRARLES ESTE PAPEL TAPIZ DEL CUARTO DE VISITAS
OIGA... AQUÍ EN MI AUDIO DICE UNA VOZ QUE ESA TELA ESTÁ MUY MARICONA Y CARÍSIMA...
PERO A MÍ ME GUSTA
PERDÓN... LES DI LOS AUDIOS AL REVÉS ¿SE LOS PUEDEN INTERCAMBIAR?
TRINO

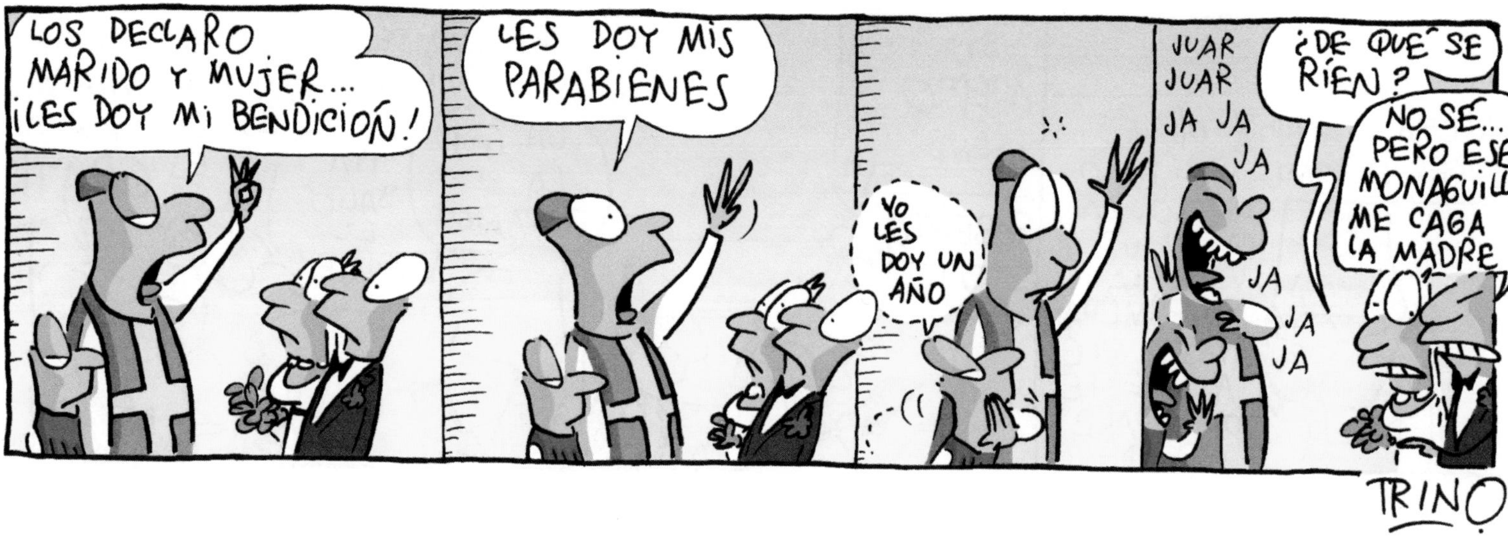
LOS DECLARO MARIDO Y MUJER... ¡LES DOY MI BENDICIÓN!
LES DOY MIS PARABIENES
YO LES DOY UN AÑO
JUAR JUAR JA JA JA JA JA JA
¿DE QUÉ SE RÍEN?
NO SÉ... PERO ESE MONAGUILLO ME CAGA LA MADRE
TRINO

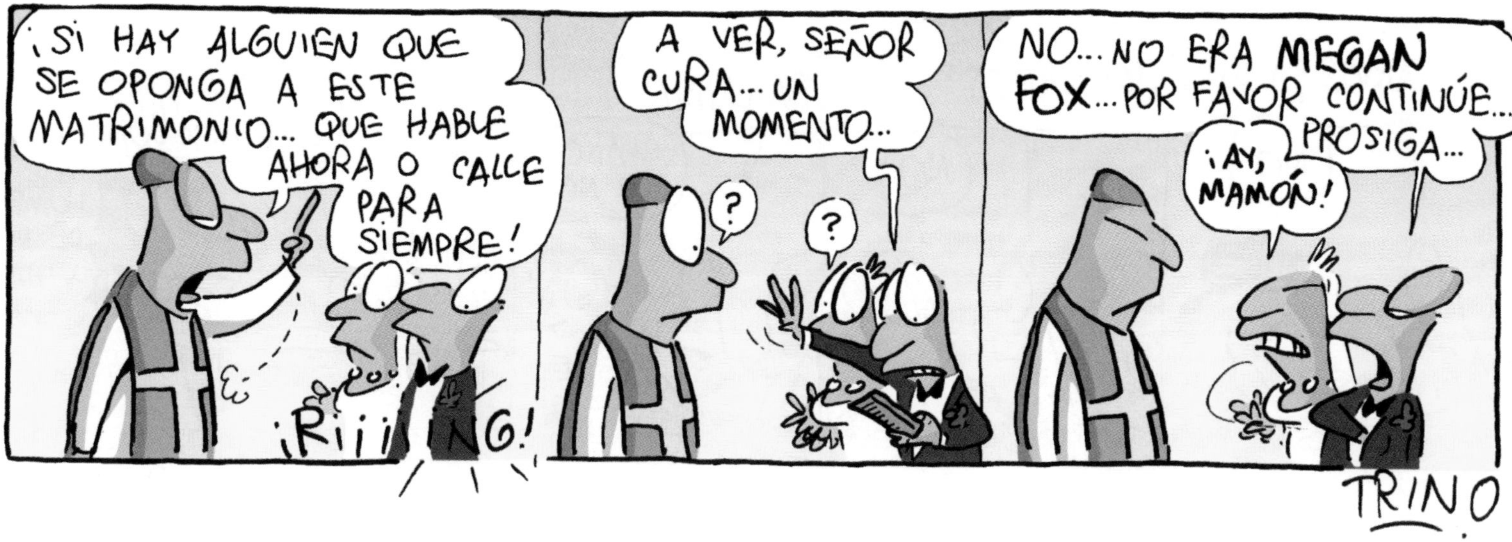
¡SI HAY ALGUIEN QUE SE OPONGA A ESTE MATRIMONIO... QUE HABLE AHORA O CALLE PARA SIEMPRE!
¡RIII NG!
?
?
A VER, SEÑOR CURA... UN MOMENTO...
NO... NO ERA MEGAN FOX... POR FAVOR CONTINÚE... PROSIGA...
¡AY, MAMÓN!
TRINO

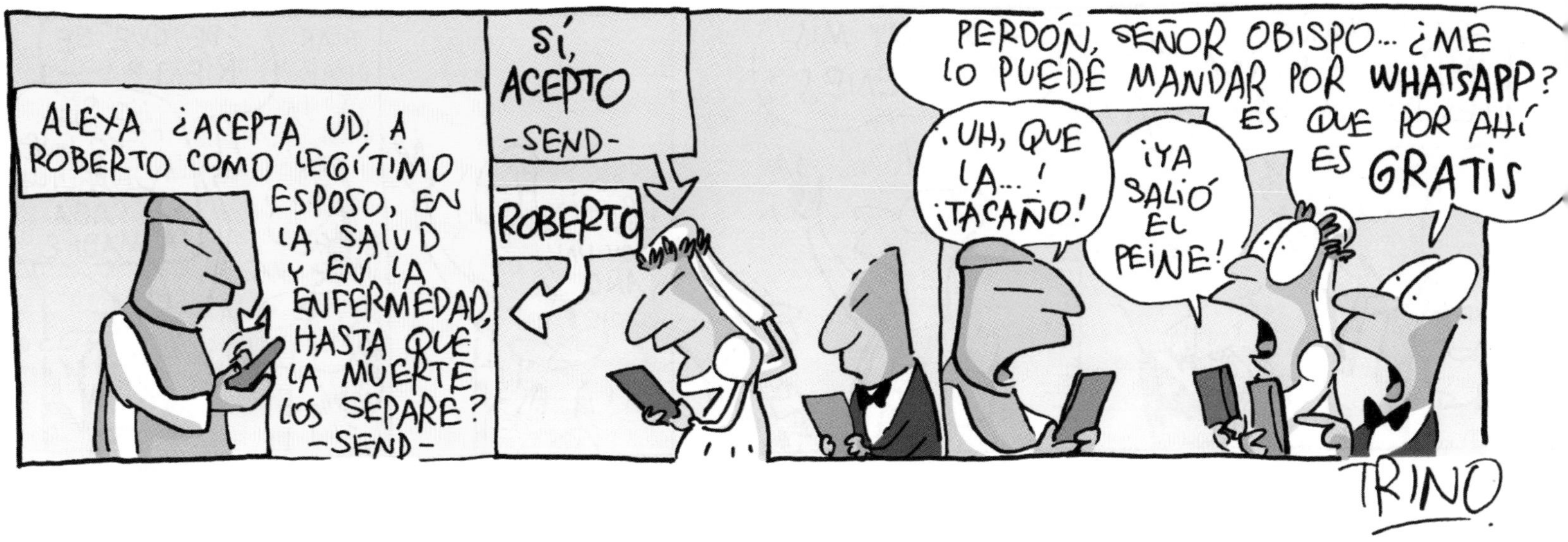
ALEXA ¿ACEPTA UD. A ROBERTO COMO LEGÍTIMO ESPOSO, EN LA SALUD Y EN LA ENFERMEDAD, HASTA QUE LA MUERTE LOS SEPARE? -SEND-
SÍ, ACEPTO -SEND-
ROBERTO
PERDÓN, SEÑOR OBISPO... ¿ME LO PUEDE MANDAR POR WHATSAPP? ES QUE POR AHÍ ES GRATIS
¡UH, QUE LA...! ¡TACAÑO!
¡YA SALIÓ EL PEINE!
TRINO

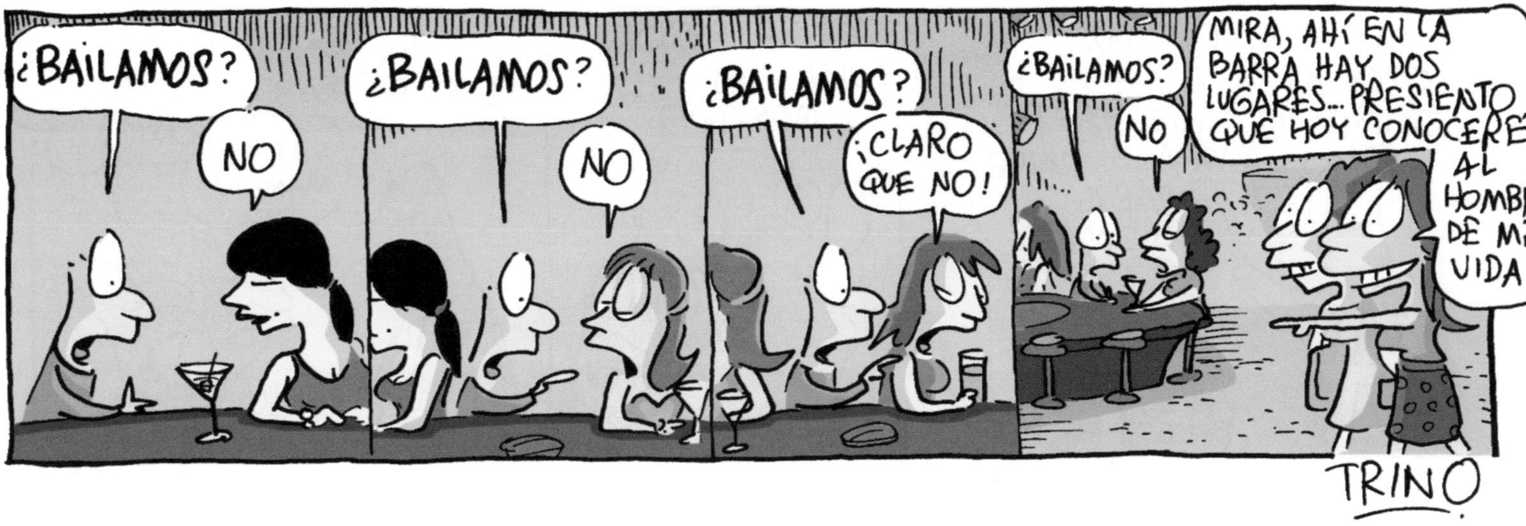
¿BAILAMOS?
NO
¿BAILAMOS?
NO
¿BAILAMOS?
¡CLARO QUE NO!
¿BAILAMOS?
NO
MIRA, AHÍ EN LA BARRA HAY DOS LUGARES... PRESIENTO QUE HOY CONOCERÉ AL HOMBRE DE MI VIDA
TRINO

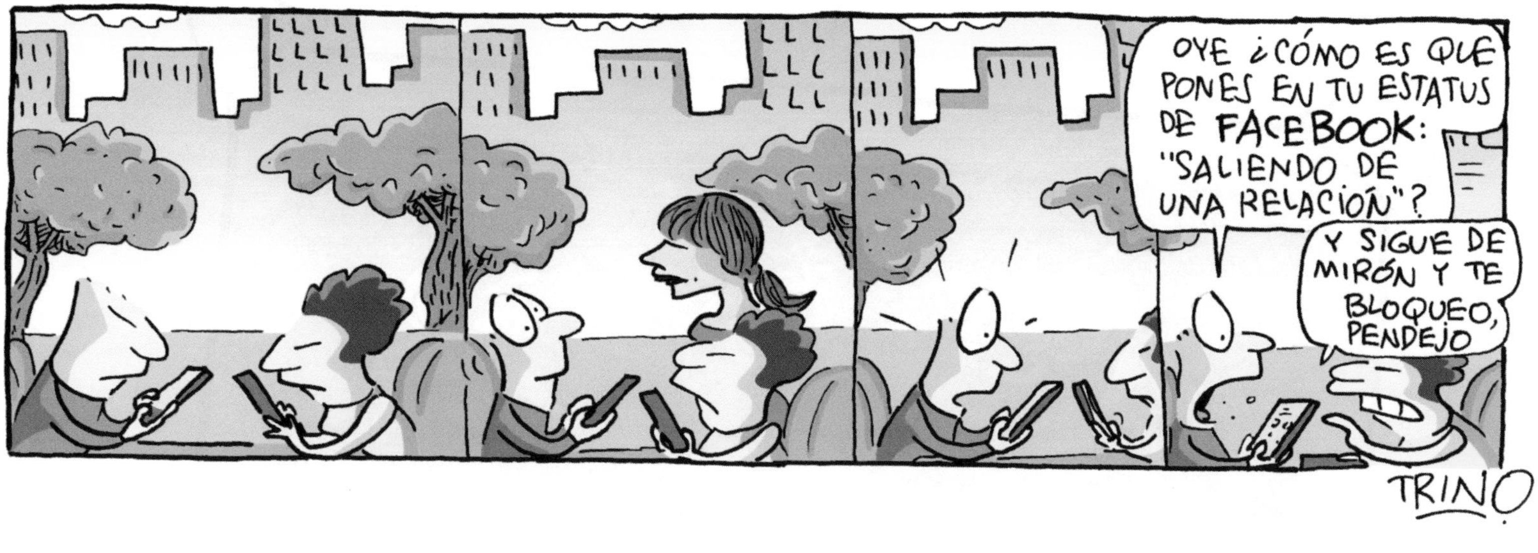
OYE ¿CÓMO ES QUE PONES EN TU ESTATUS DE FACEBOOK: "SALIENDO DE UNA RELACIÓN"?
Y SIGUE DE MIRÓN Y TE BLOQUEO, PENDEJO
TRINO

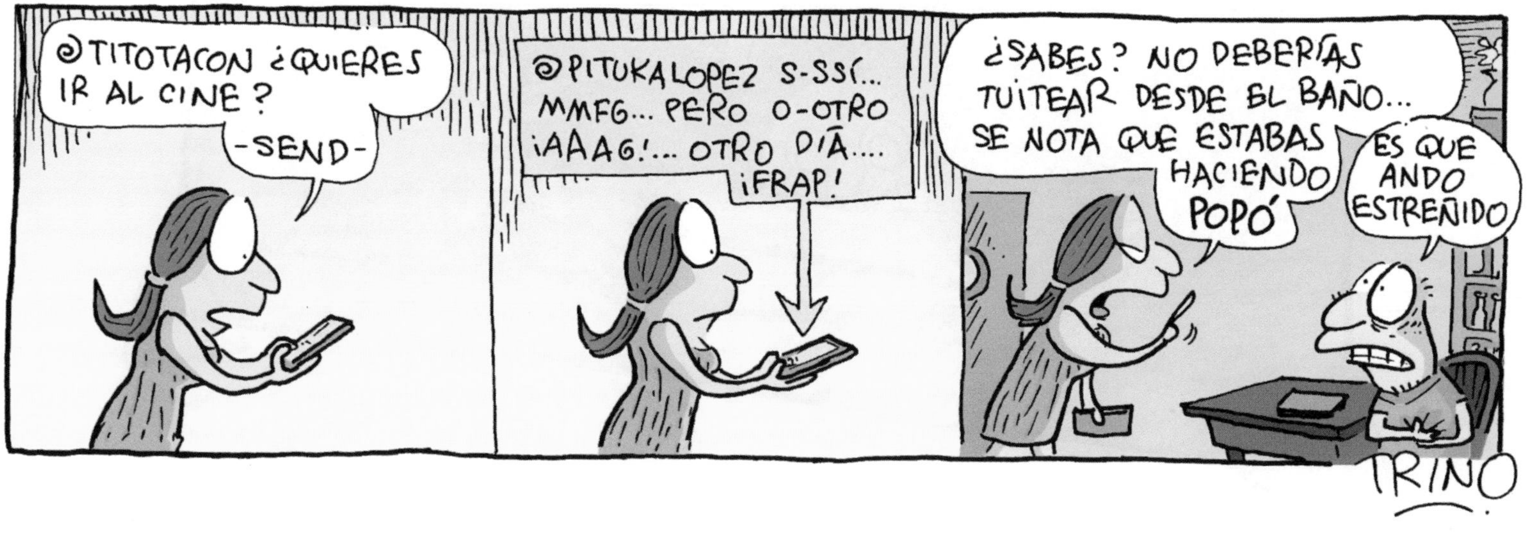
@TITOTACON ¿QUIERES IR AL CINE?
-SEND-
@PITUKALOPEZ S-SSÍ... MMFG... PERO O-OTRO ¡AAAG!... OTRO DÍA.... ¡FRAP!
¿SABES? NO DEBERÍAS TUITEAR DESDE EL BAÑO... SE NOTA QUE ESTABAS HACIENDO POPÓ
ES QUE ANDO ESTREÑIDO
TRINO

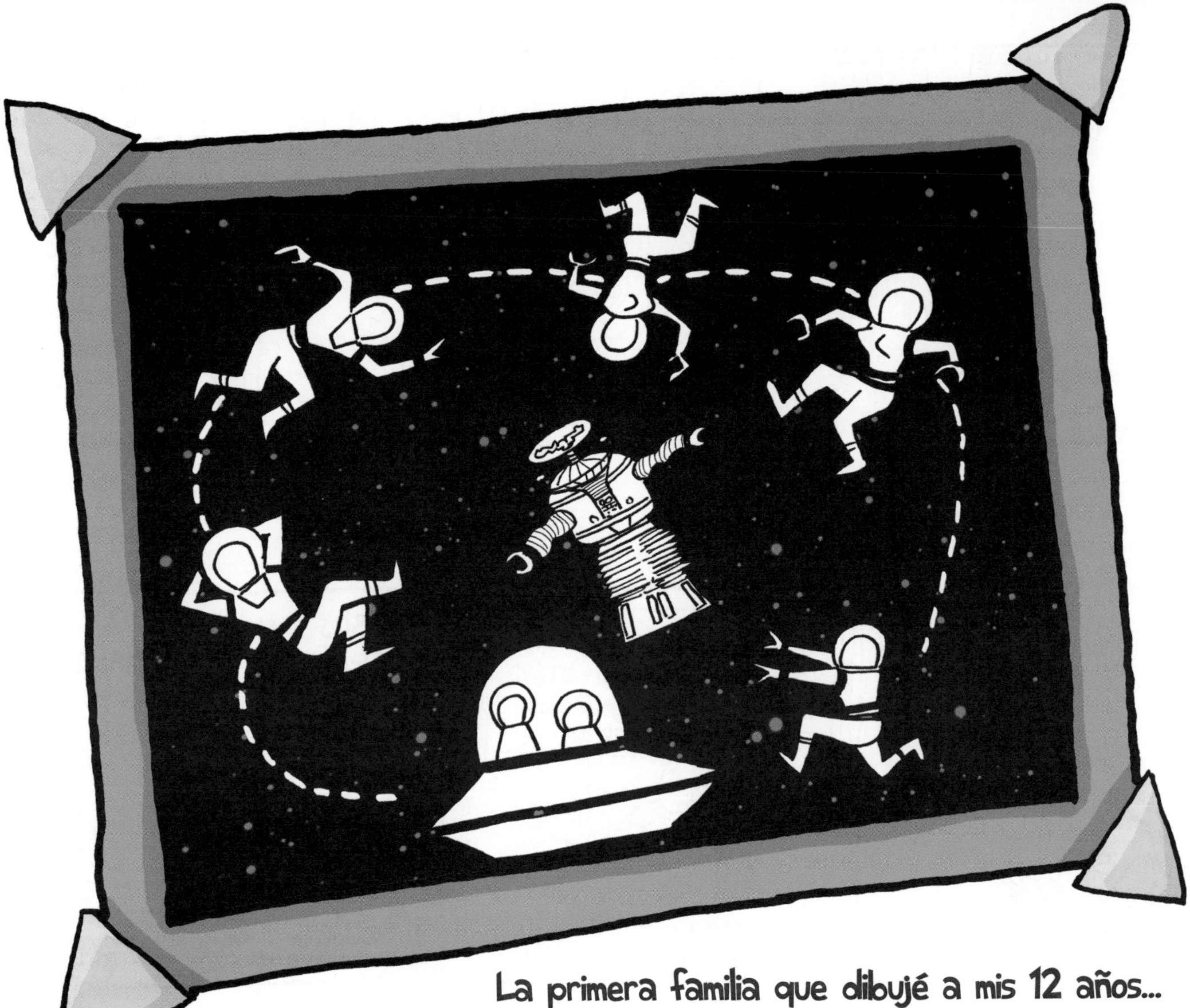

La primera familia que dibujé a mis 12 años...
la familia Robinson y el Robot y el Dr. Smith.

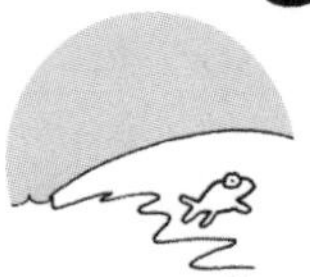

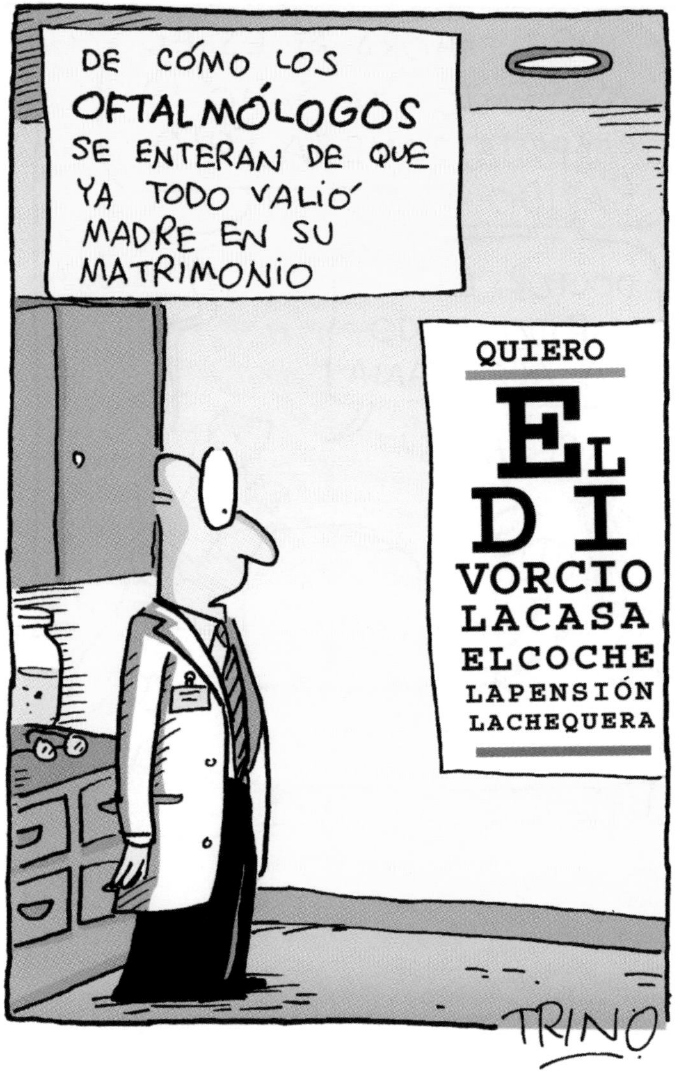
DE CÓMO LOS
OFTALMÓLOGOS
SE ENTERAN DE QUE
YA TODO VALIÓ
MADRE EN SU
MATRIMONIO
QUIERO
EL
DI
VORCIO
LACASA
ELCOCHE
LAPENSIÓN
LACHEQUERA
TRINO

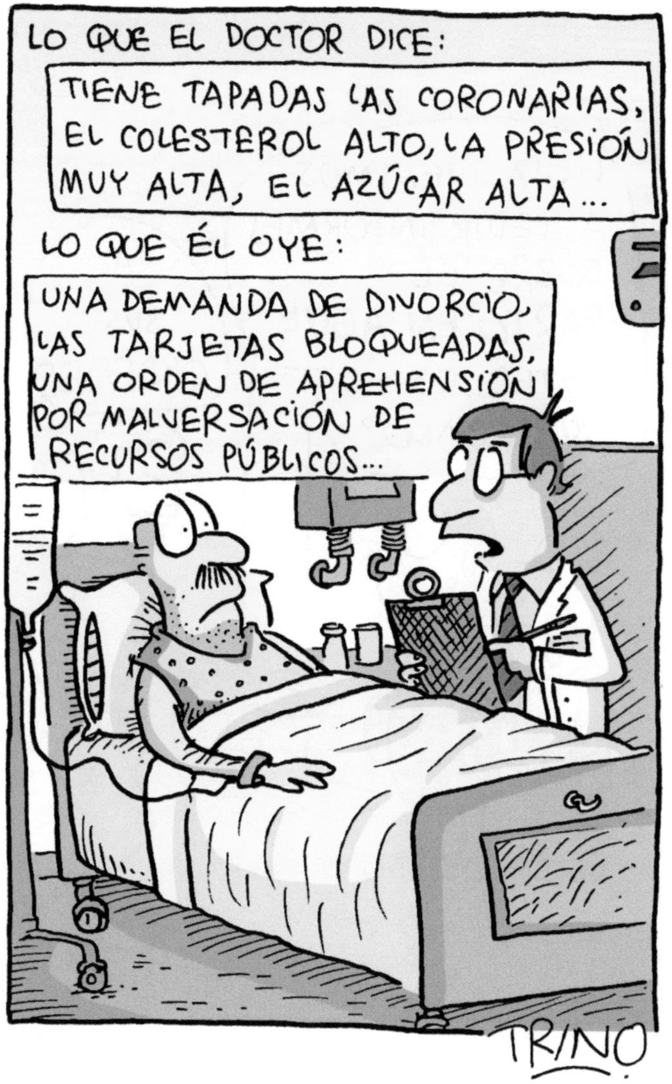
LO QUE EL DOCTOR DICE:
TIENE TAPADAS LAS CORONARIAS, EL COLESTEROL ALTO, LA PRESIÓN MUY ALTA, EL AZÚCAR ALTA...
LO QUE ÉL OYE:
UNA DEMANDA DE DIVORCIO, LAS TARJETAS BLOQUEADAS, UNA ORDEN DE APREHENSIÓN POR MALVERSACIÓN DE RECURSOS PÚBLICOS...
TRINO

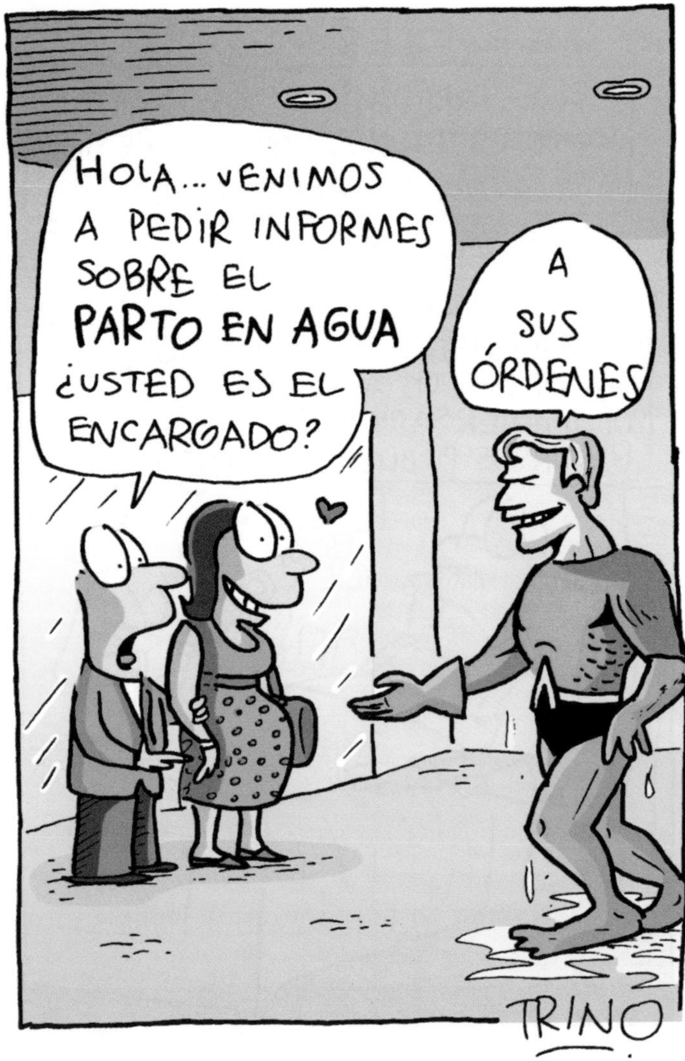
HOLA... VENIMOS A PEDIR INFORMES SOBRE EL PARTO EN AGUA ¿USTED ES EL ENCARGADO?
A SUS ÓRDENES
TRINO

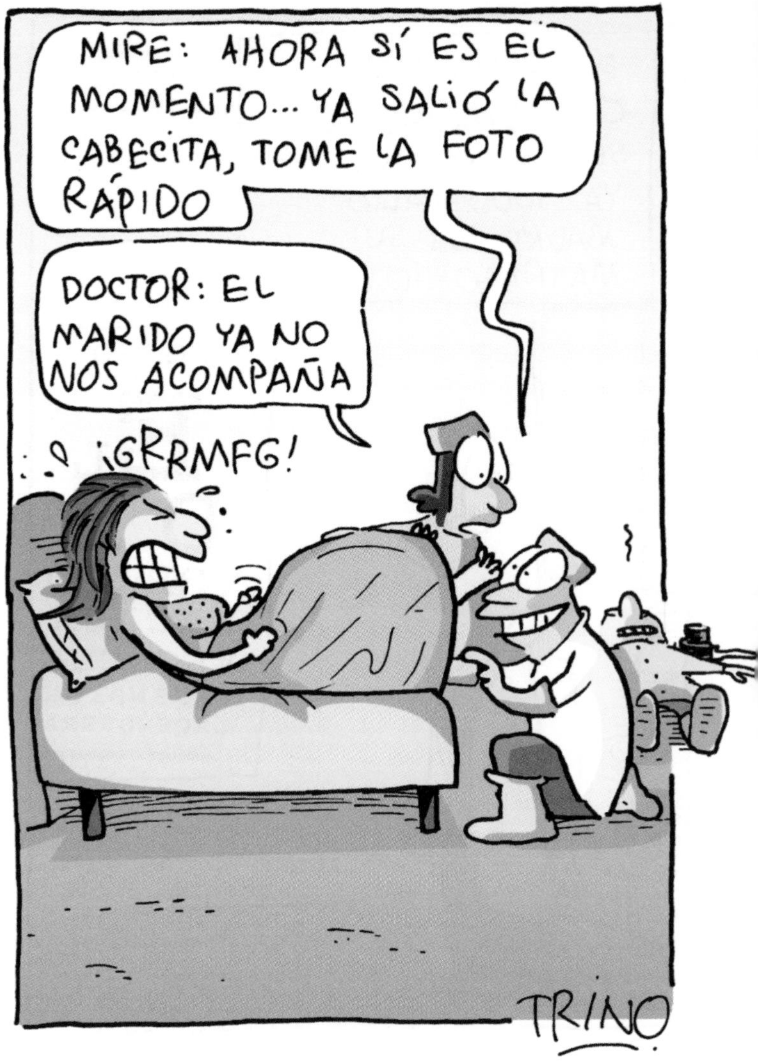
MIRE: AHORA SÍ ES EL MOMENTO... YA SALIÓ LA CABECITA, TOME LA FOTO RÁPIDO
DOCTOR: EL MARIDO YA NO NOS ACOMPAÑA
¡GRRMFG!
TRINO

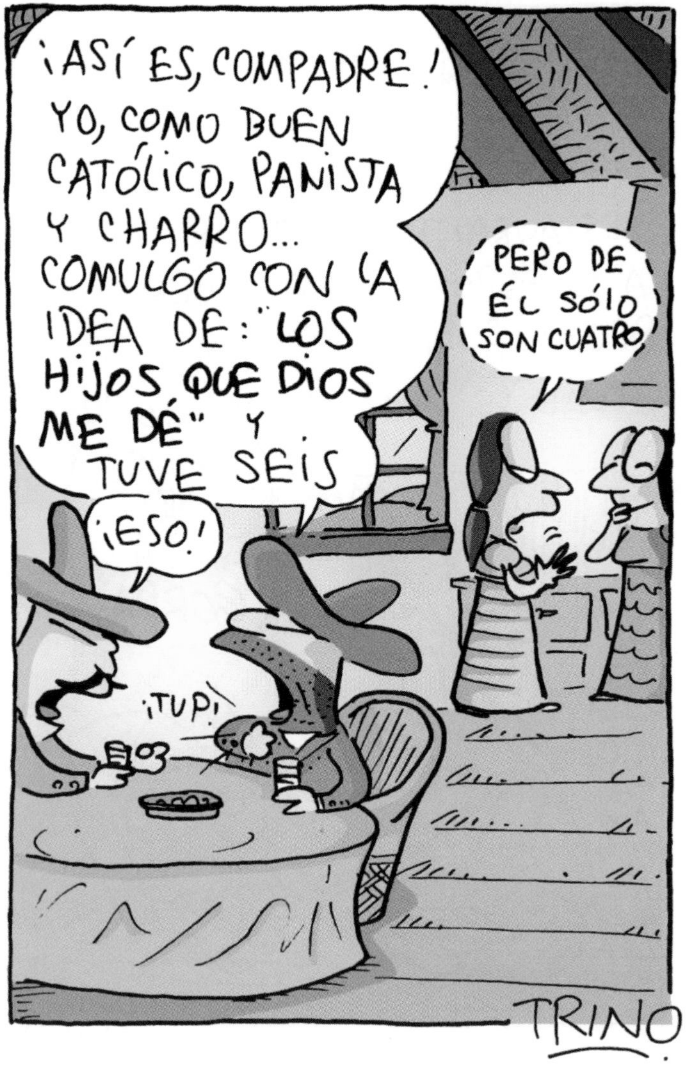
¡ASÍ ES, COMPADRE! YO, COMO BUEN CATÓLICO, PANISTA Y CHARRO... COMULGO CON LA IDEA DE: "LOS HIJOS QUE DIOS ME DÉ" Y TUVE SEIS
¡ESO!
PERO DE ÉL SÓLO SON CUATRO
¡TUP!
TRINO

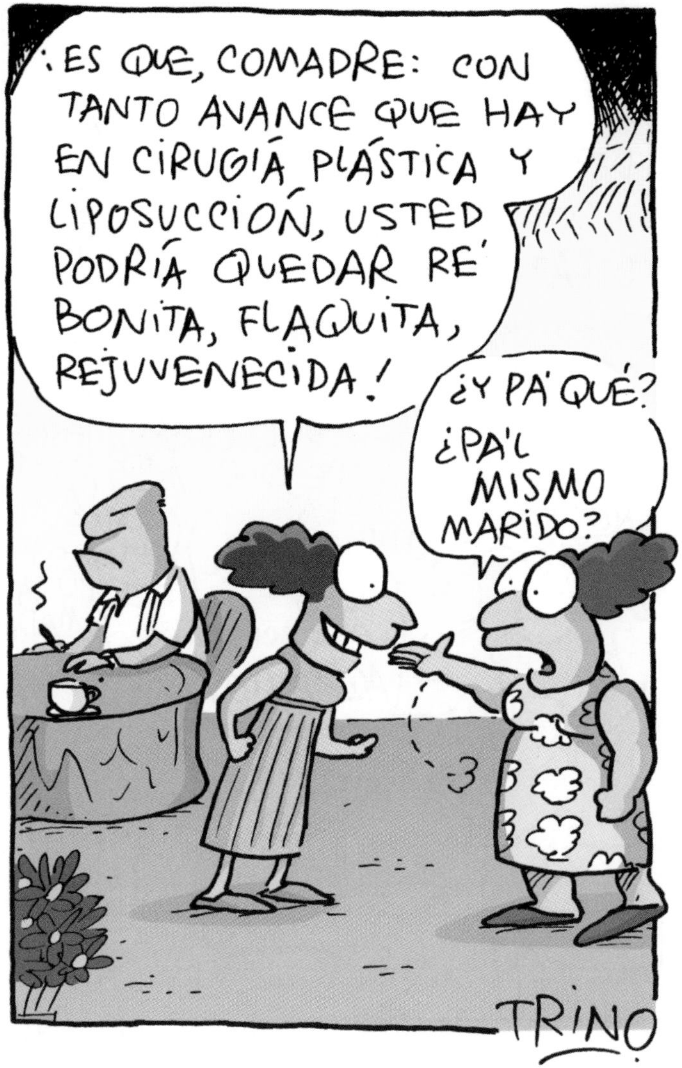
¡ES QUE, COMADRE: CON TANTO AVANCE QUE HAY EN CIRUGÍA PLÁSTICA Y LIPOSUCCIÓN, USTED PODRÍA QUEDAR RE' BONITA, FLAQUITA, REJUVENECIDA!
¿Y PA' QUÉ? ¿PA'L MISMO MARIDO?
TRINO

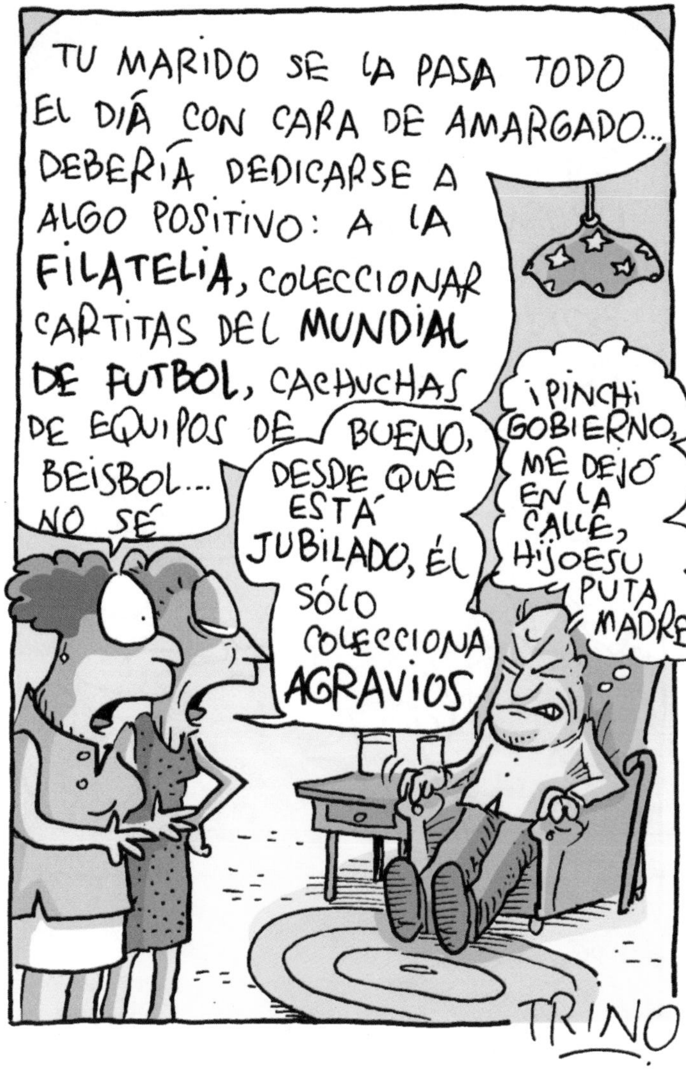
TU MARIDO SE LA PASA TODO EL DÍA CON CARA DE AMARGADO... DEBERÍA DEDICARSE A ALGO POSITIVO: A LA FILATELIA, COLECCIONAR CARTITAS DEL MUNDIAL DE FUTBOL, CACHUCHAS DE EQUIPOS DE BEISBOL... NO SÉ
BUENO, DESDE QUE ESTÁ JUBILADO, ÉL SÓLO COLECCIONA AGRAVIOS
¡PINCHI GOBIERNO, ME DEJÓ EN LA CALLE, HIJOESU PUTA MADRE!
TRINO

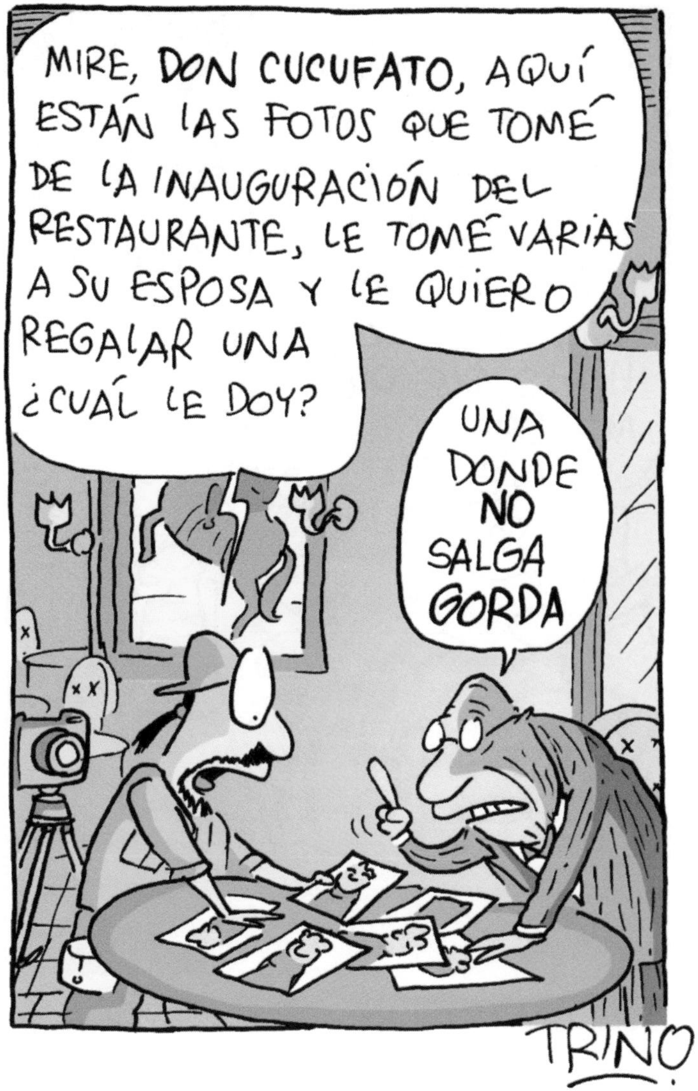
MIRE, DON CUCUFATO, AQUÍ ESTÁN LAS FOTOS QUE TOMÉ DE LA INAUGURACIÓN DEL RESTAURANTE, LE TOMÉ VARIAS A SU ESPOSA Y LE QUIERO REGALAR UNA ¿CUÁL LE DOY?
UNA DONDE NO SALGA GORDA
TRINO

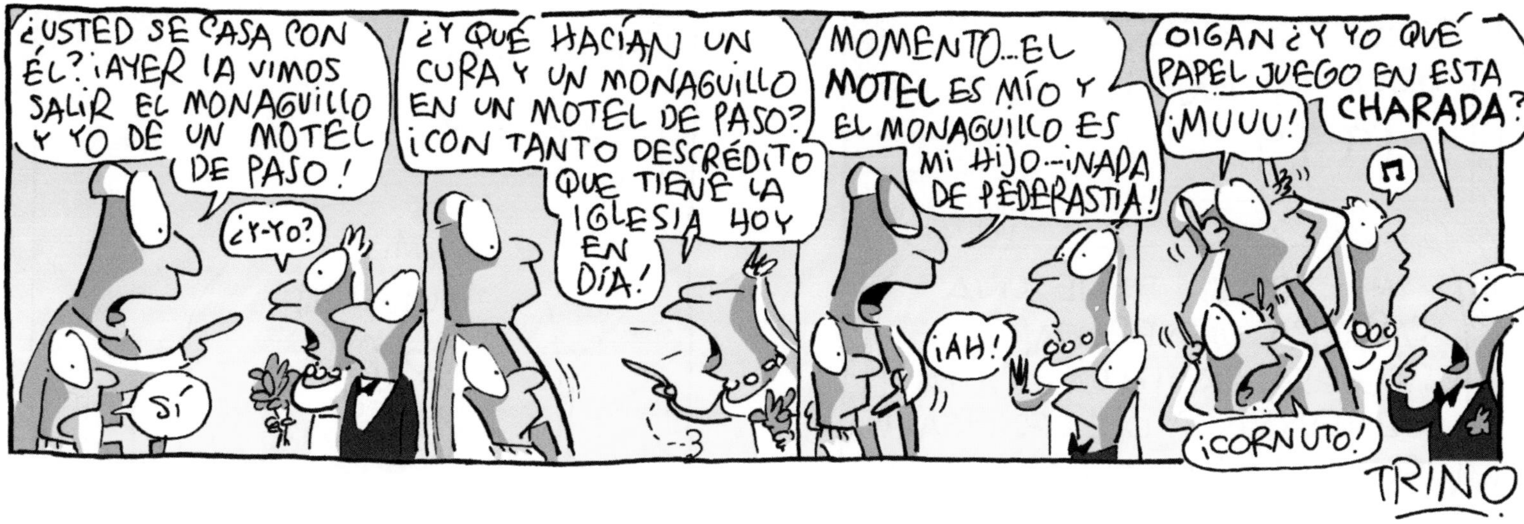
¿USTED SE CASA CON ÉL? ¡AYER LA VIMOS SALIR EL MONAGUILLO Y YO DE UN MOTEL DE PASO!
¿Y-YO?
SÍ
¿Y QUÉ HACÍAN UN CURA Y UN MONAGUILLO EN UN MOTEL DE PASO? ¡CON TANTO DESCRÉDITO QUE TIENE LA IGLESIA HOY EN DÍA!
MOMENTO... EL MOTEL ES MÍO Y EL MONAGUILLO ES MI HIJO... ¡NADA DE PEDERASTIA!
¡AH!
OIGAN ¿Y YO QUÉ PAPEL JUEGO EN ESTA CHARADA?
¡MUUU!
¡CORNUTO!
TRINO

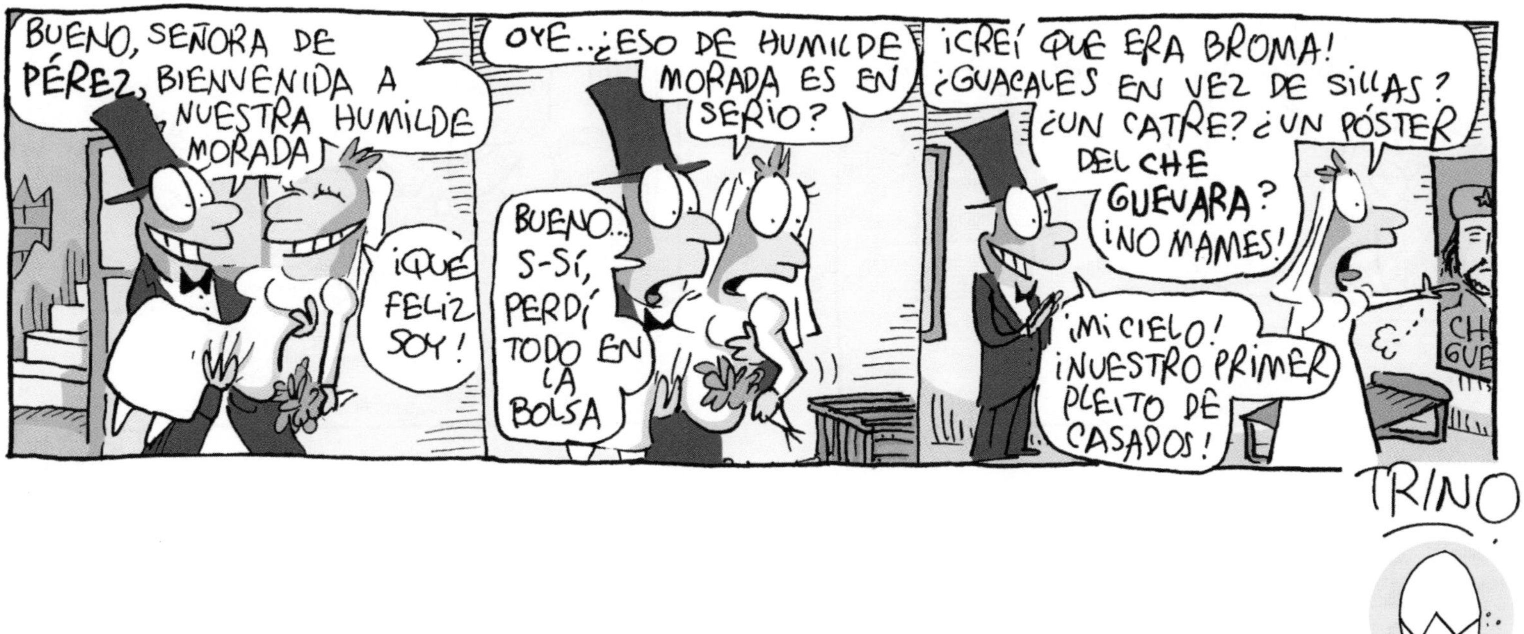
BUENO, SEÑORA DE PÉREZ, BIENVENIDA A NUESTRA HUMILDE MORADA
¡QUÉ FELIZ SOY!
OYE... ¿ESO DE HUMILDE MORADA ES EN SERIO?
BUENO... S-SÍ, PERDÍ TODO EN LA BOLSA
¡CREÍ QUE ERA BROMA! ¿GUACALES EN VEZ DE SILLAS? ¿UN CATRE? ¿UN PÓSTER DEL CHE GUEVARA? ¡NO MAMES!
¡MI CIELO! ¡NUESTRO PRIMER PLEITO DE CASADOS!
CH GUE
TRINO

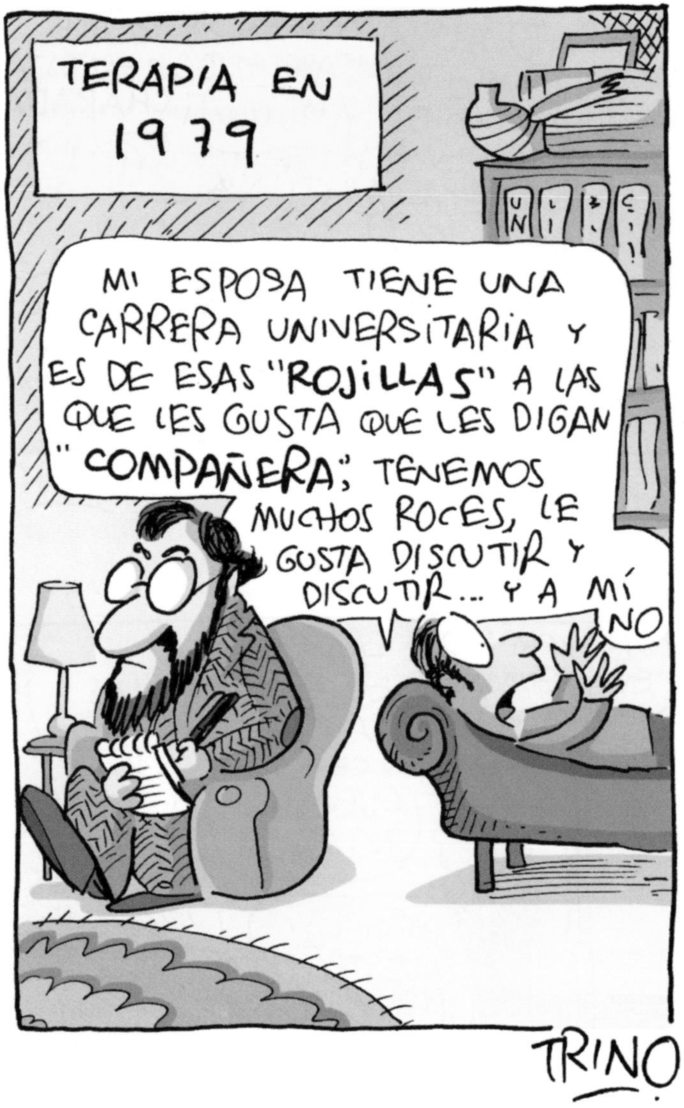
TERAPIA EN 1979
MI ESPOSA TIENE UNA CARRERA UNIVERSITARIA Y ES DE ESAS "ROJILLAS" A LAS QUE LES GUSTA QUE LES DIGAN "COMPAÑERA"; TENEMOS MUCHOS ROCES, LE GUSTA DISCUTIR Y DISCUTIR... Y A MÍ NO
TRINO

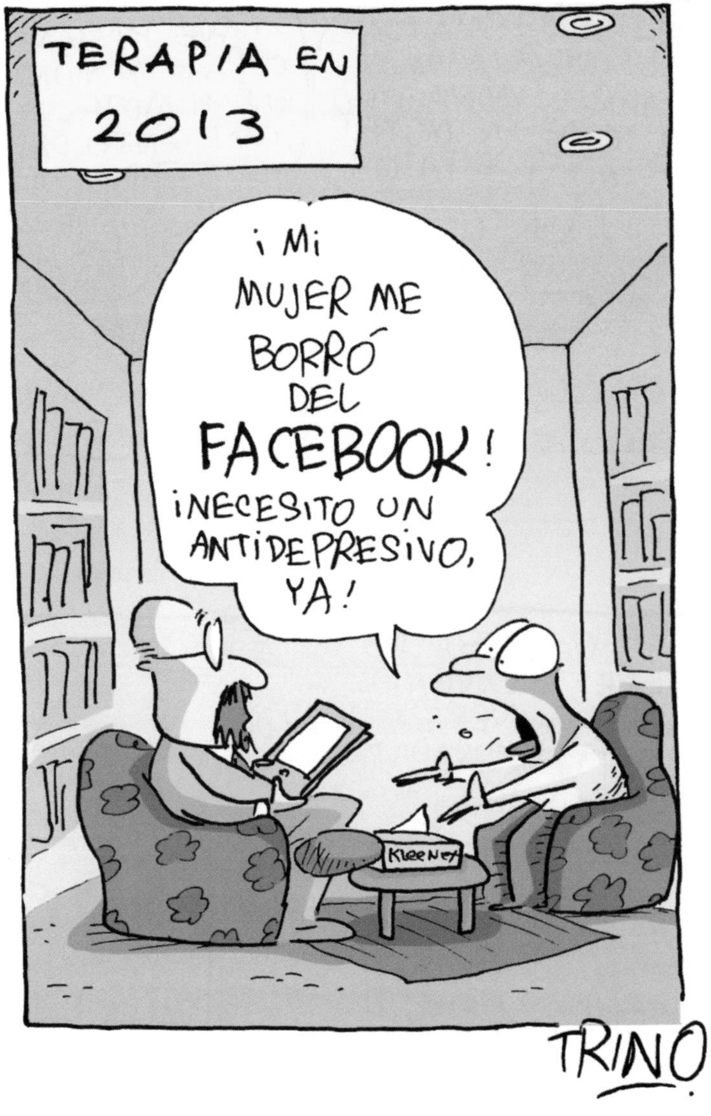
TERAPIA EN 2013
¡MI MUJER ME BORRÓ DEL FACEBOOK! ¡NECESITO UN ANTIDEPRESIVO, YA!
KLEENEX
TRINO

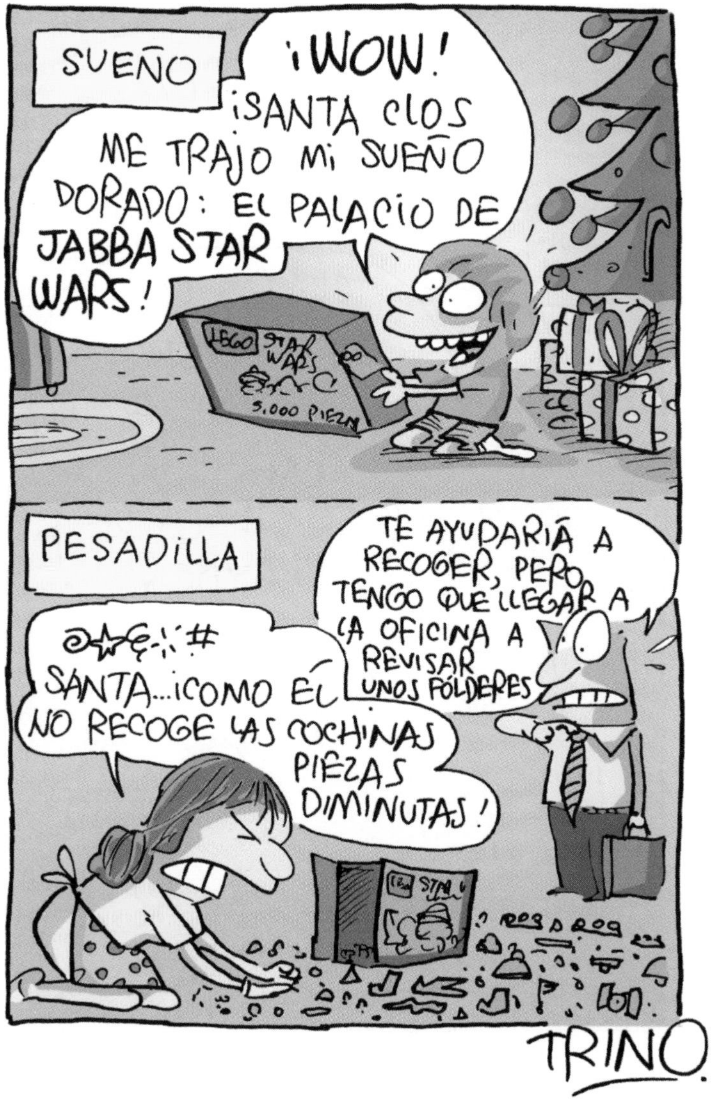
SUEÑO
¡WOW! ¡SANTA CLOS ME TRAJO MI SUEÑO DORADO: EL PALACIO DE JABBA STAR WARS!
PESADILLA
TE AYUDARÍA A RECOGER, PERO TENGO QUE LLEGAR A LA OFICINA A REVISAR UNOS FÓLDERES
@☆€:# SANTA... ¡COMO ÉL NO RECOGE LAS COCHINAS PIEZAS DIMINUTAS!
TRINO

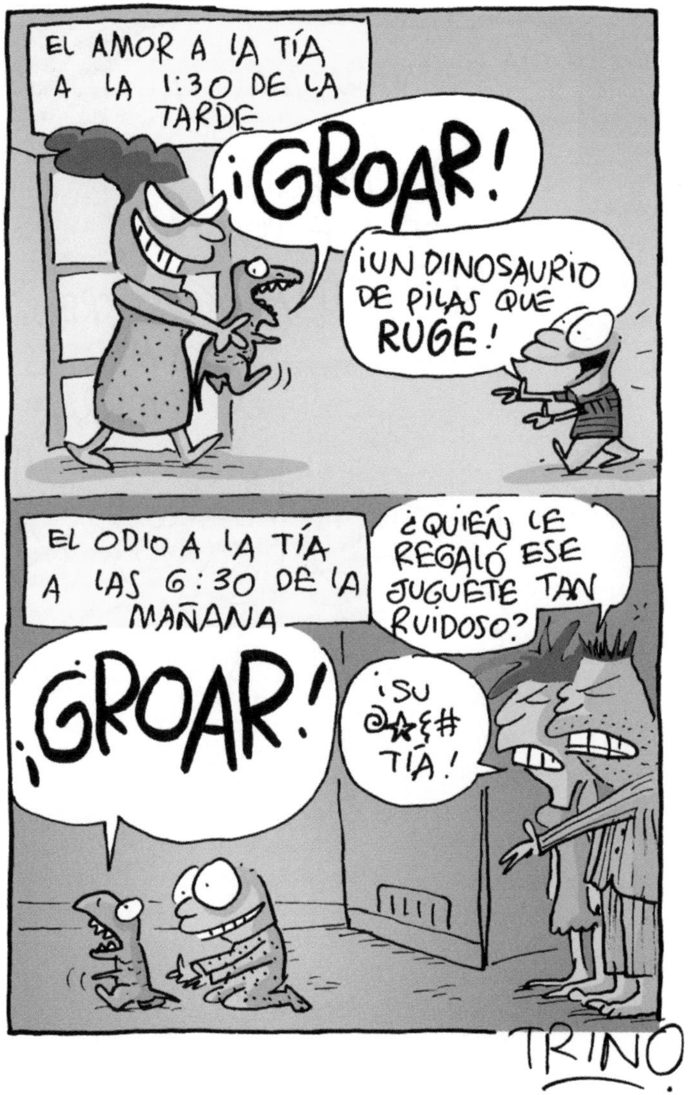
EL AMOR A LA TÍA A LA 1:30 DE LA TARDE
¡GROAR!
¡UN DINOSAURIO DE PILAS QUE RUGE!
EL ODIO A LA TÍA A LAS 6:30 DE LA MAÑANA
¿QUIÉN LE REGALÓ ESE JUGUETE TAN RUIDOSO?
¡GROAR!
¡SU @☆€# TÍA!
TRINO

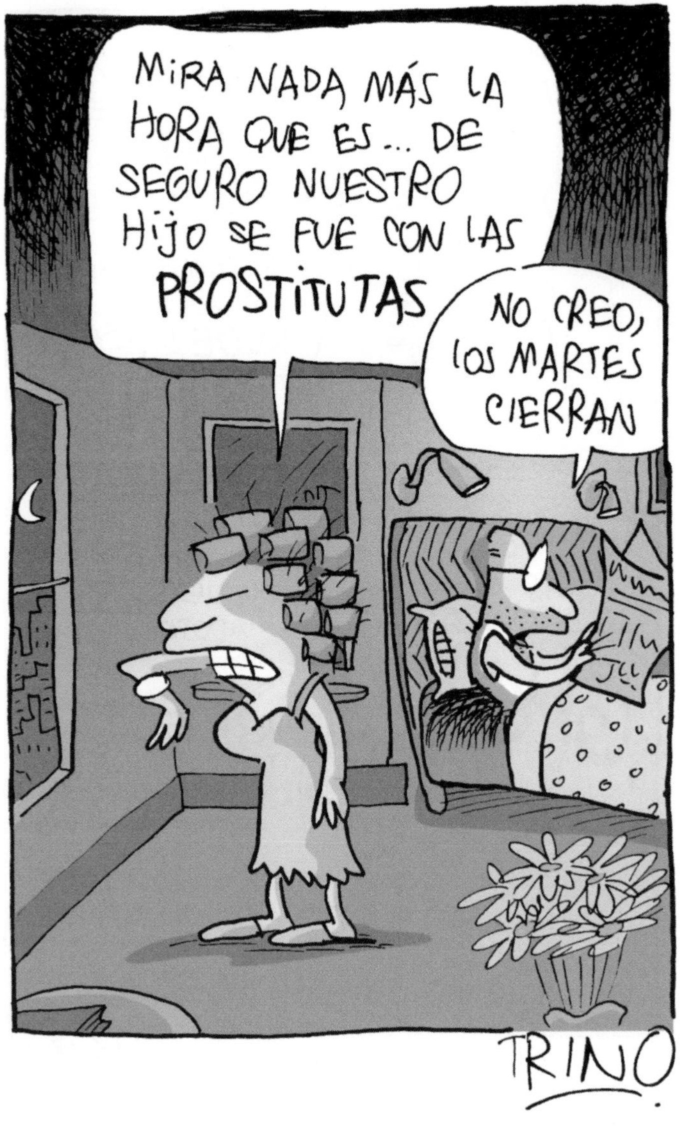
MIRA NADA MÁS LA HORA QUE ES... DE SEGURO NUESTRO HIJO SE FUE CON LAS PROSTITUTAS
NO CREO, LOS MARTES CIERRAN
TRINO

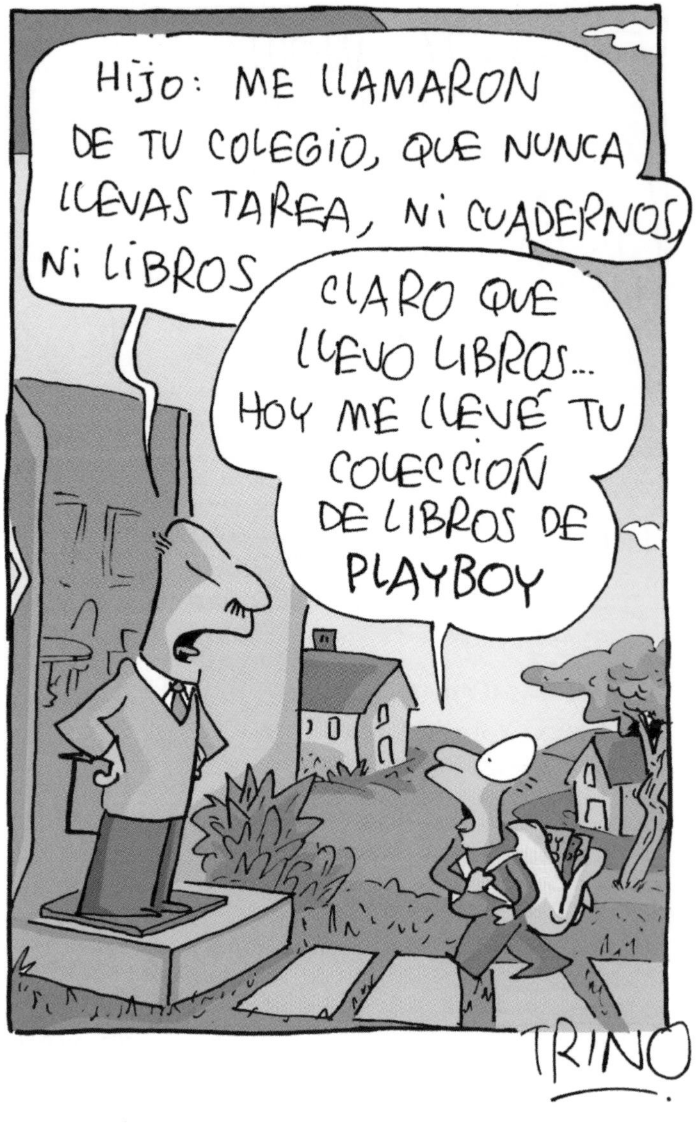
HIJO: ME LLAMARON DE TU COLEGIO, QUE NUNCA LLEVAS TAREA, NI CUADERNOS, NI LIBROS
CLARO QUE LLEVO LIBROS... HOY ME LLEVÉ TU COLECCIÓN DE LIBROS DE PLAYBOY
TRINO

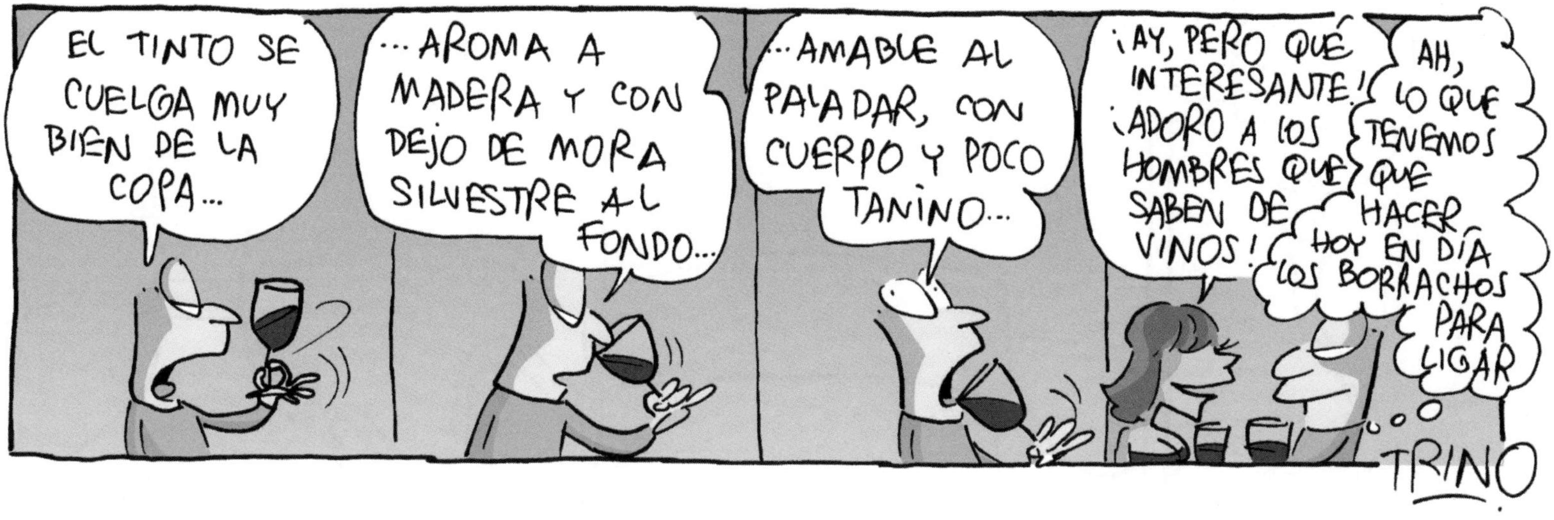
EL TINTO SE CUELGA MUY BIEN DE LA COPA...
...AROMA A MADERA Y CON DEJO DE MORA SILVESTRE AL FONDO...
...AMABLE AL PALADAR, CON CUERPO Y POCO TANINO...
¡AY, PERO QUÉ INTERESANTE! ¡ADORO A LOS HOMBRES QUE SABEN DE VINOS!
AH, LO QUE TENEMOS QUE HACER HOY EN DÍA LOS BORRACHOS PARA LIGAR
TRINO

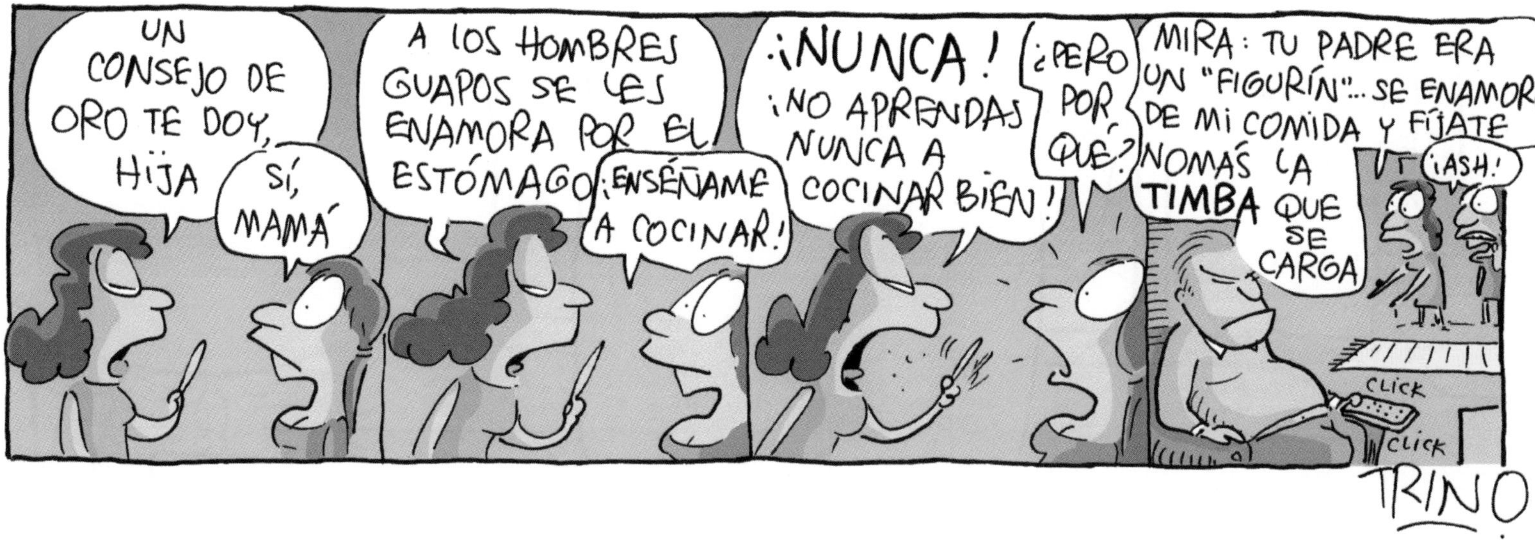
UN CONSEJO DE ORO TE DOY, HIJA
SÍ, MAMÁ
A LOS HOMBRES GUAPOS SE LES ENAMORA POR EL ESTÓMAGO
¡ENSÉÑAME A COCINAR!
¡NUNCA! ¡NO APRENDAS NUNCA A COCINAR BIEN!
¿PERO POR QUÉ?
MIRA: TU PADRE ERA UN "FIGURÍN"... SE ENAMORÓ DE MI COMIDA Y FÍJATE NOMÁS LA TIMBA QUE SE CARGA
¡ASH!
CLICK
CLICK
TRINO

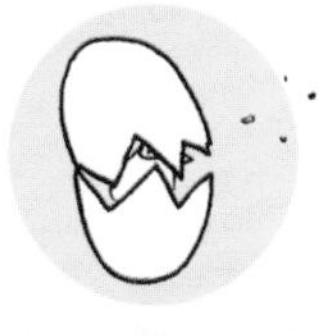

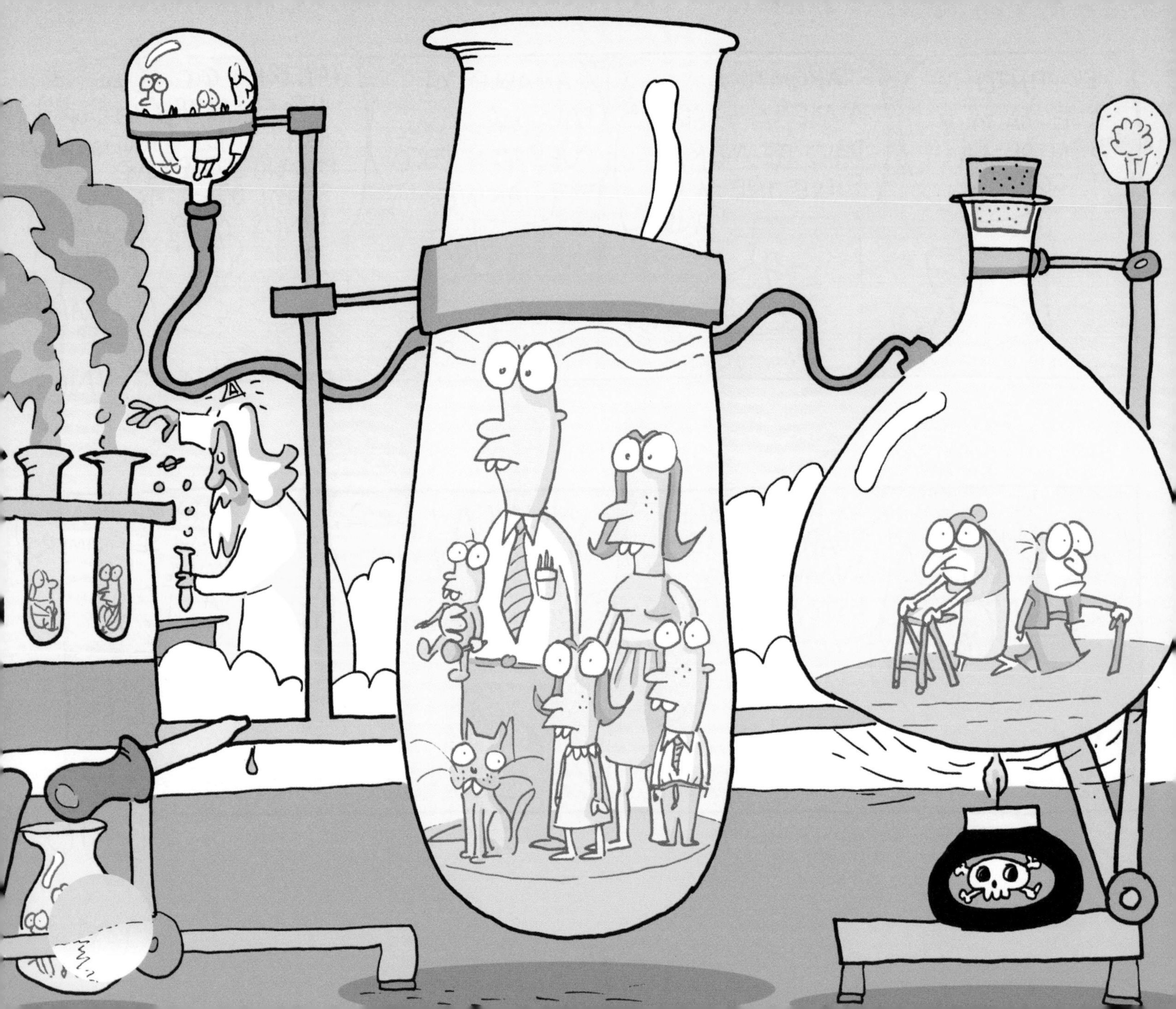

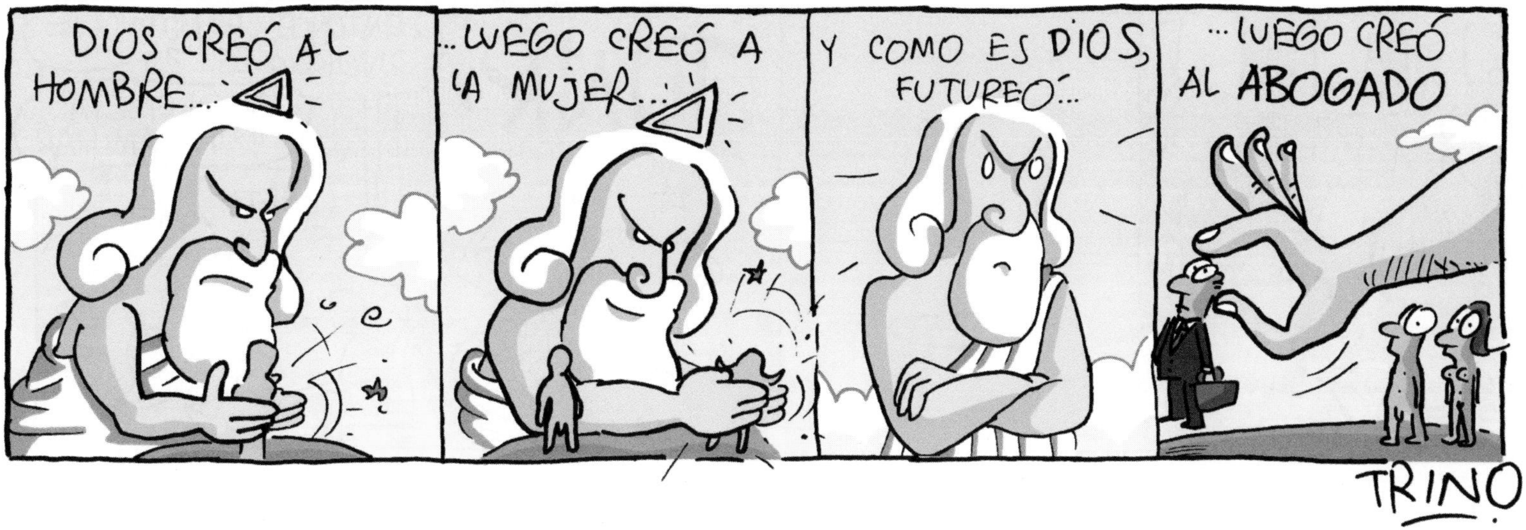
DIOS CREÓ AL HOMBRE...
...LUEGO CREÓ A LA MUJER...
Y COMO ES DIOS, FUTUREÓ...
...LUEGO CREÓ AL ABOGADO
TRINO

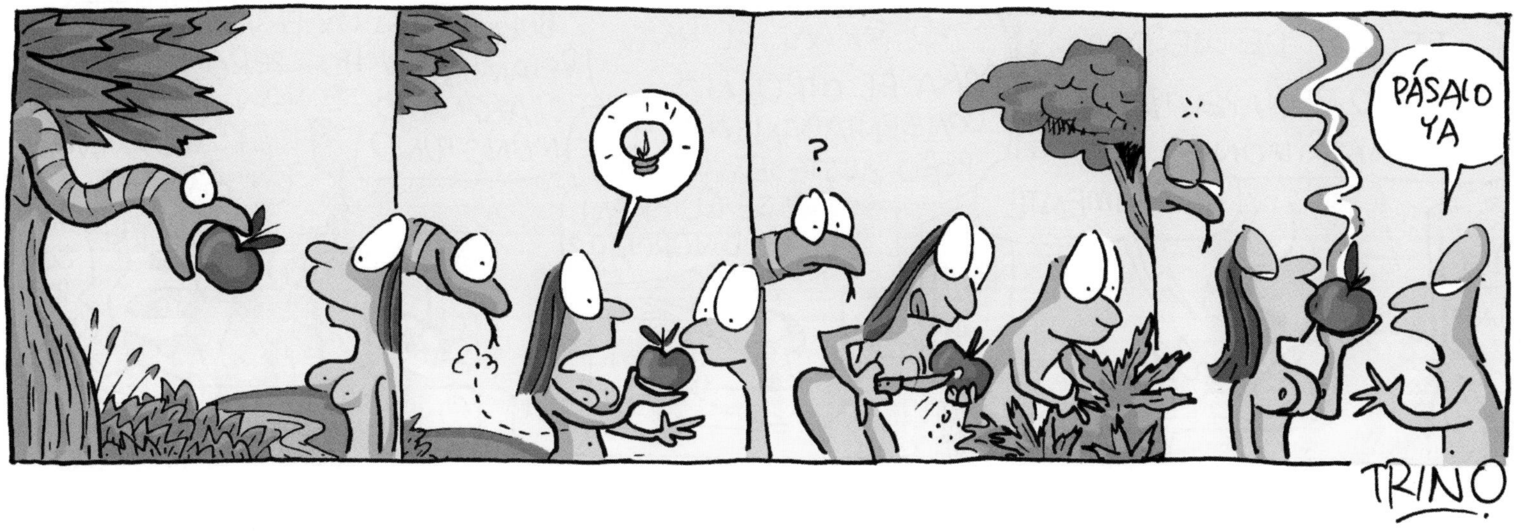
?
PÁSALO YA
TRINO

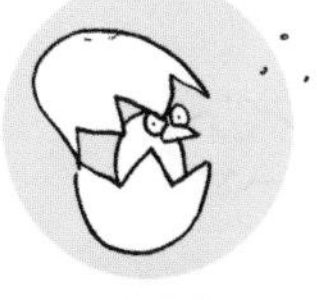

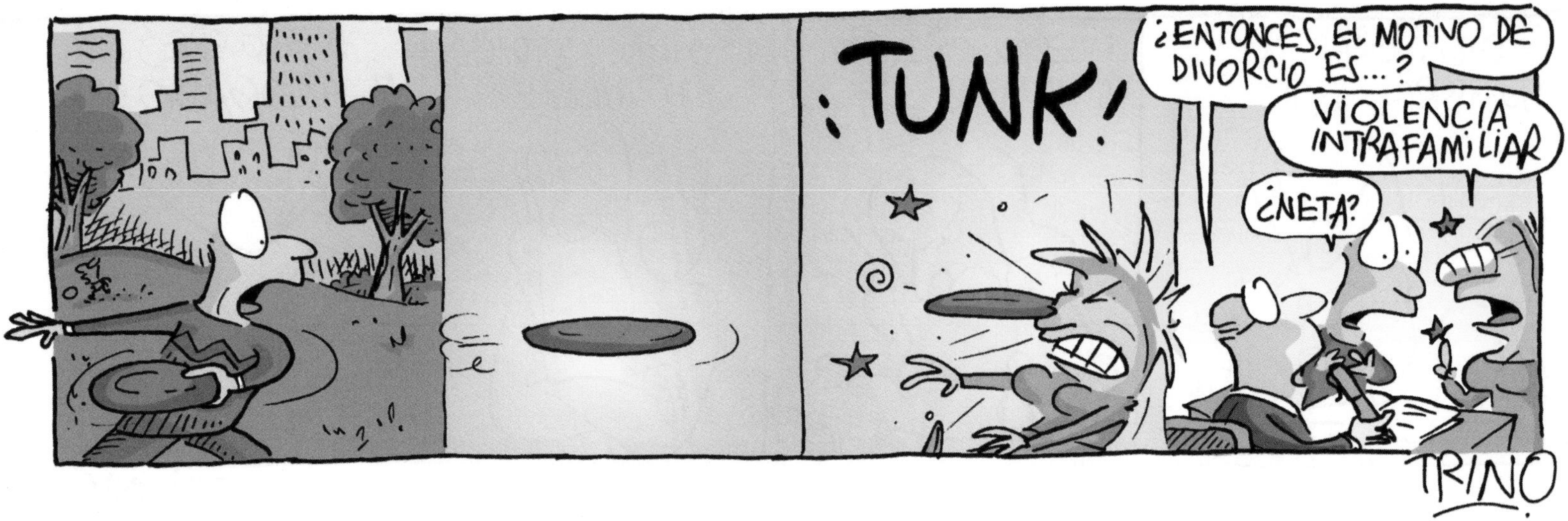
¡TUNK!
¿ENTONCES, EL MOTIVO DE DIVORCIO ES...?
VIOLENCIA INTRAFAMILIAR
¿NETA?
TRINO

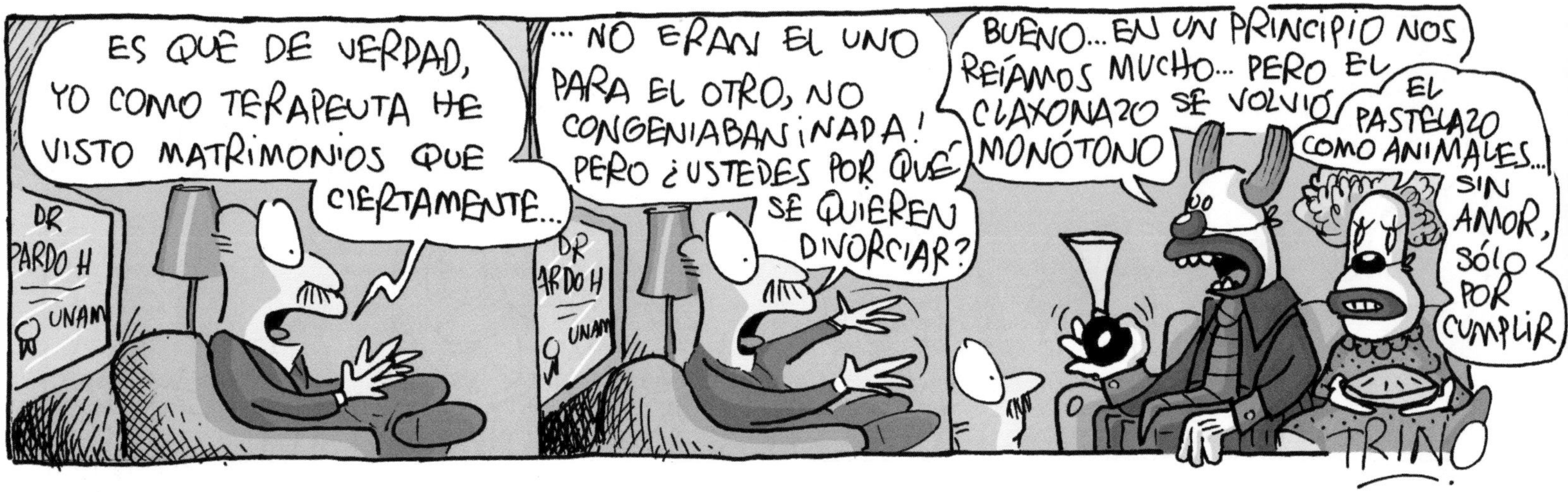
ES QUE DE VERDAD, YO COMO TERAPEUTA HE VISTO MATRIMONIOS QUE CIERTAMENTE...
DR PARDO H UNAM
...NO ERAN EL UNO PARA EL OTRO, NO CONGENIABAN ¡NADA! PERO ¿USTEDES POR QUÉ SE QUIEREN DIVORCIAR?
BUENO... EN UN PRINCIPIO NOS REÍAMOS MUCHO... PERO EL CLAXONAZO SE VOLVIÓ MONÓTONO
EL PASTELAZO COMO ANIMALES... SIN AMOR, SÓLO POR CUMPLIR
TRINO

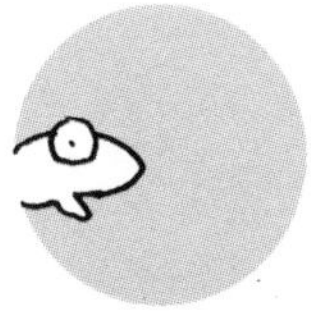

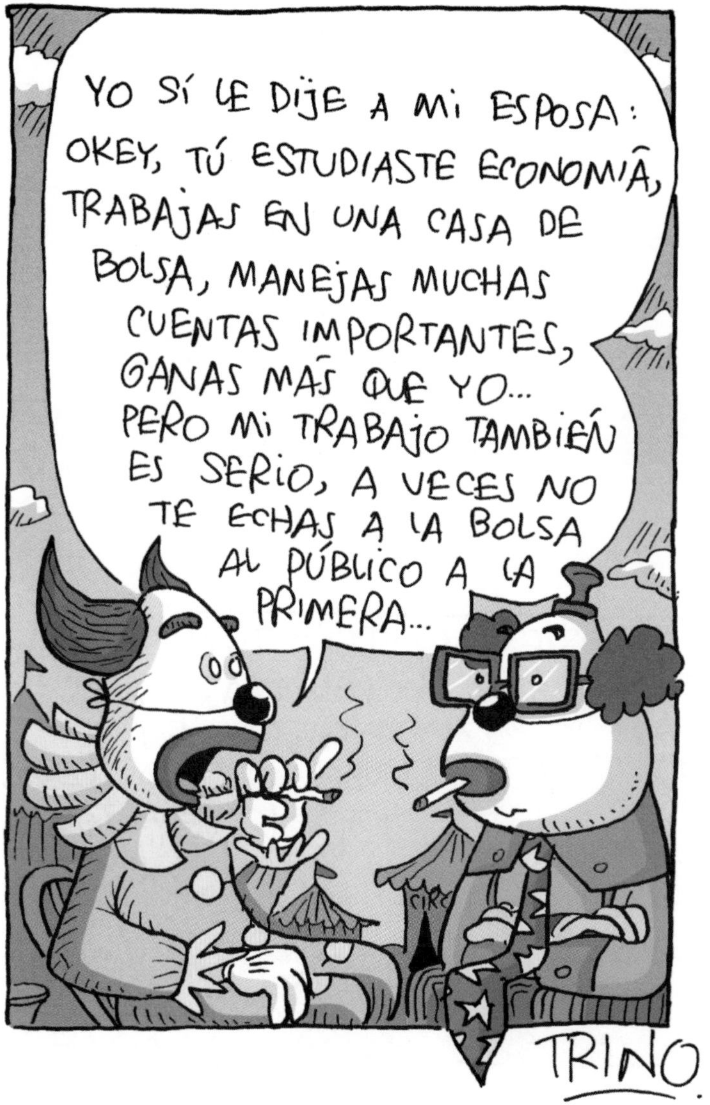
YO SÍ LE DIJE A MI ESPOSA: OKEY, TÚ ESTUDIASTE ECONOMÍA, TRABAJAS EN UNA CASA DE BOLSA, MANEJAS MUCHAS CUENTAS IMPORTANTES, GANAS MÁS QUE YO... PERO MI TRABAJO TAMBIÉN ES SERIO, A VECES NO TE ECHAS A LA BOLSA AL PÚBLICO A LA PRIMERA...
TRINO

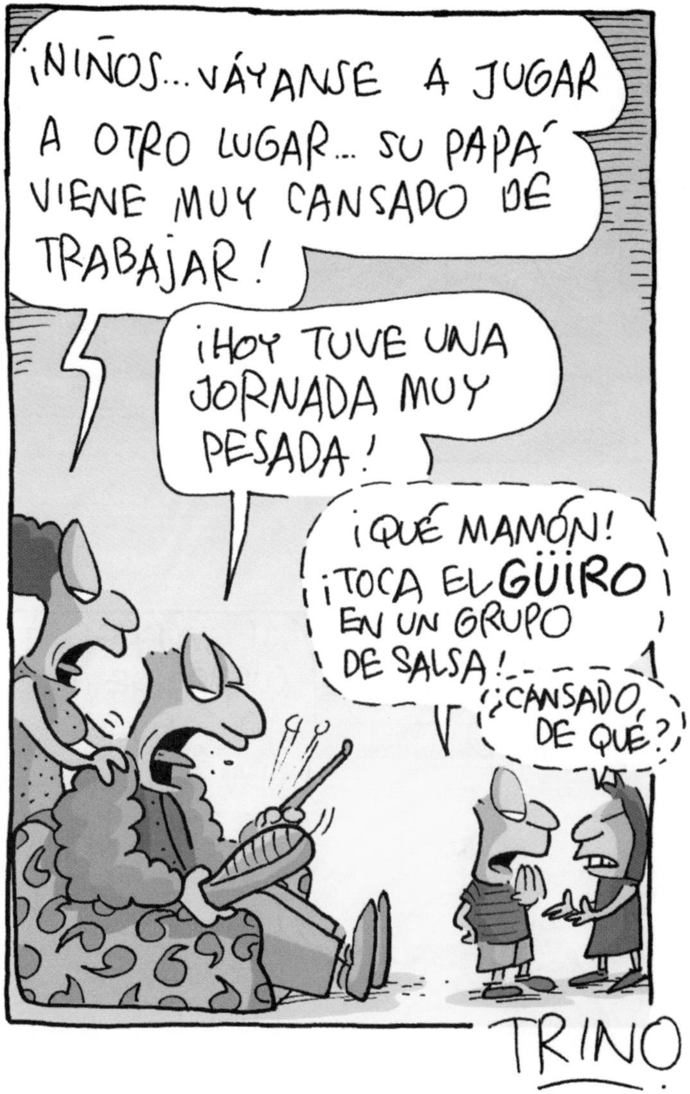
¡NIÑOS... VÁYANSE A JUGAR A OTRO LUGAR... SU PAPÁ VIENE MUY CANSADO DE TRABAJAR!
¡HOY TUVE UNA JORNADA MUY PESADA!
¡QUÉ MAMÓN! ¡TOCA EL GÜIRO EN UN GRUPO DE SALSA!
¿CANSADO DE QUÉ?
TRINO

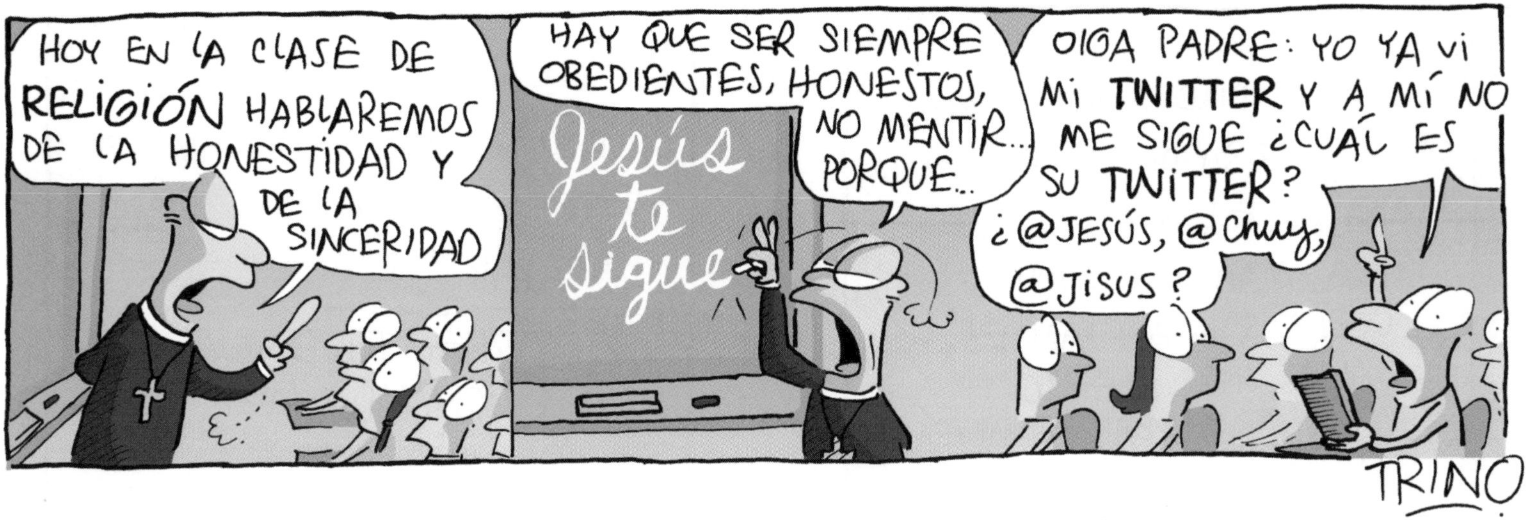
HOY EN LA CLASE DE RELIGIÓN HABLAREMOS DE LA HONESTIDAD Y DE LA SINCERIDAD
Jesús te sigue
HAY QUE SER SIEMPRE OBEDIENTES, HONESTOS, NO MENTIR... PORQUE...
OIGA PADRE: YO YA VI MI TWITTER Y A MÍ NO ME SIGUE ¿CUÁL ES SU TWITTER? ¿@JESÚS, @Chuy, @JISUS?
TRINO

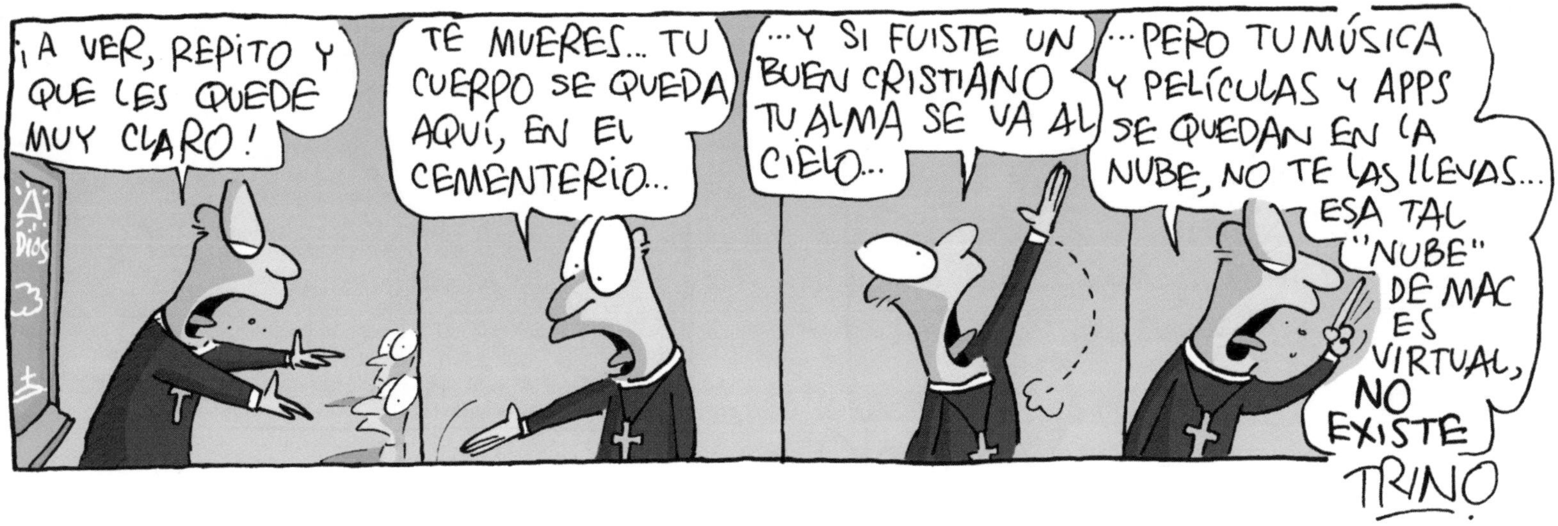
¡A VER, REPITO Y QUE LES QUEDE MUY CLARO!
DIOS
TE MUERES... TU CUERPO SE QUEDA AQUÍ, EN EL CEMENTERIO...
...Y SI FUISTE UN BUEN CRISTIANO TU ALMA SE VA AL CIELO...
...PERO TU MÚSICA Y PELÍCULAS Y APPS SE QUEDAN EN LA NUBE, NO TE LAS LLEVAS... ESA TAL "NUBE" DE MAC ES VIRTUAL, NO EXISTE
TRINO

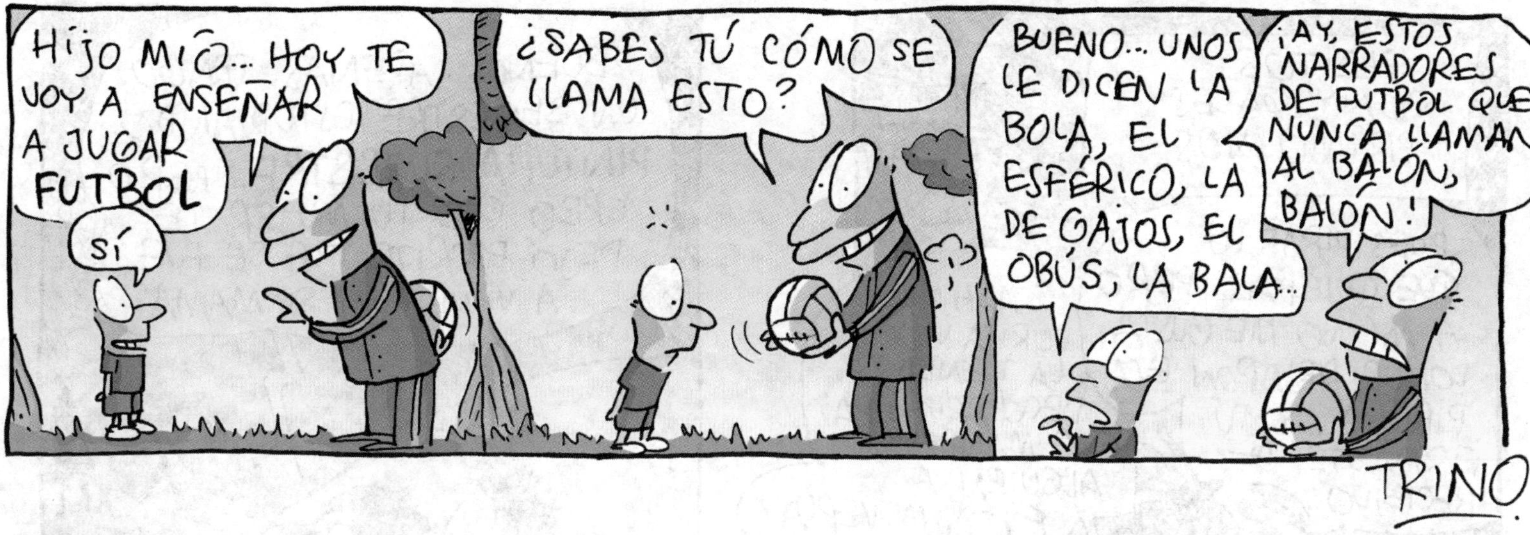
HIJO MIO... HOY TE VOY A ENSEÑAR A JUGAR FUTBOL
SÍ
¿SABES TÚ CÓMO SE LLAMA ESTO?
BUENO... UNOS LE DICEN LA BOLA, EL ESFÉRICO, LA DE GAJOS, EL OBÚS, LA BALA...
¡AY, ESTOS NARRADORES DE FUTBOL QUE NUNCA LLAMAN AL BALÓN, BALÓN!
TRINO

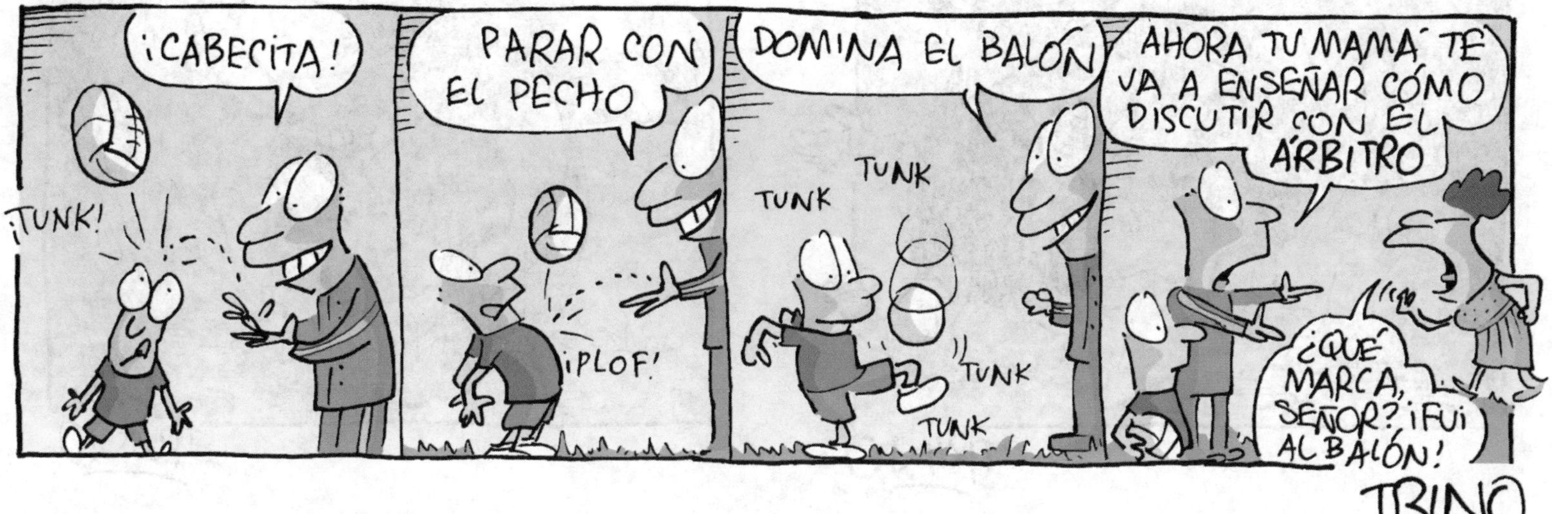
¡CABECITA!
¡TUNK!
PARAR CON EL PECHO
¡PLOF!
DOMINA EL BALÓN
TUNK
TUNK
TUNK
TUNK
AHORA TU MAMÁ TE VA A ENSEÑAR CÓMO DISCUTIR CON EL ÁRBITRO
¿QUÉ MARCA, SEÑOR? ¡FUI AL BALÓN!
TRINO

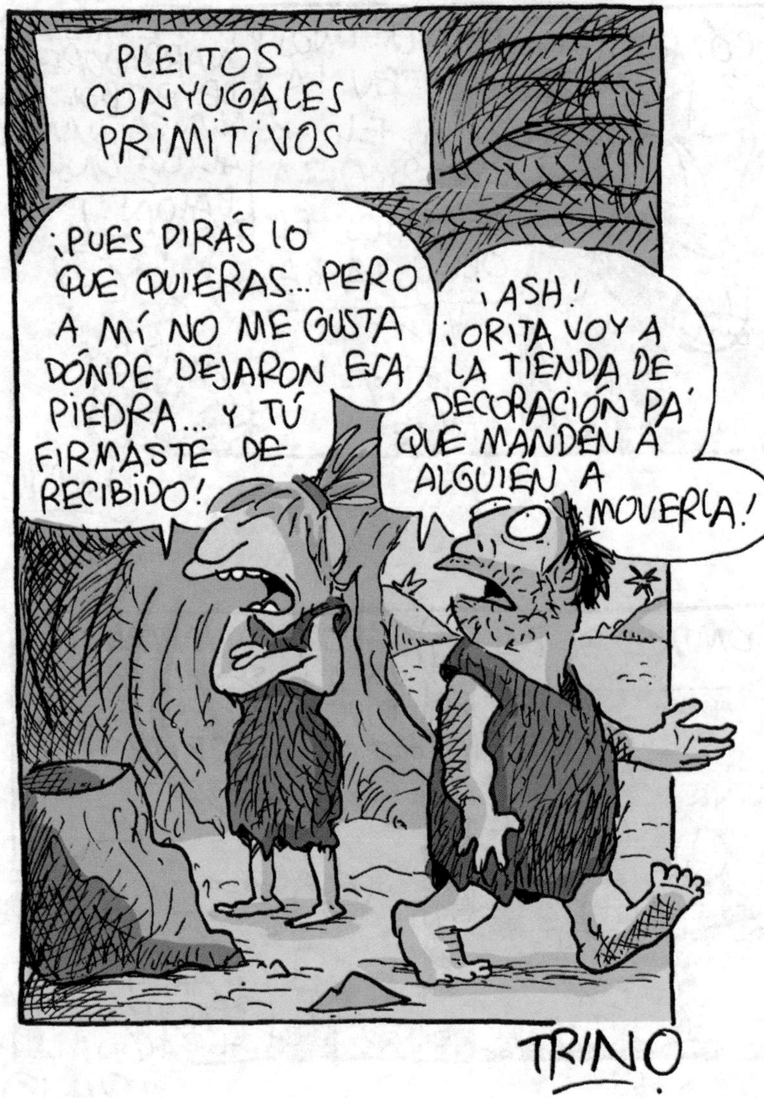
PLEITOS CONYUGALES PRIMITIVOS
¡PUES DIRÁS LO QUE QUIERAS... PERO A MÍ NO ME GUSTA DÓNDE DEJARON ESA PIEDRA... Y TÚ FIRMASTE DE RECIBIDO!
¡ASH! ¡ORITA VOY A LA TIENDA DE DECORACIÓN PA' QUE MANDEN A ALGUIEN A MOVERLA!
TRINO

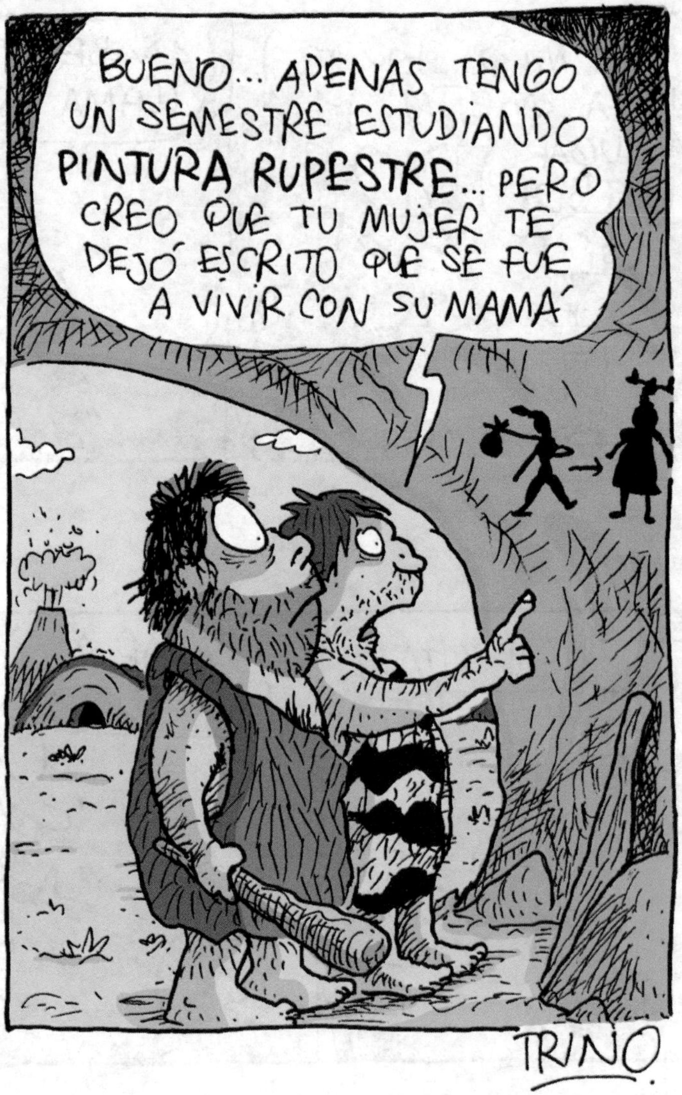
BUENO... APENAS TENGO UN SEMESTRE ESTUDIANDO PINTURA RUPESTRE... PERO CREO QUE TU MUJER TE DEJÓ ESCRITO QUE SE FUE A VIVIR CON SU MAMÁ
TRINO

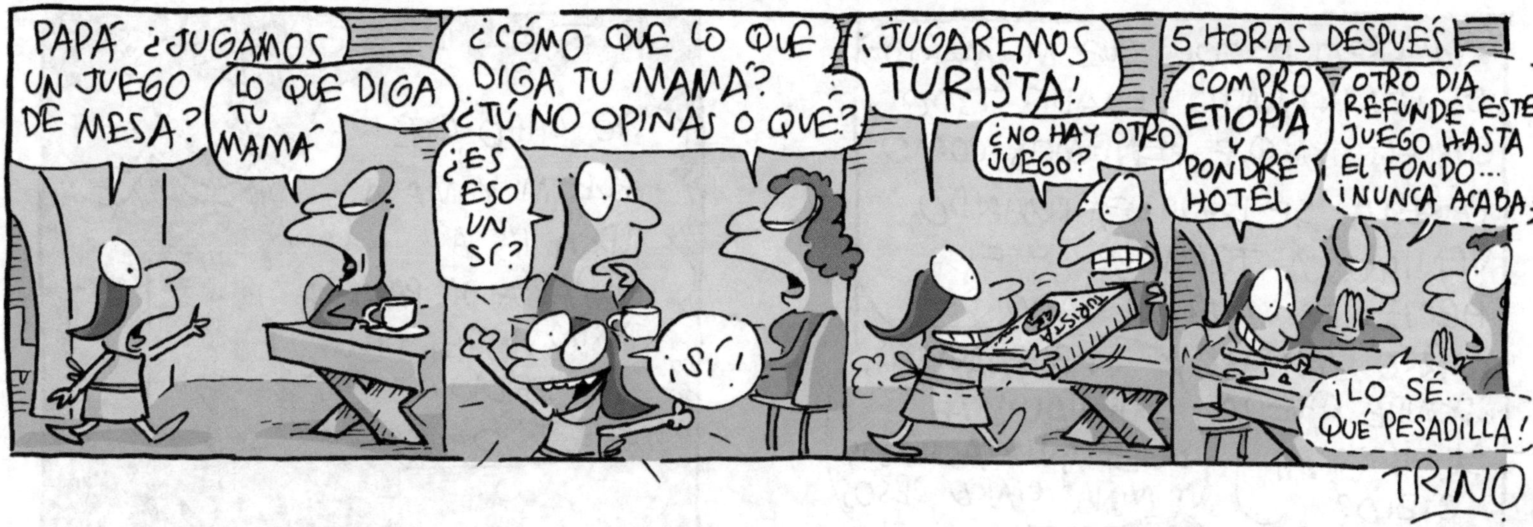
PAPÁ ¿JUGAMOS UN JUEGO DE MESA?
LO QUE DIGA TU MAMÁ
¿CÓMO QUE LO QUE DIGA TU MAMÁ? ¿TÚ NO OPINAS O QUÉ?
¿ES ESO UN SÍ?
¡SÍ!
¡JUGAREMOS TURISTA!
¿NO HAY OTRO JUEGO?
TURISTA
5 HORAS DESPUÉS
COMPRO ETIOPÍA Y PONDRÉ HOTEL
OTRO DÍA REFUNDE ESTE JUEGO HASTA EL FONDO... ¡NUNCA ACABA!
¡LO SÉ... QUÉ PESADILLA!
TRINO

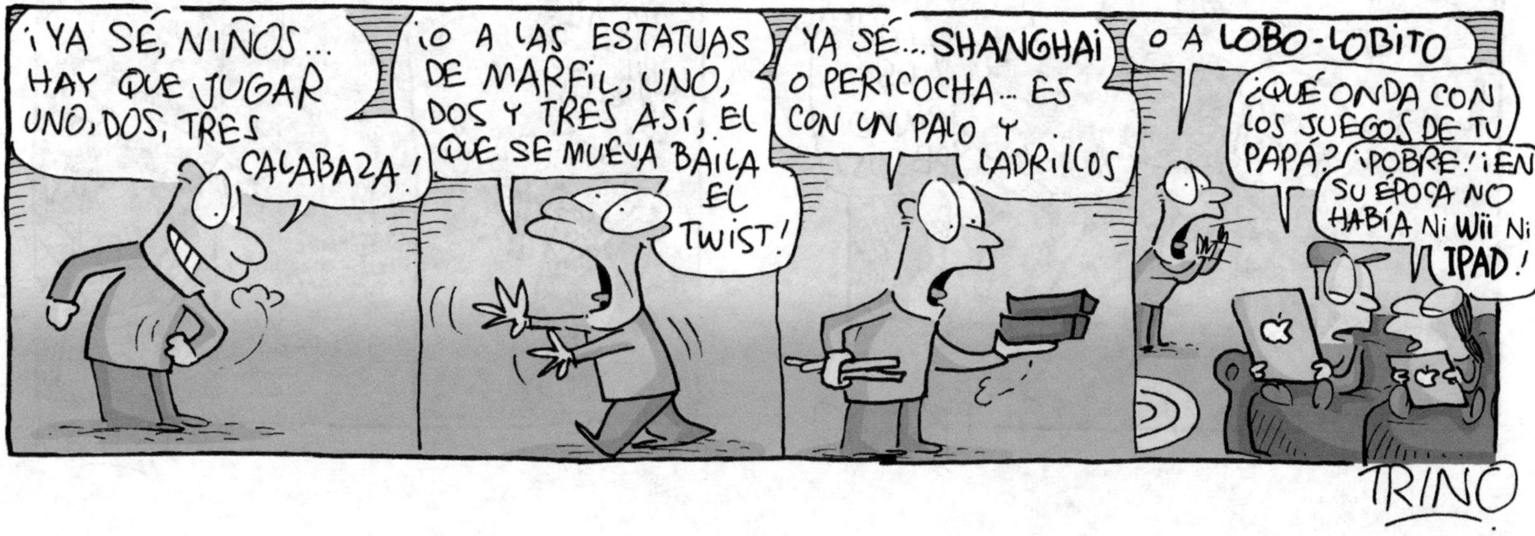
¡YA SÉ, NIÑOS... HAY QUE JUGAR UNO, DOS, TRES CALABAZA!
¡O A LAS ESTATUAS DE MARFIL, UNO, DOS Y TRES ASÍ, EL QUE SE MUEVA BAILA EL TWIST!
YA SÉ... SHANGHAI O PERICOCHA... ES CON UN PALO Y LADRILLOS
O A LOBO-LOBITO
¿QUÉ ONDA CON LOS JUEGOS DE TU PAPÁ?
¡POBRE! ¡EN SU ÉPOCA NO HABÍA NI WII NI IPAD!
TRINO

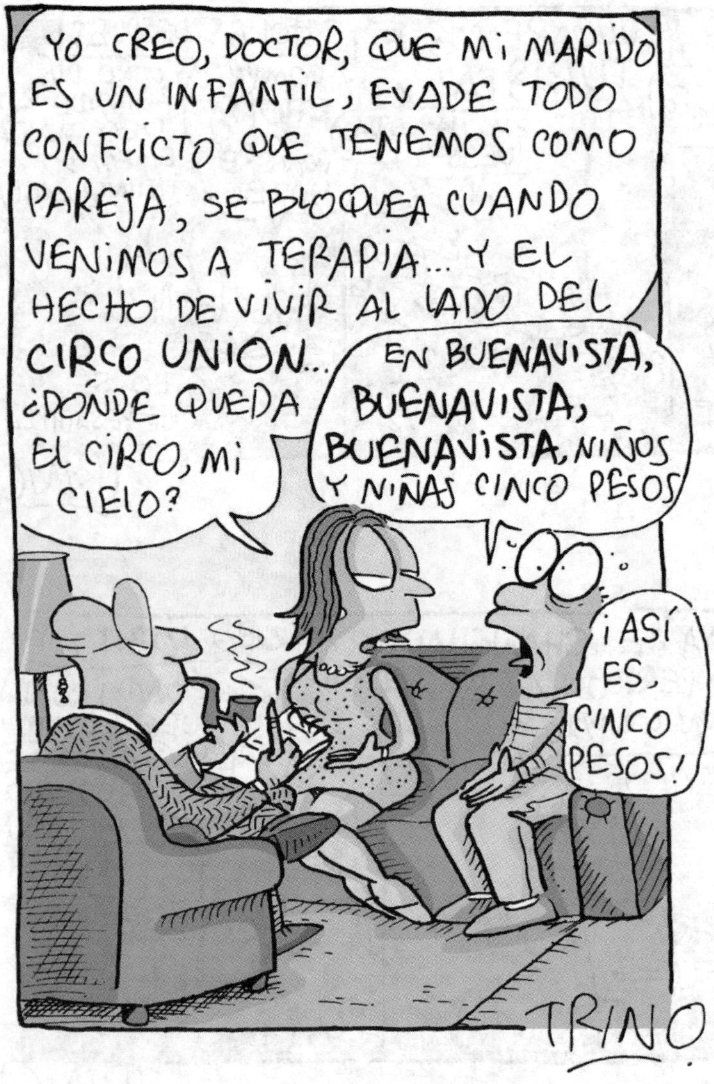
YO CREO, DOCTOR, QUE MI MARIDO ES UN INFANTIL, EVADE TODO CONFLICTO QUE TENEMOS COMO PAREJA, SE BLOQUEA CUANDO VENIMOS A TERAPIA... Y EL HECHO DE VIVIR AL LADO DEL CIRCO UNIÓN... ¿DÓNDE QUEDA EL CIRCO, MI CIELO?
EN BUENAVISTA, BUENAVISTA, BUENAVISTA, NIÑOS Y NIÑAS CINCO PESOS
¡ASÍ ES, CINCO PESOS!
TRINO

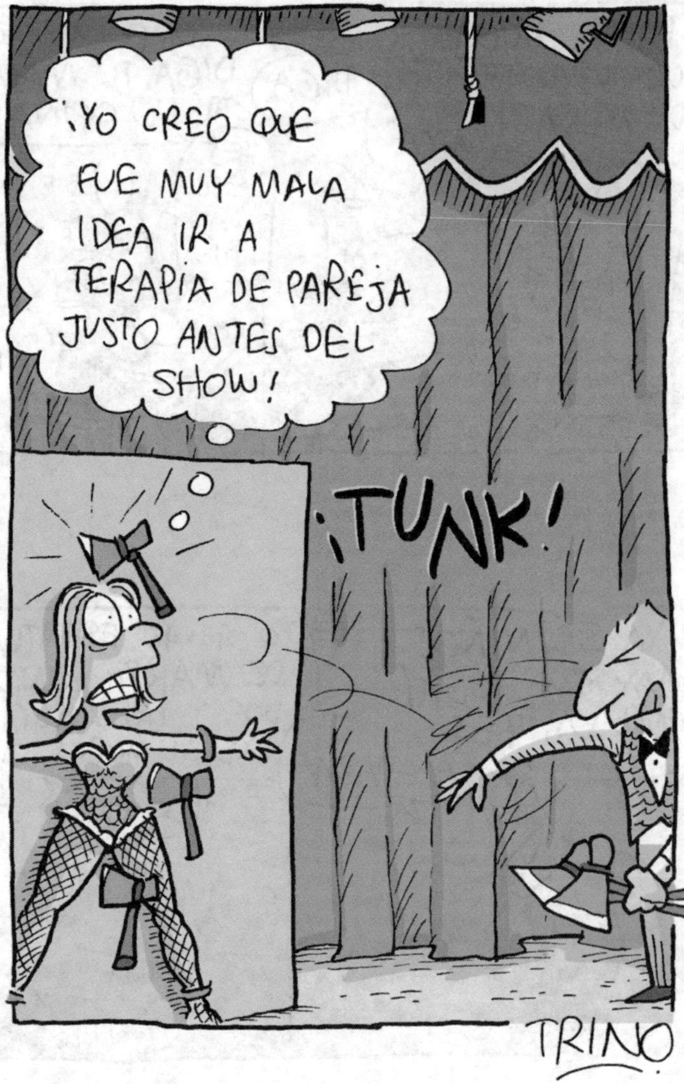
¡YO CREO QUE FUE MUY MALA IDEA IR A TERAPIA DE PAREJA JUSTO ANTES DEL SHOW!
¡TUNK!
TRINO

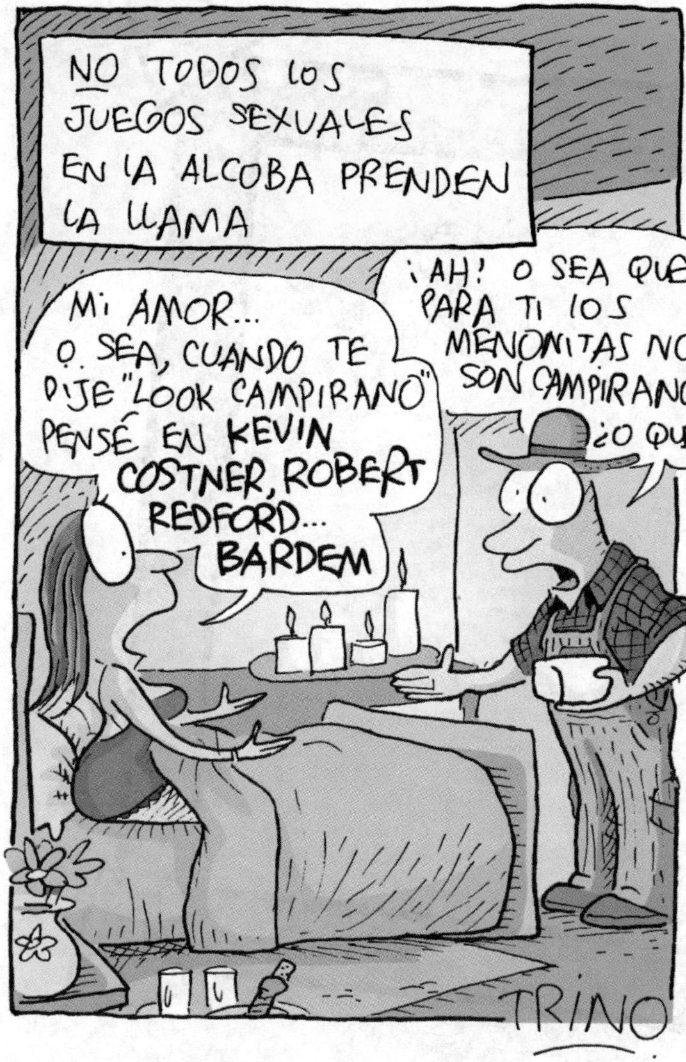
NO TODOS LOS JUEGOS SEXUALES EN LA ALCOBA PRENDEN LA LLAMA
MI AMOR... O. SEA, CUANDO TE DIJE "LOOK CAMPIRANO" PENSÉ EN KEVIN COSTNER, ROBERT REDFORD... BARDEM
¡AH! O SEA QUE PARA TI LOS MENONITAS NO SON CAMPIRANOS ¿O QUÉ?
TRINO

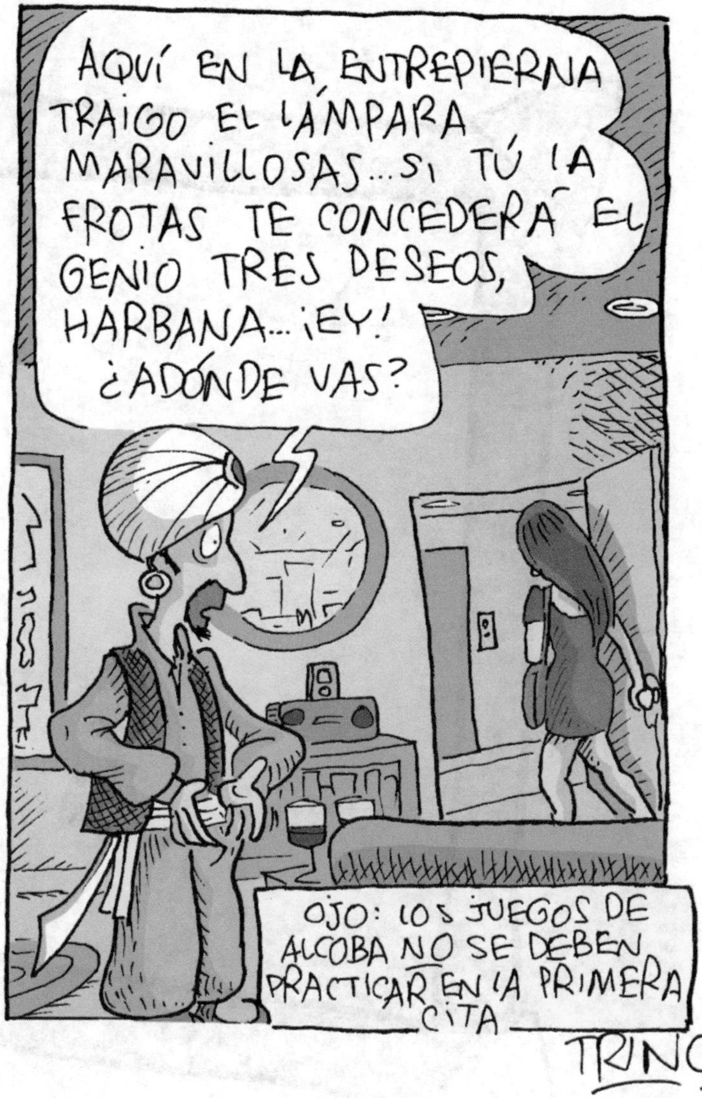
AQUÍ EN LA ENTREPIERNA TRAIGO EL LÁMPARA MARAVILLOSAS... SI TÚ LA FROTAS TE CONCEDERÁ EL GENIO TRES DESEOS, HARBANA... ¡EY! ¿ADÓNDE VAS?
OJO: LOS JUEGOS DE ALCOBA NO SE DEBEN PRACTICAR EN LA PRIMERA CITA
TRINO

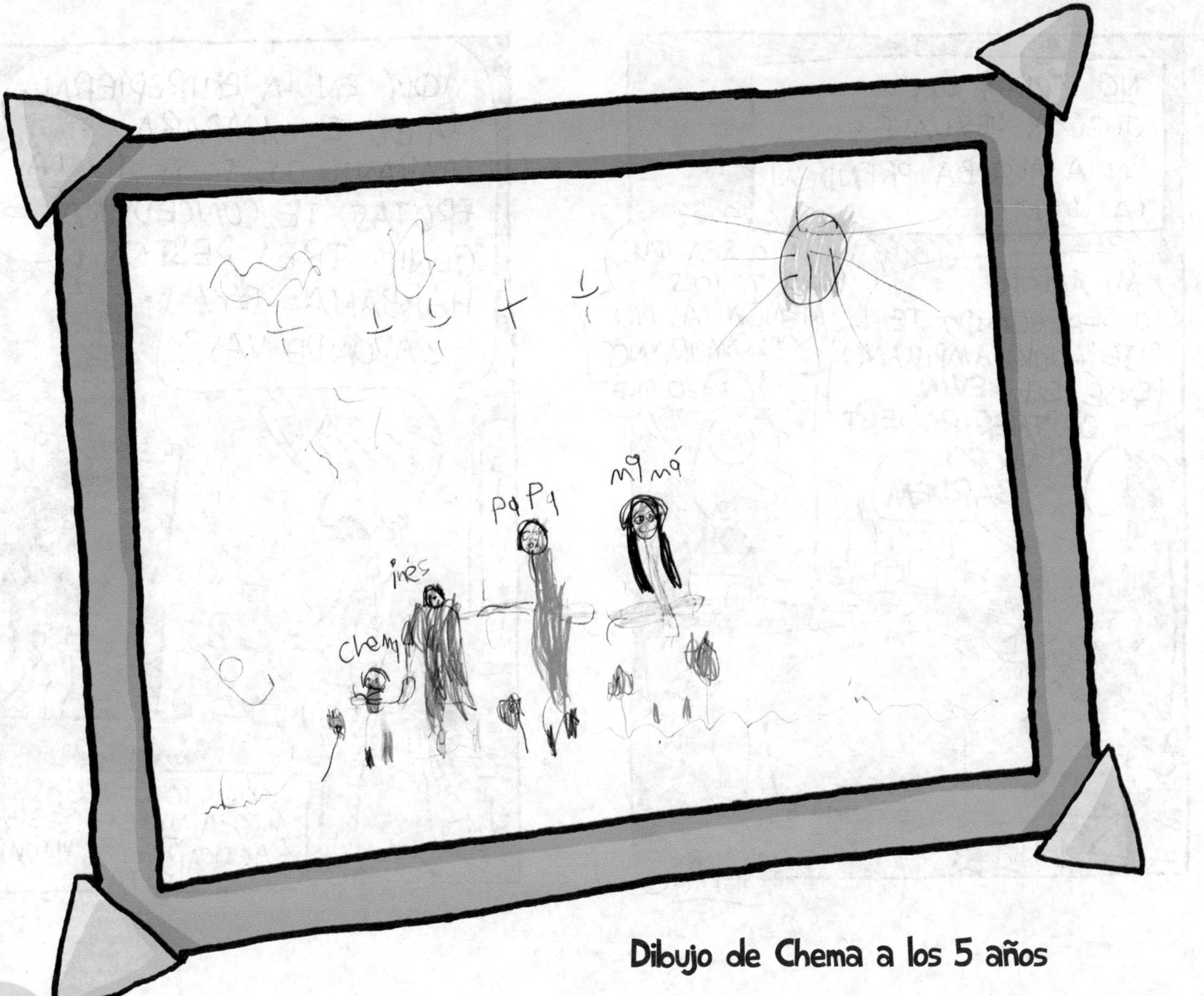
mamá
PaPa
inés
Chema

Dibujo de Chema a los 5 años

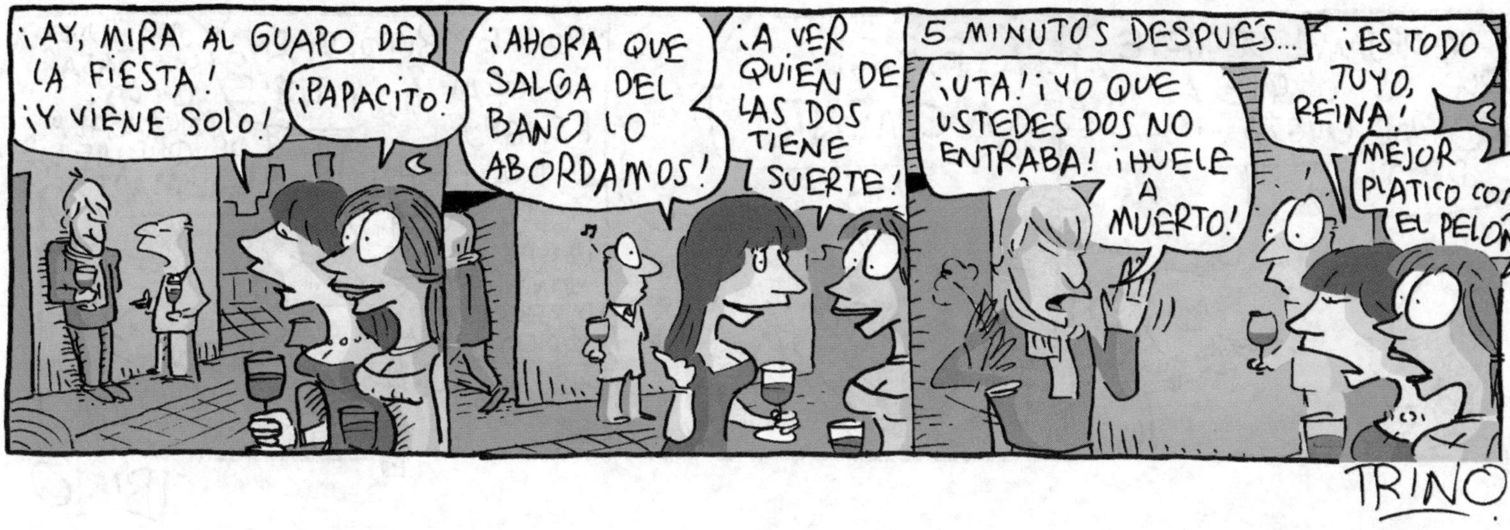
¡AY, MIRA AL GUAPO DE LA FIESTA! ¡Y VIENE SOLO!
¡PAPACITO!
¡AHORA QUE SALGA DEL BAÑO LO ABORDAMOS!
¡A VER QUIÉN DE LAS DOS TIENE SUERTE!
5 MINUTOS DESPUÉS...
¡UTA! ¡YO QUE USTEDES DOS NO ENTRABA! ¡HUELE A MUERTO!
¡ES TODO TUYO, REINA!
MEJOR PLATICO CON EL PELÓN
TRINO

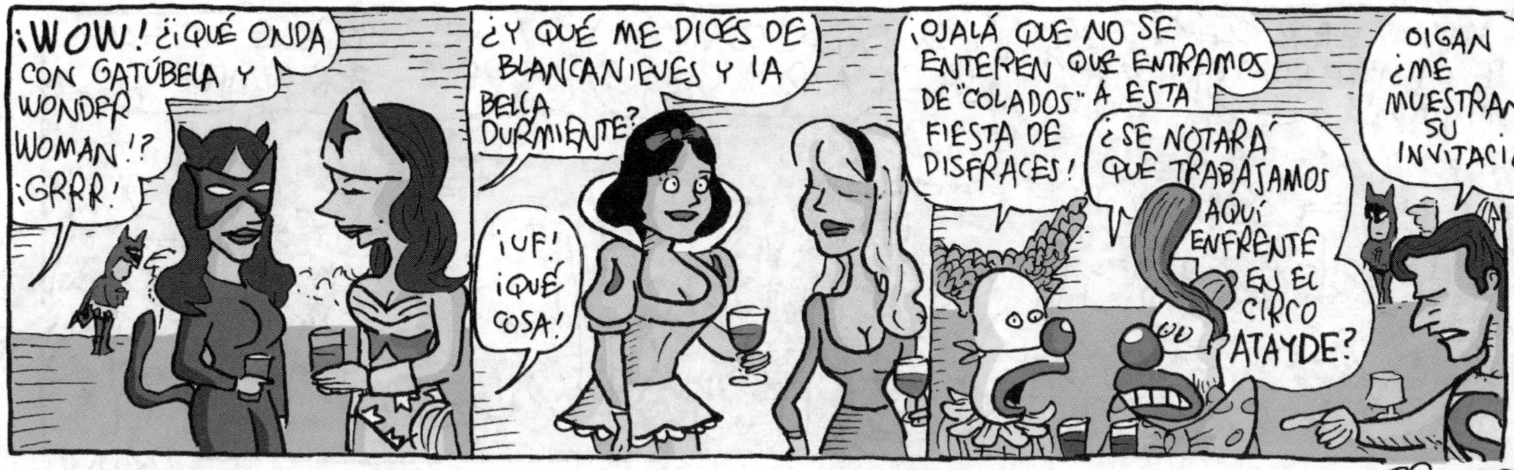
¡WOW! ¿¡QUÉ ONDA CON GATÚBELA Y WONDER WOMAN!? ¡GRRR!
¿Y QUÉ ME DICES DE BLANCANIEVES Y LA BELLA DURMIENTE?
¡UF! ¡QUÉ COSA!
¡OJALÁ QUE NO SE ENTEREN QUE ENTRAMOS DE "COLADOS" A ESTA FIESTA DE DISFRACES!
¿SE NOTARÁ QUE TRABAJAMOS AQUÍ ENFRENTE EN EL CIRCO ATAYDE?
OIGAN ¿ME MUESTRAN SU INVITACIÓN?
TRINO

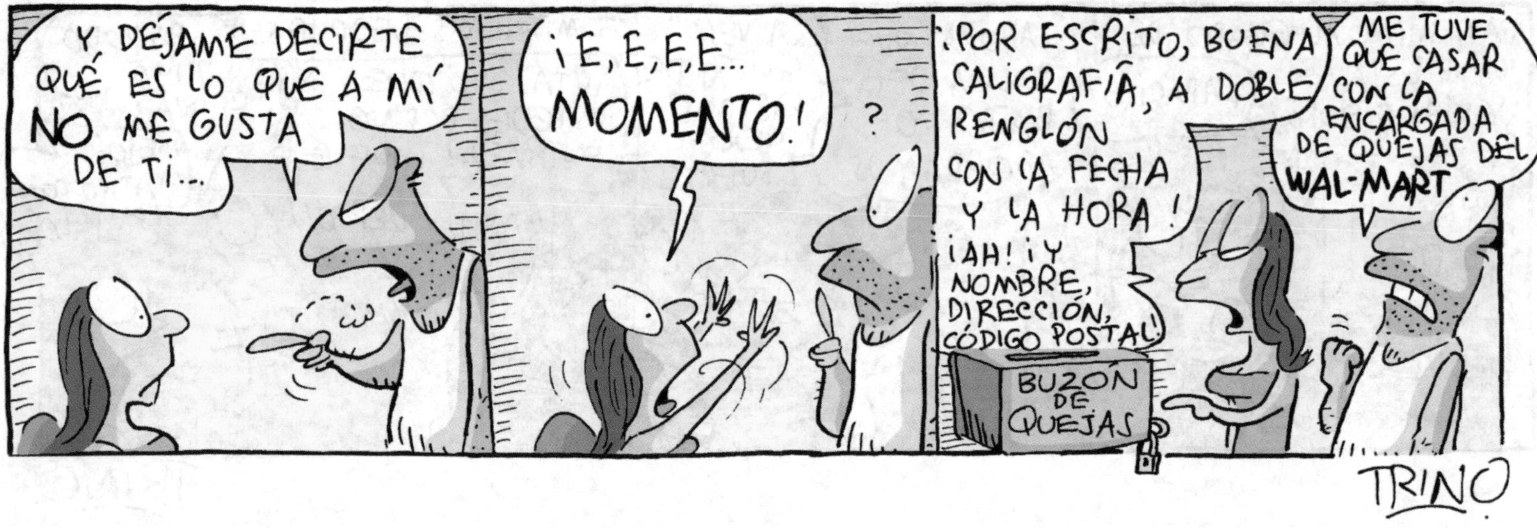
Y DÉJAME DECIRTE QUÉ ES LO QUE A MÍ NO ME GUSTA DE TI...
¡E, E, E, E... MOMENTO!
?
¡POR ESCRITO, BUENA CALIGRAFÍA, A DOBLE RENGLÓN CON LA FECHA Y LA HORA!
¡AH! ¡Y NOMBRE, DIRECCIÓN, CÓDIGO POSTAL!
BUZÓN DE QUEJAS
ME TUVE QUE CASAR CON LA ENCARGADA DE QUEJAS DEL WAL-MART
TRINO

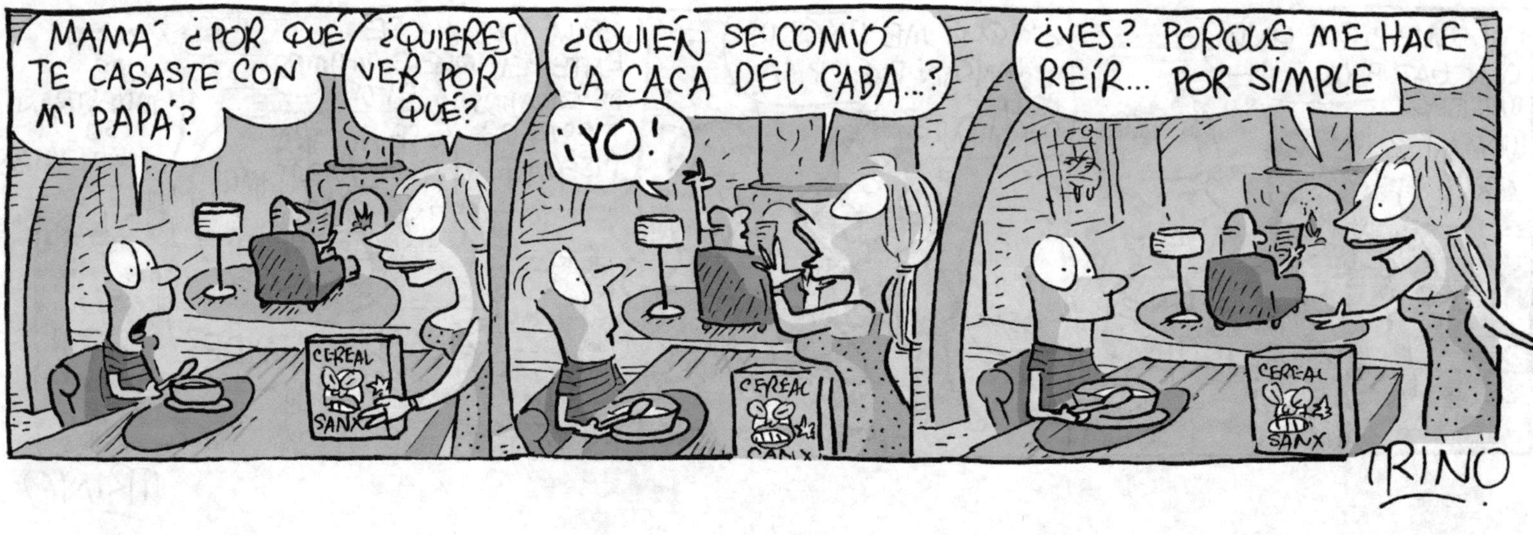
MAMÁ ¿POR QUÉ TE CASASTE CON MI PAPÁ?
¿QUIERES VER POR QUÉ?
CEREAL SANX
¿QUIÉN SE COMIÓ LA CACA DEL CABA...?
¡YO!
CEREAL SANX
¿VES? PORQUE ME HACE REÍR... POR SIMPLE
CEREAL SANX
TRINO

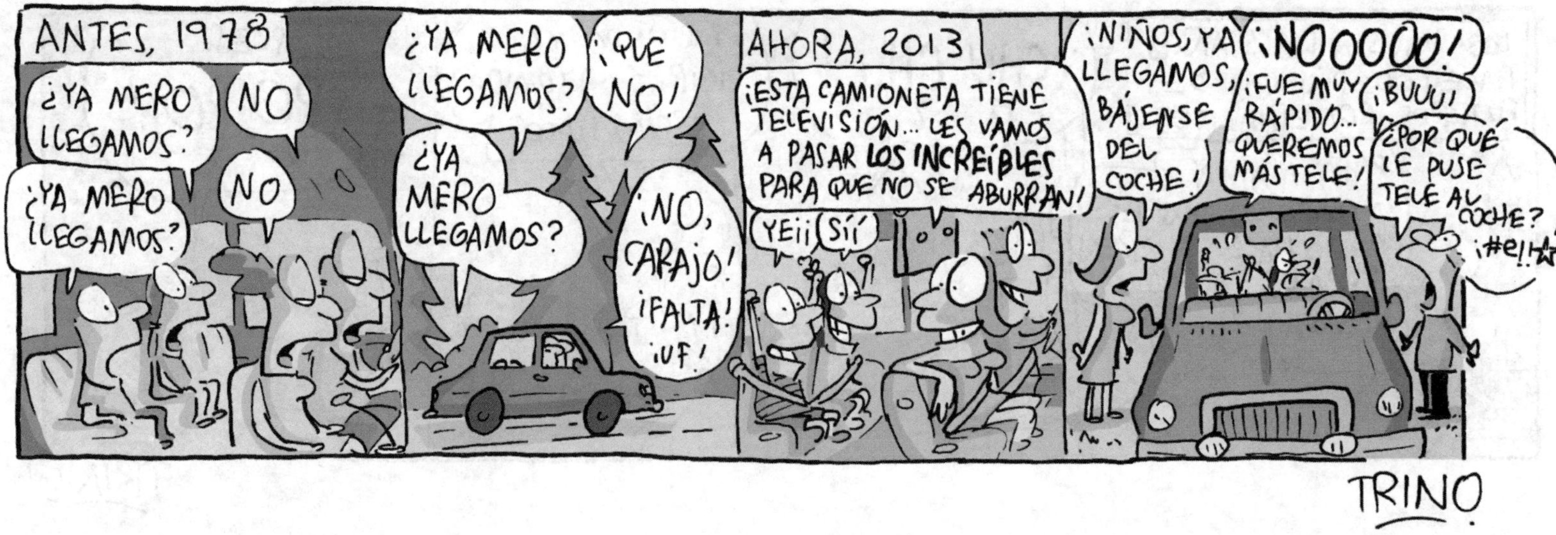
ANTES, 1978
¿YA MERO LLEGAMOS?
NO
¿YA MERO LLEGAMOS?
NO
¿YA MERO LLEGAMOS?
¡QUE NO!
¿YA MERO LLEGAMOS?
¡NO, CARAJO! ¡FALTA! ¡UF!
AHORA, 2013
¡ESTA CAMIONETA TIENE TELEVISIÓN... LES VAMOS A PASAR LOS INCREÍBLES PARA QUE NO SE ABURRAN!
YEII
SÍ
¡NIÑOS, YA LLEGAMOS, BÁJENSE DEL COCHE!
¡NOOOOO!
¡FUE MUY RÁPIDO... QUEREMOS MÁS TELE!
¡BUUU!
¿POR QUÉ LE PUSE TELE AL COCHE? ¡#e!!☆!
TRINO

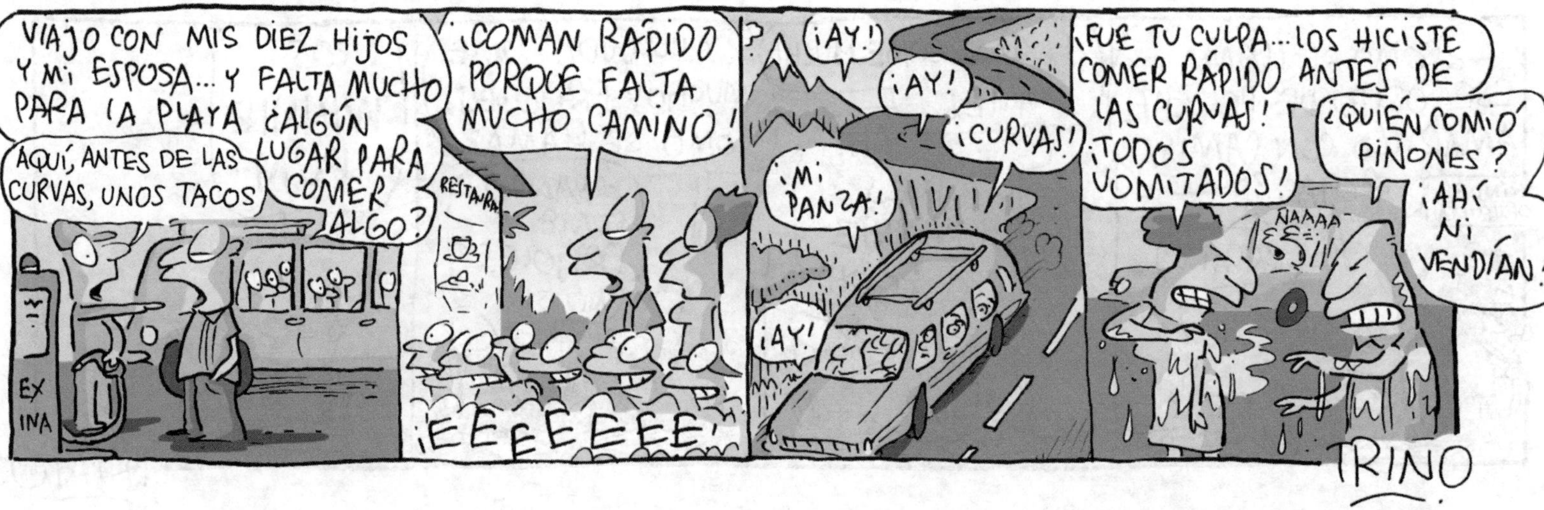
VIAJO CON MIS DIEZ HIJOS Y MI ESPOSA... Y FALTA MUCHO PARA LA PLAYA ¿ALGÚN LUGAR PARA COMER ALGO?
AQUÍ, ANTES DE LAS CURVAS, UNOS TACOS
RESTAURA
¡COMAN RÁPIDO PORQUE FALTA MUCHO CAMINO!
¡EEEEEEEE!
¡AY!
¡AY!
¡CURVAS!
¡MI PANZA!
¡AY!
¡FUE TU CULPA... LOS HICISTE COMER RÁPIDO ANTES DE LAS CURVAS! ¡TODOS VOMITADOS!
ÑAAAA
¿QUIÉN COMIÓ PIÑONES? ¡AHÍ NI VENDÍAN!
TRINO

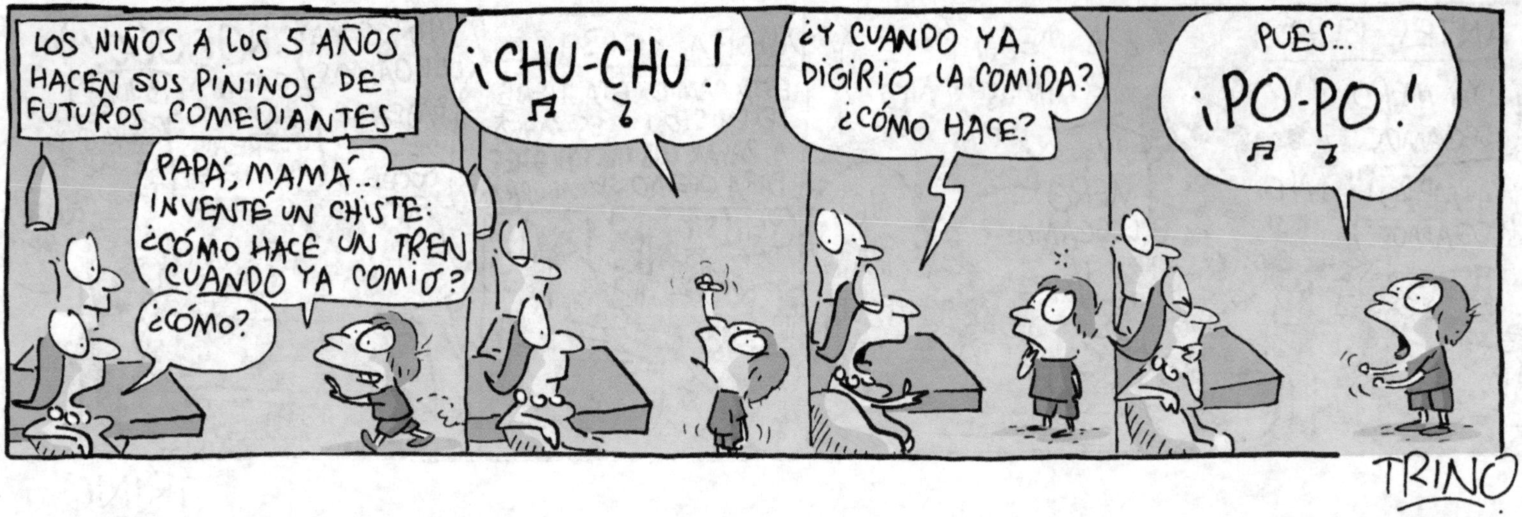
LOS NIÑOS A LOS 5 AÑOS HACEN SUS PININOS DE FUTUROS COMEDIANTES
PAPÁ, MAMÁ... INVENTÉ UN CHISTE: ¿CÓMO HACE UN TREN CUANDO YA COMIÓ?
¿CÓMO?
¡CHU-CHU!
¿Y CUANDO YA DIGIRIÓ LA COMIDA? ¿CÓMO HACE?
PUES... ¡PO-PO!
TRINO

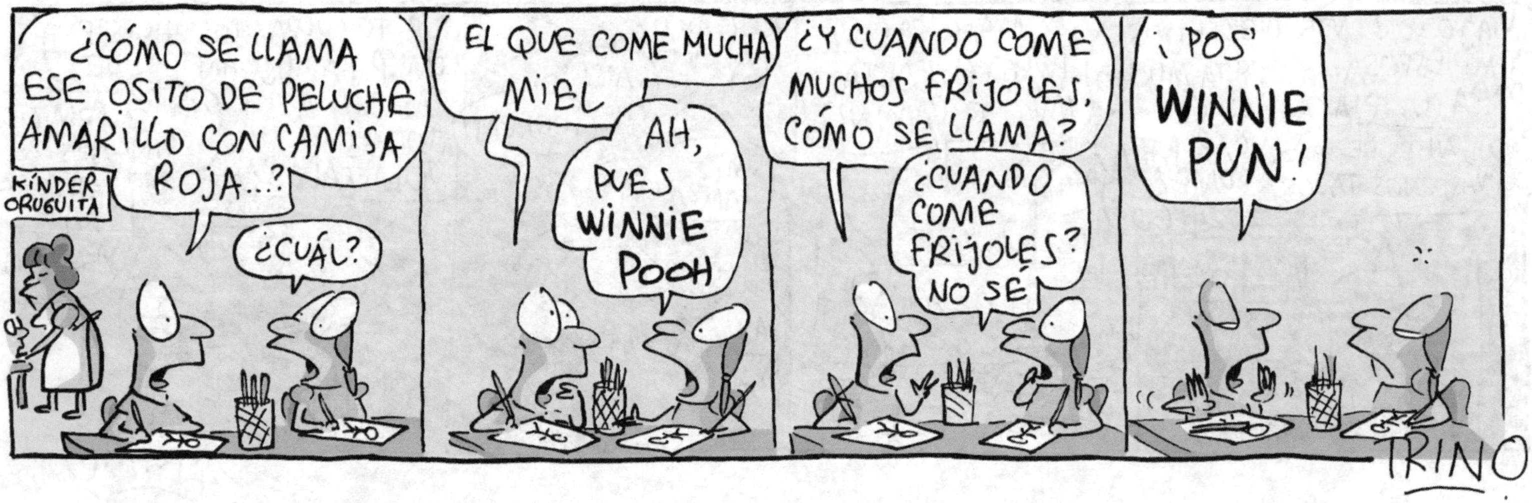
KÍNDER ORUGUITA
¿CÓMO SE LLAMA ESE OSITO DE PELUCHE AMARILLO CON CAMISA ROJA...?
¿CUÁL?
EL QUE COME MUCHA MIEL
AH, PUES WINNIE POOH
¿Y CUANDO COME MUCHOS FRIJOLES, CÓMO SE LLAMA?
¿CUANDO COME FRIJOLES? NO SÉ
¡POS' WINNIE PUN!
TRINO

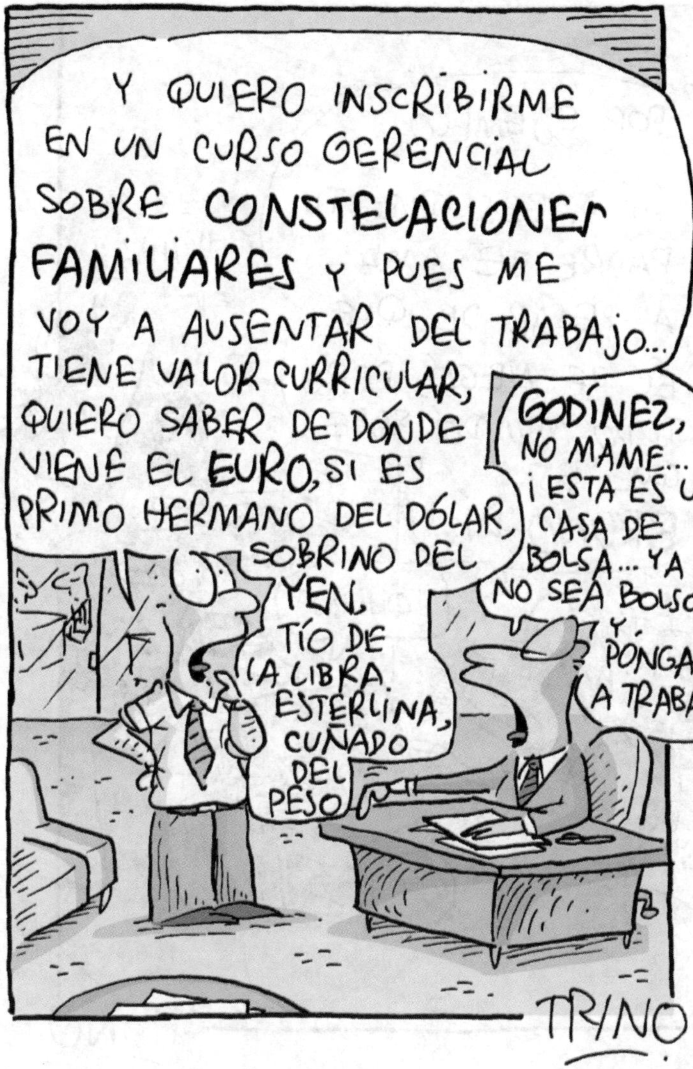
Y QUIERO INSCRIBIRME EN UN CURSO GERENCIAL SOBRE CONSTELACIONES FAMILIARES Y PUES ME VOY A AUSENTAR DEL TRABAJO... TIENE VALOR CURRICULAR, QUIERO SABER DE DÓNDE VIENE EL EURO, SI ES PRIMO HERMANO DEL DÓLAR, SOBRINO DEL YEN, TÍO DE LA LIBRA ESTERLINA, CUÑADO DEL PESO
GODÍNEZ, NO MAME... ¡ESTA ES UNA CASA DE BOLSA... YA NO SEA BOLSÓN Y PÓNGASE A TRABAJAR!
TRINO

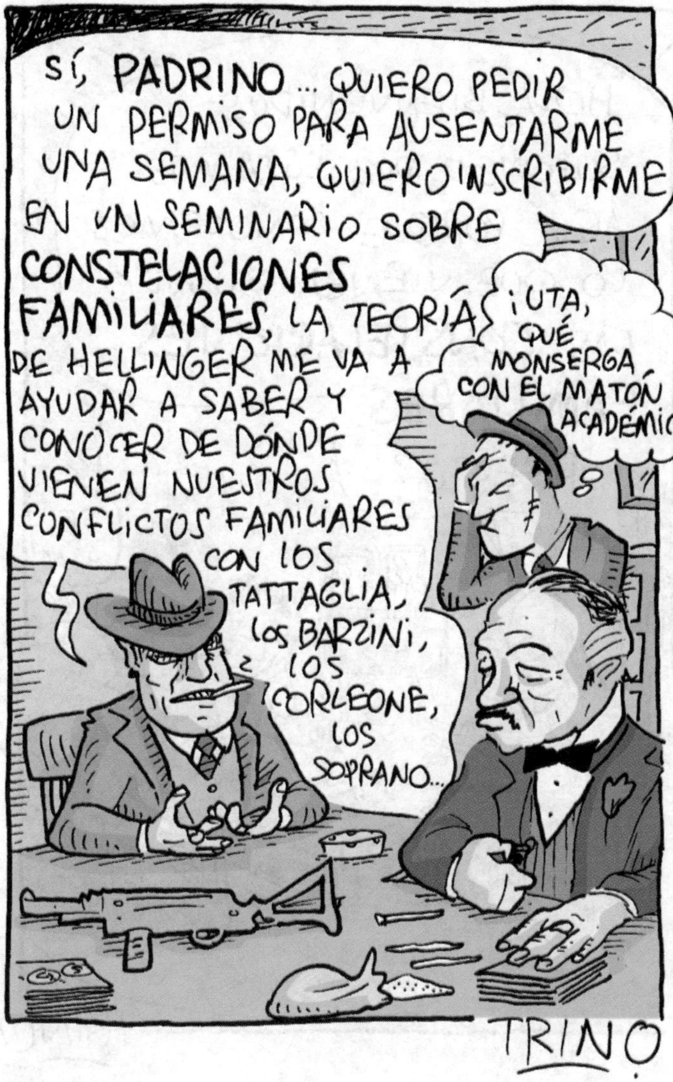
SÍ, PADRINO... QUIERO PEDIR UN PERMISO PARA AUSENTARME UNA SEMANA, QUIERO INSCRIBIRME EN UN SEMINARIO SOBRE CONSTELACIONES FAMILIARES, LA TEORÍA DE HELLINGER ME VA A AYUDAR A SABER Y CONOCER DE DÓNDE VIENEN NUESTROS CONFLICTOS FAMILIARES CON LOS TATTAGLIA, LOS BARZINI, LOS CORLEONE, LOS SOPRANO...
¡UTA, QUÉ MONSERGA CON EL MATÓN ACADÉMICO!
TRINO

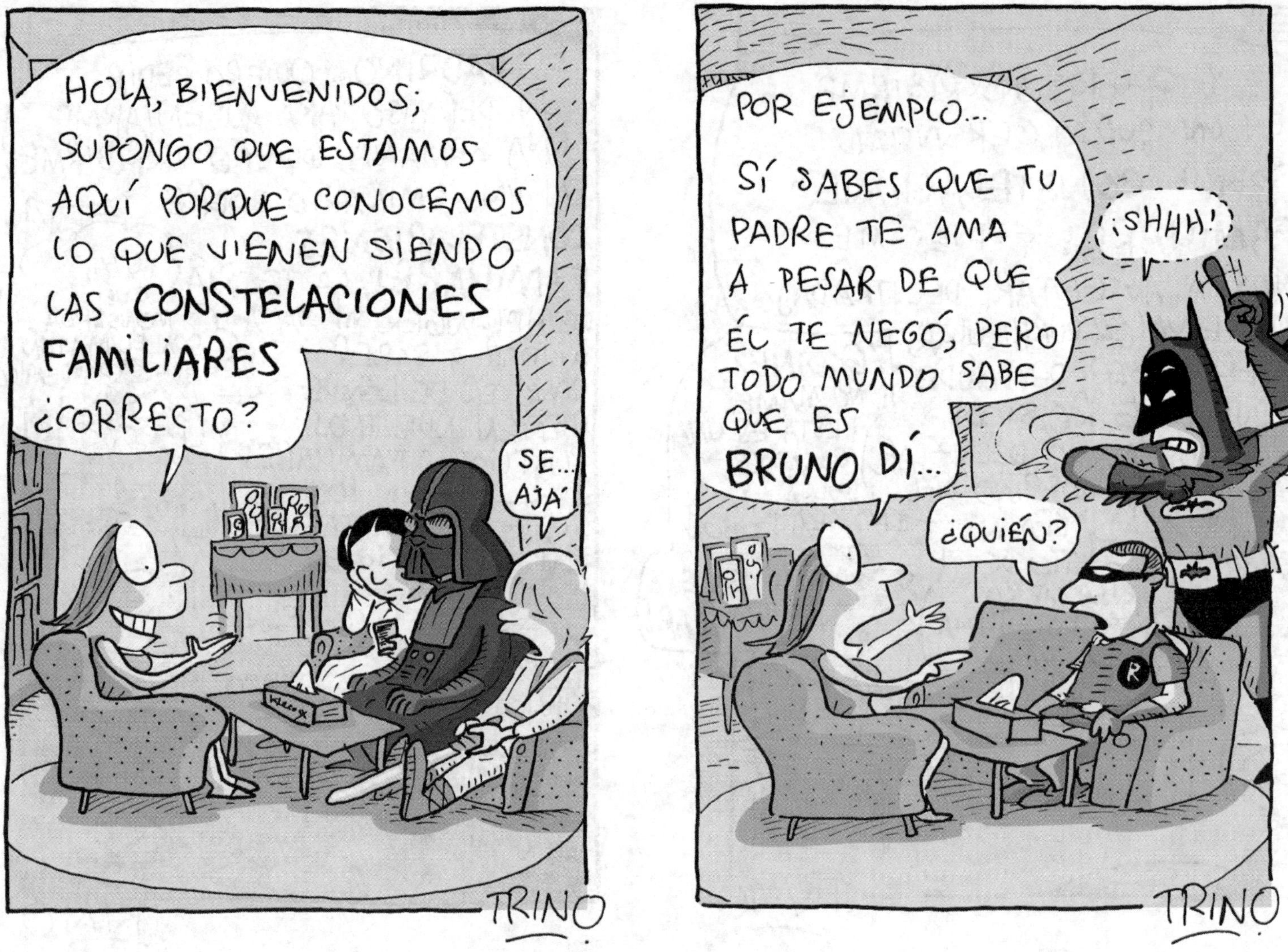
HOLA, BIENVENIDOS; SUPONGO QUE ESTAMOS AQUÍ PORQUE CONOCEMOS LO QUE VIENEN SIENDO LAS CONSTELACIONES FAMILIARES ¿CORRECTO?
SE... AJÁ
TRINO
POR EJEMPLO... SÍ SABES QUE TU PADRE TE AMA A PESAR DE QUE ÉL TE NEGÓ, PERO TODO MUNDO SABE QUE ES BRUNO DÍ...
¡SHHH!
¿QUIÉN?
TRINO

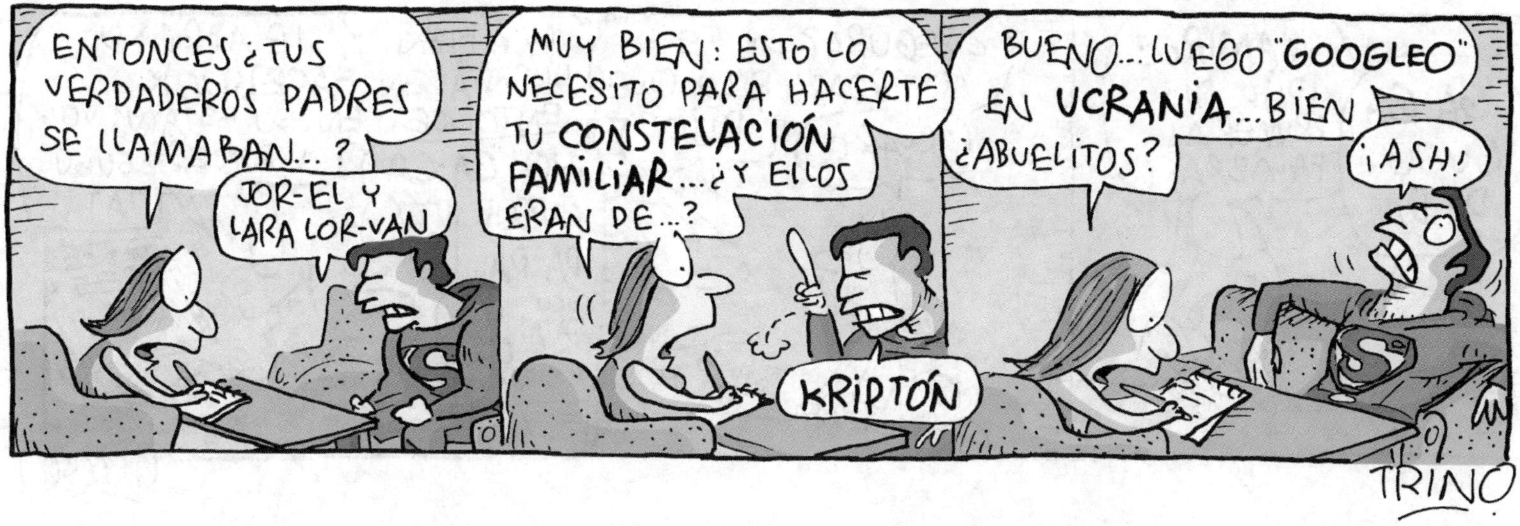
ENTONCES ¿TUS VERDADEROS PADRES SE LLAMABAN... ?
JOR-EL Y LARA LOR-VAN
MUY BIEN: ESTO LO NECESITO PARA HACERTE TU **CONSTELACIÓN FAMILIAR**... ¿Y ELLOS ERAN DE... ?
KRIPTÓN
BUENO... LUEGO "**GOOGLEO**" EN **UCRANIA**... BIEN ¿ABUELITOS?
¡ASH!
TRINO

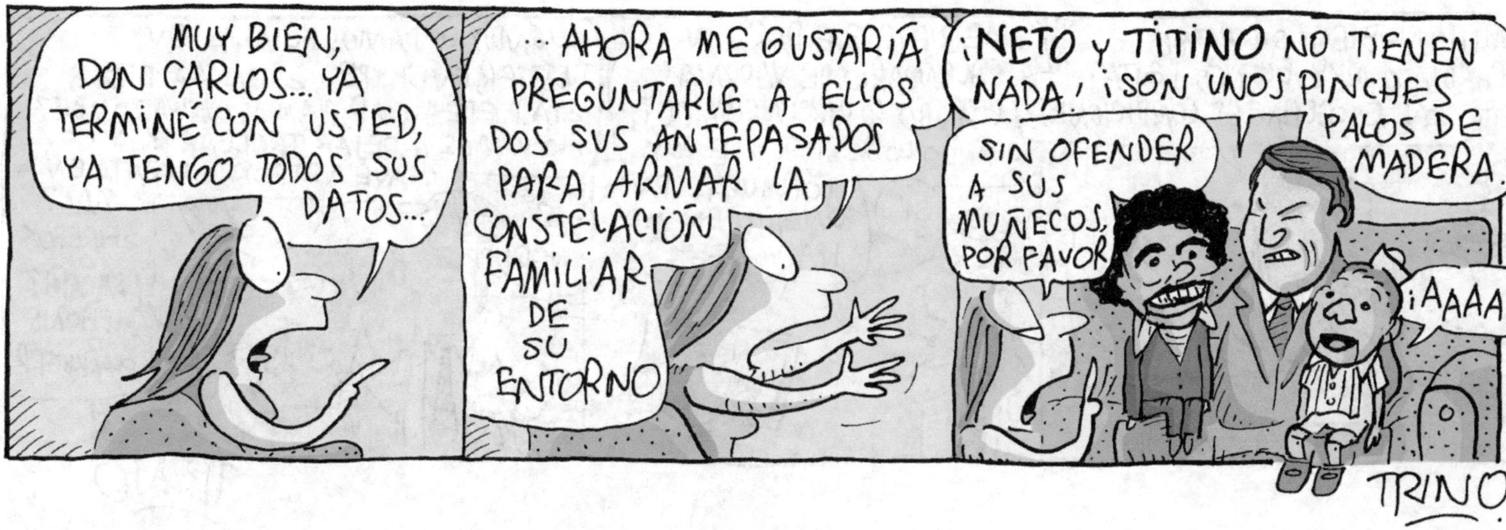
MUY BIEN, DON CARLOS... YA TERMINÉ CON USTED, YA TENGO TODOS SUS DATOS...
...AHORA ME GUSTARÍA PREGUNTARLE A ELLOS DOS SUS ANTEPASADOS PARA ARMAR LA CONSTELACIÓN FAMILIAR DE SU ENTORNO
¡**NETO** Y **TITINO** NO TIENEN NADA! ¡SON UNOS PINCHES PALOS DE MADERA!
SIN OFENDER A SUS MUÑECOS, POR FAVOR
¡AAAAY!
TRINO

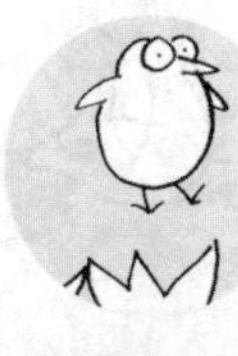

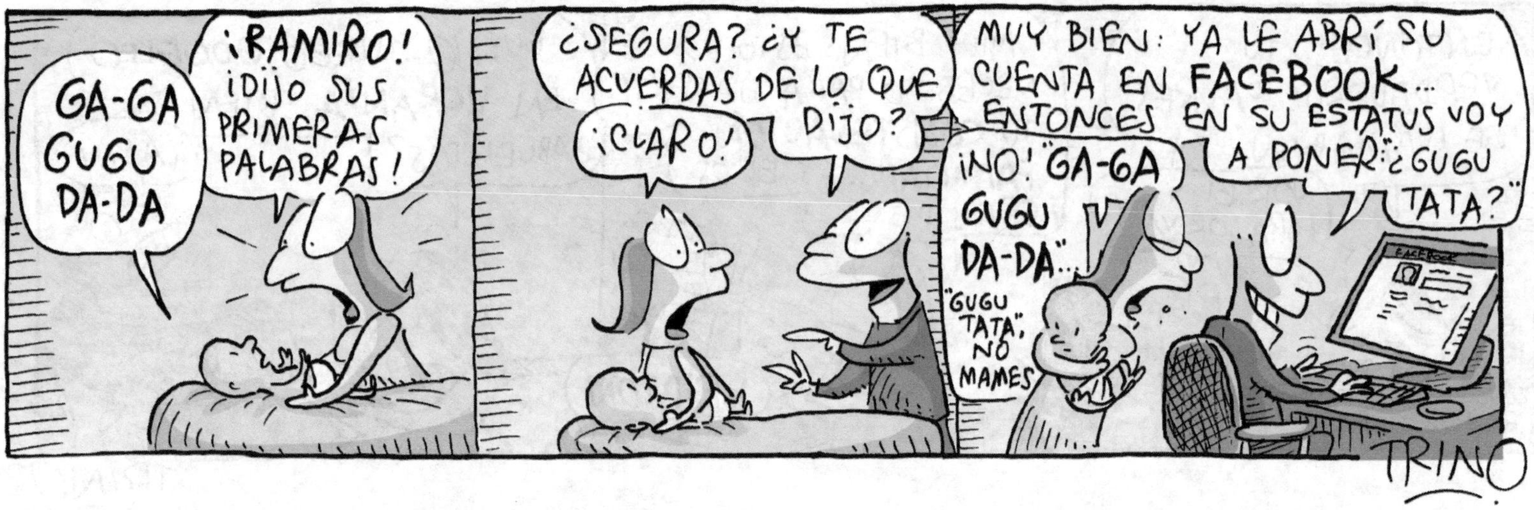
GA-GA GUGU DA-DA
¡RAMIRO! ¡DIJO SUS PRIMERAS PALABRAS!
¿SEGURA? ¿Y TE ACUERDAS DE LO QUE DIJO?
¡CLARO!
MUY BIEN: YA LE ABRÍ SU CUENTA EN FACEBOOK... ENTONCES EN SU ESTATUS VOY A PONER: "¿GUGU TATA?"
¡NO! "GA-GA GUGU DA-DA"...
"GUGU TATA", NO MAMES
TRINO

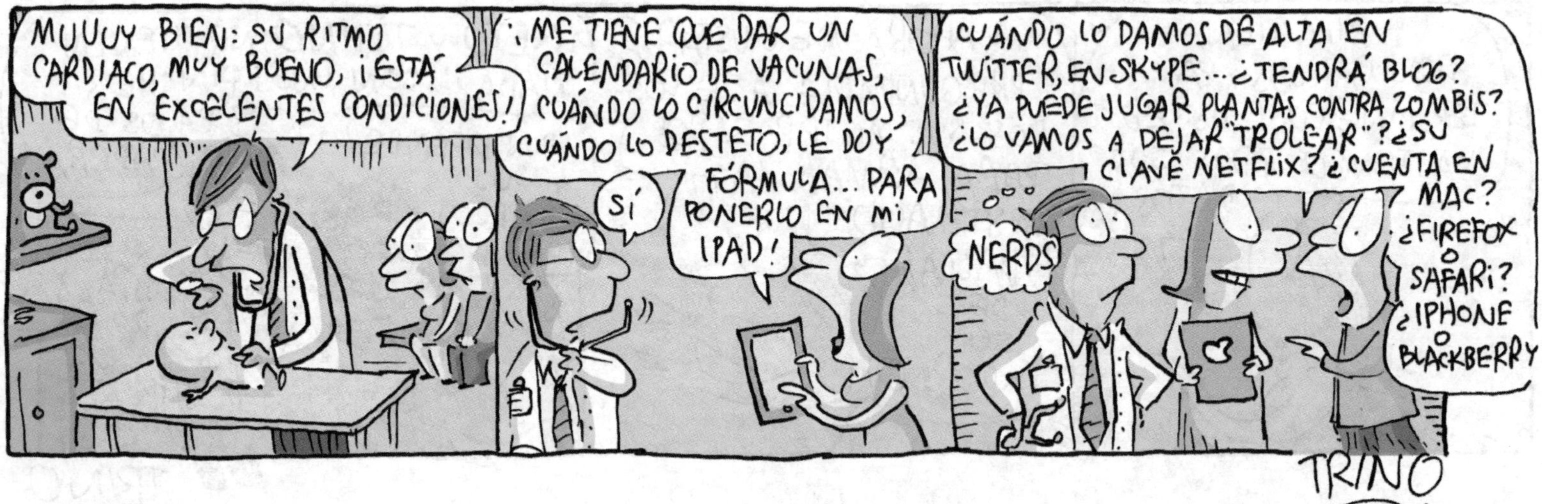
MUUUY BIEN: SU RITMO CARDIACO, MUY BUENO, ¡ESTÁ EN EXCELENTES CONDICIONES!
¡ME TIENE QUE DAR UN CALENDARIO DE VACUNAS, CUÁNDO LO CIRCUNCIDAMOS, CUÁNDO LO DESTETO, LE DOY FÓRMULA... PARA PONERLO EN MI IPAD!
SÍ
CUÁNDO LO DAMOS DE ALTA EN TWITTER, EN SKYPE... ¿TENDRÁ BLOG? ¿YA PUEDE JUGAR PLANTAS CONTRA ZOMBIS? ¿LO VAMOS A DEJAR "TROLEAR"? ¿SU CLAVE NETFLIX? ¿CUENTA EN MAC? ¿FIREFOX O SAFARI? ¿IPHONE O BLACKBERRY?
NERDS
TRINO

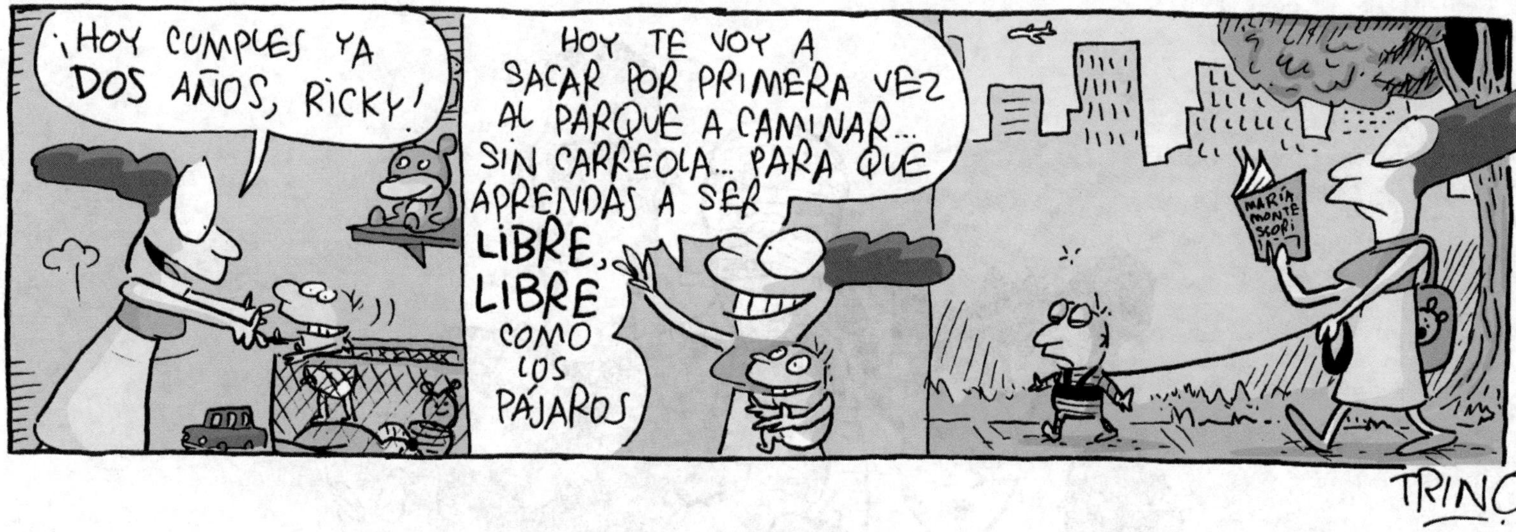
¡HOY CUMPLES YA DOS AÑOS, RICKY!
HOY TE VOY A SACAR POR PRIMERA VEZ AL PARQUE A CAMINAR... SIN CARREOLA... PARA QUE APRENDAS A SER LIBRE, LIBRE COMO LOS PÁJAROS
MARÍA MONTESSORI
TRINO

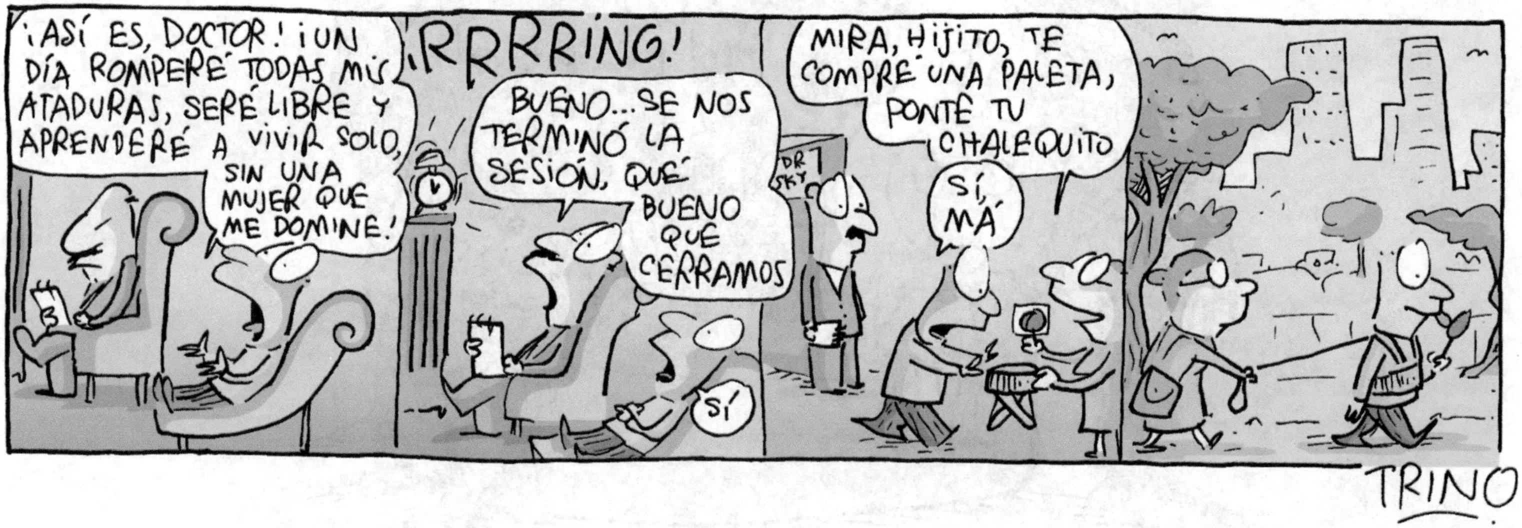
¡ASÍ ES, DOCTOR! ¡UN DÍA ROMPERÉ TODAS MIS ATADURAS, SERÉ LIBRE Y APRENDERÉ A VIVIR SOLO, SIN UNA MUJER QUE ME DOMINE!
¡RRRRING!
BUENO... SE NOS TERMINÓ LA SESIÓN, QUÉ BUENO QUE CERRAMOS
SÍ
DR SKY
MIRA, HIJITO, TE COMPRÉ UNA PALETA, PONTE TU ¡CHALEQUITO
SÍ, MÁ
TRINO

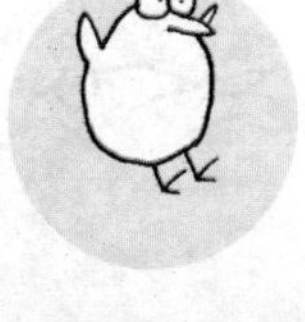

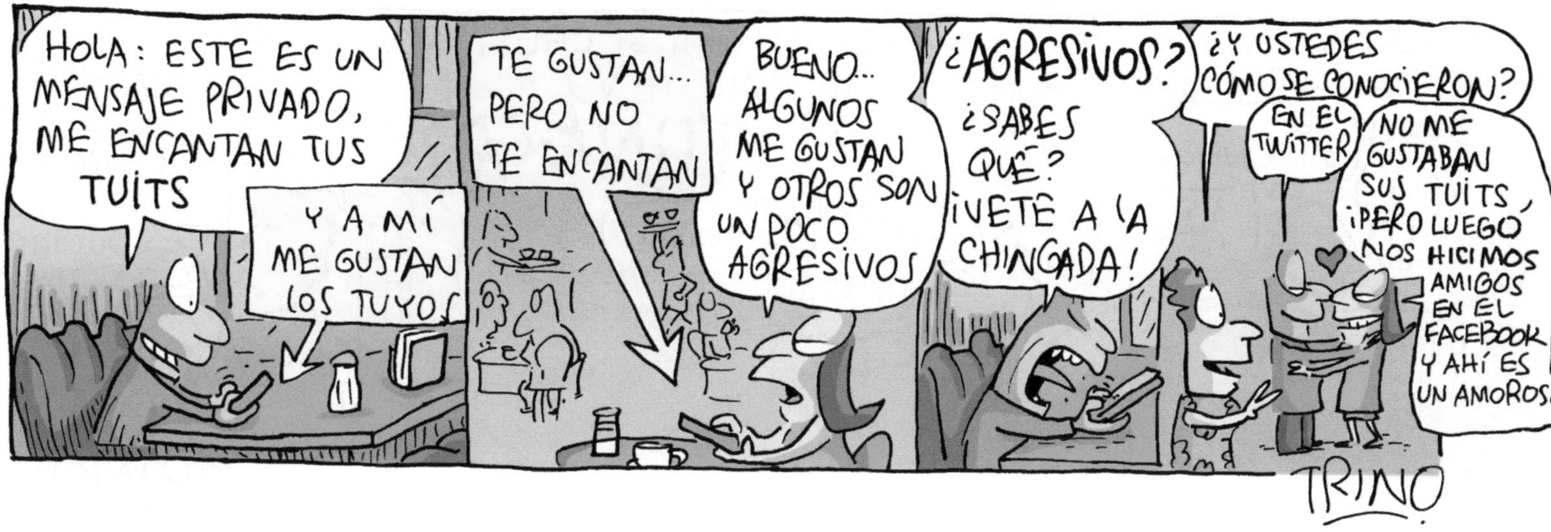
HOLA: ESTE ES UN MENSAJE PRIVADO, ME ENCANTAN TUS TUITS
Y A MÍ ME GUSTAN LOS TUYOS
TE GUSTAN... PERO NO TE ENCANTAN
BUENO... ALGUNOS ME GUSTAN Y OTROS SON UN POCO AGRESIVOS
¿AGRESIVOS? ¿SABES QUÉ? ¡VETE A LA CHINGADA!
¿Y USTEDES CÓMO SE CONOCIERON?
EN EL TWITTER
NO ME GUSTABAN SUS TUITS, ¡PERO LUEGO NOS HICIMOS AMIGOS EN EL FACEBOOK Y AHÍ ES UN AMOROSO!
TRINO

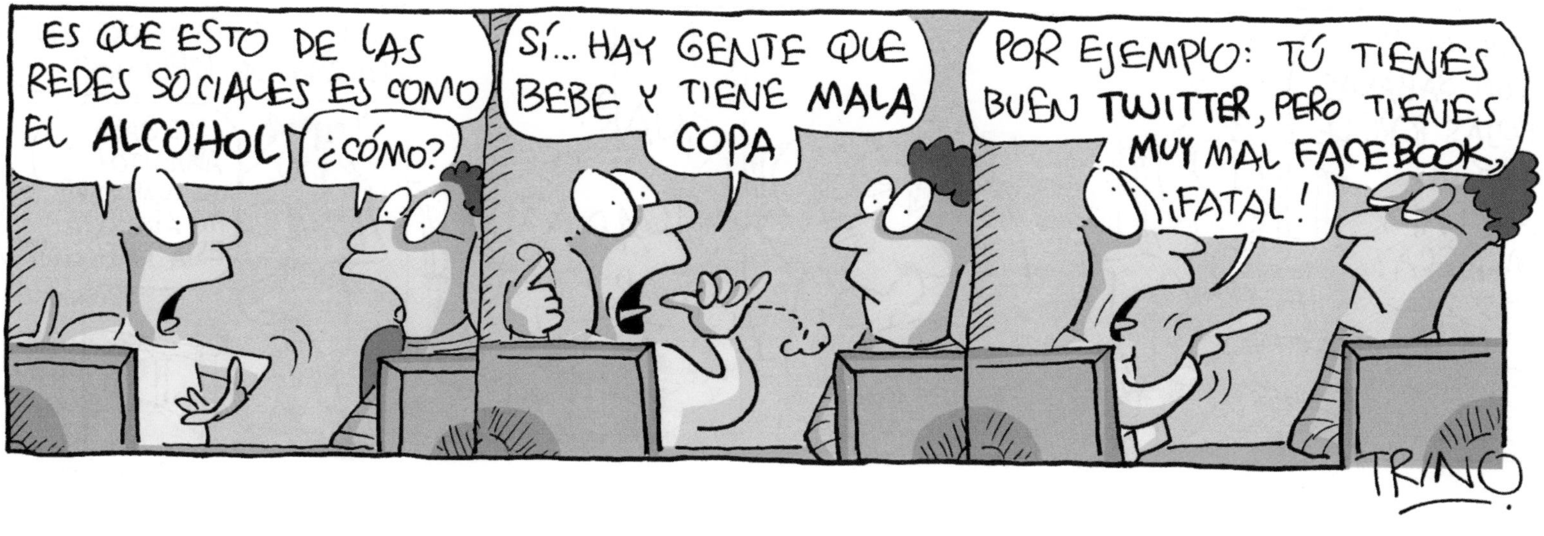
ES QUE ESTO DE LAS REDES SOCIALES ES COMO EL ALCOHOL
¿CÓMO?
SÍ... HAY GENTE QUE BEBE Y TIENE MALA COPA
POR EJEMPLO: TÚ TIENES BUEN TWITTER, PERO TIENES MUY MAL FACEBOOK, ¡FATAL!
TRINO

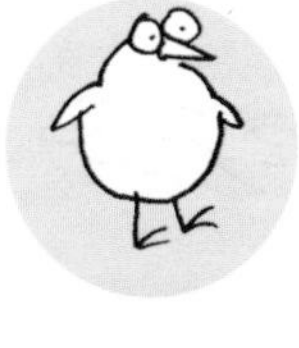

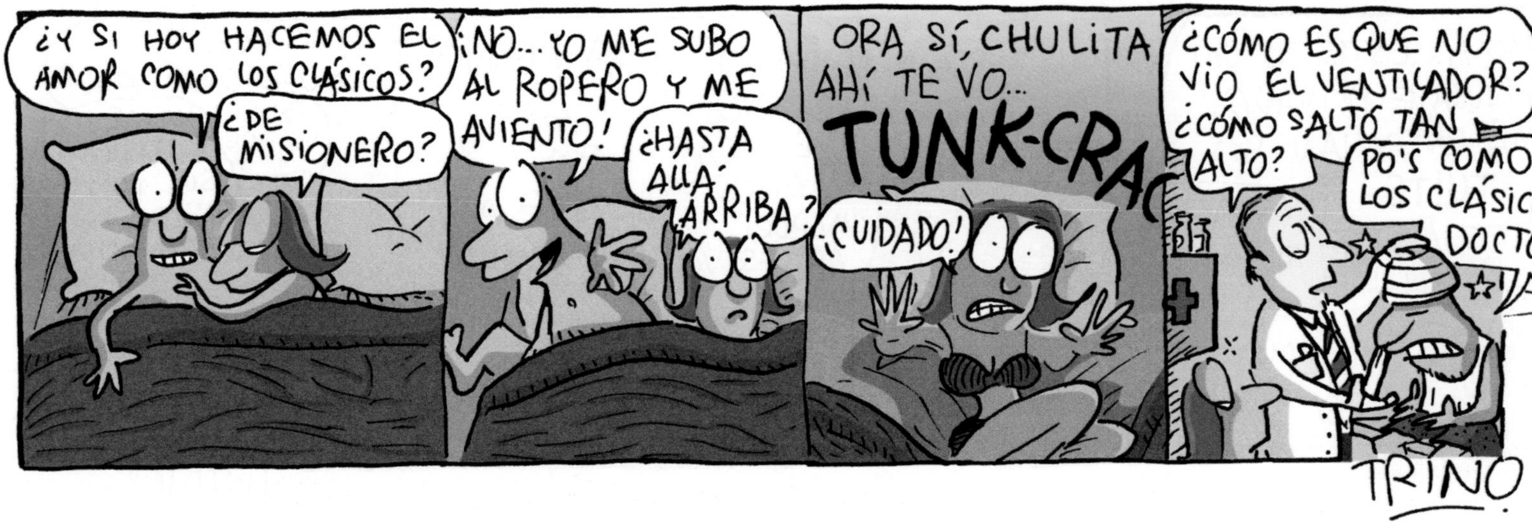
¿Y SI HOY HACEMOS EL AMOR COMO LOS CLÁSICOS?
¿DE MISIONERO?
¡NO... YO ME SUBO AL ROPERO Y ME AVIENTO!
¿HASTA ALLÁ ARRIBA?
ORA SÍ, CHULITA AHÍ TE VO...
TUNK-CRAC
¡CUIDADO!
¿CÓMO ES QUE NO VIO EL VENTILADOR? ¿CÓMO SALTÓ TAN ALTO?
PO'S COMO LOS CLÁSICOS, DOCTOR
TRINO

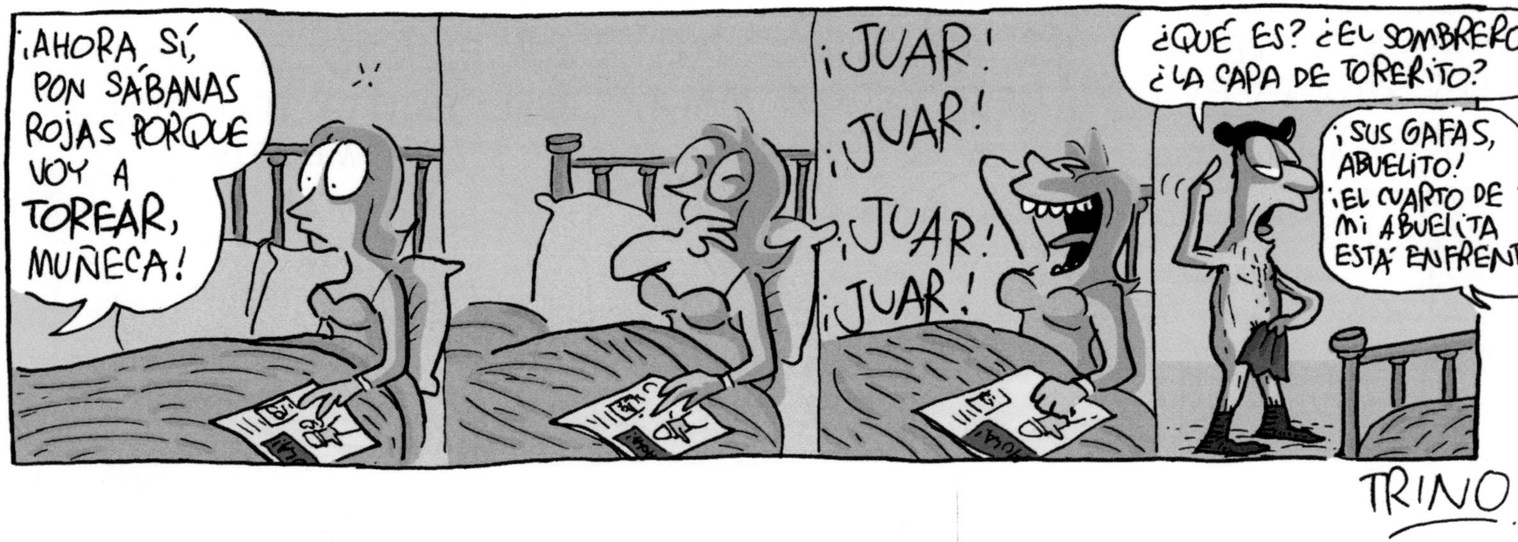
¡AHORA SÍ, PON SÁBANAS ROJAS PORQUE VOY A TOREAR, MUÑECA!
¡JUAR! ¡JUAR! ¡JUAR! ¡JUAR!
¿QUÉ ES? ¿EL SOMBRERO? ¿LA CAPA DE TORERITO?
¡SUS GAFAS, ABUELITO! ¡EL CUARTO DE MI ABUELITA ESTÁ ENFRENTE!
TRINO

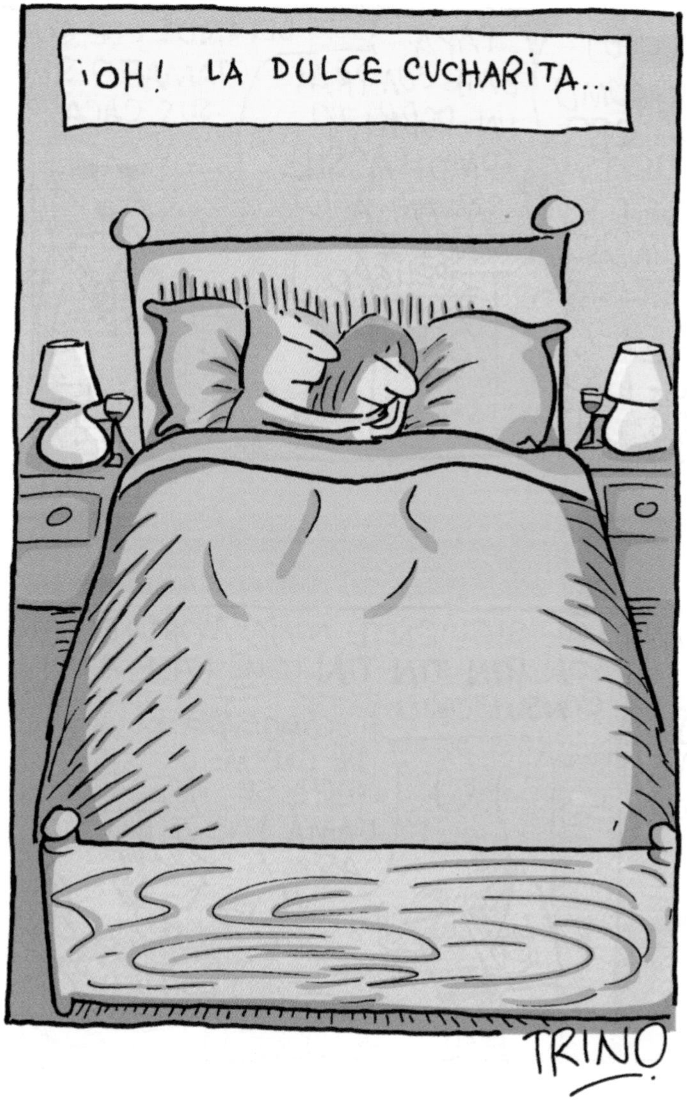
¡OH! LA DULCE CUCHARITA...
TRINO

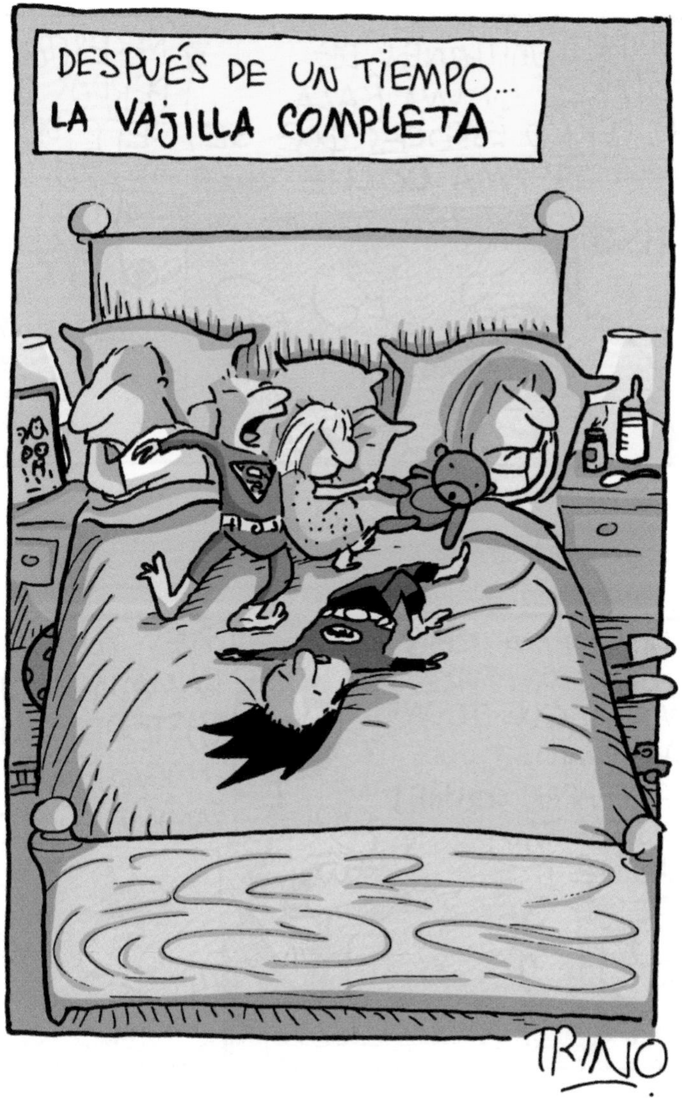
DESPUÉS DE UN TIEMPO...
LA VAJILLA COMPLETA
TRINO

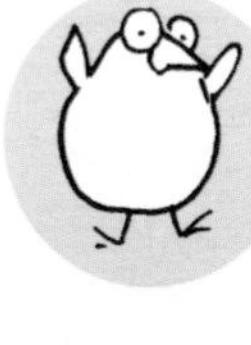

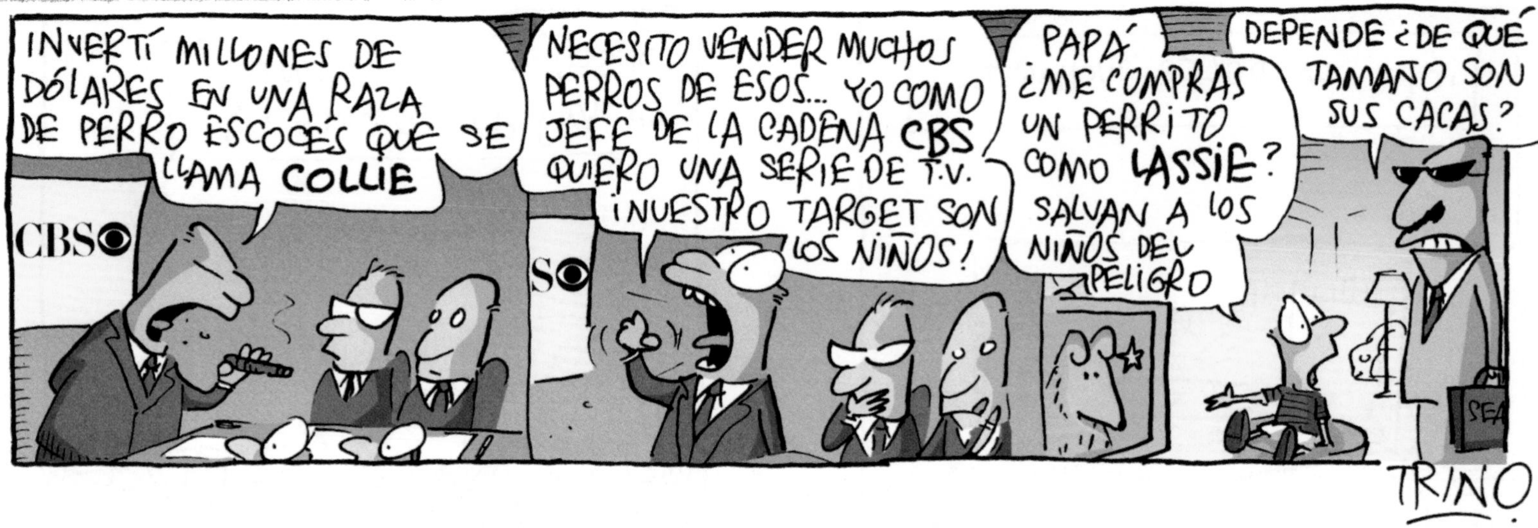
INVERTÍ MILLONES DE DÓLARES EN UNA RAZA DE PERRO ESCOCÉS QUE SE LLAMA COLLIE
CBS
NECESITO VENDER MUCHOS PERROS DE ESOS... YO COMO JEFE DE LA CADENA CBS QUIERO UNA SERIE DE T.V.
¡NUESTRO TARGET SON LOS NIÑOS!
PAPÁ ¿ME COMPRAS UN PERRITO COMO LASSIE? SALVAN A LOS NIÑOS DEL PELIGRO
DEPENDE ¿DE QUÉ TAMAÑO SON SUS CACAS?
TRINO

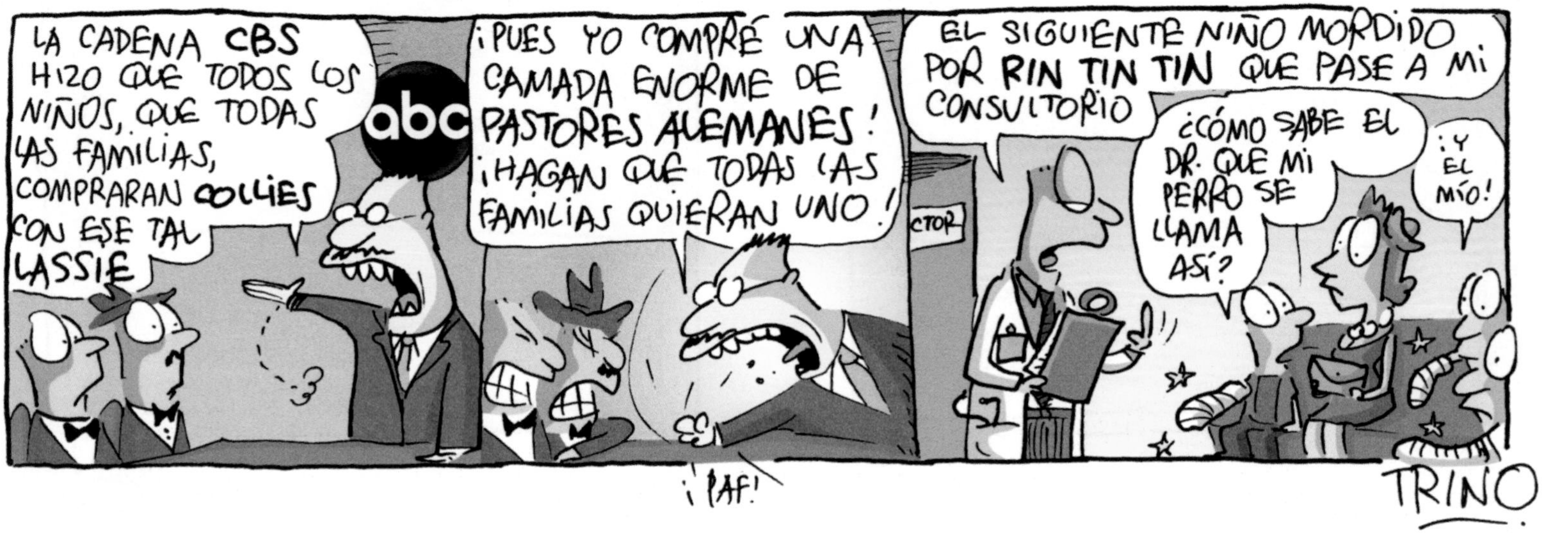
LA CADENA CBS HIZO QUE TODOS LOS NIÑOS, QUE TODAS LAS FAMILIAS, COMPRARAN COLLIES CON ESE TAL LASSIE
abc
¡PUES YO COMPRÉ UNA CAMADA ENORME DE PASTORES ALEMANES! ¡HAGAN QUE TODAS LAS FAMILIAS QUIERAN UNO!
¡PAF!
EL SIGUIENTE NIÑO MORDIDO POR RIN TIN TIN QUE PASE A MI CONSULTORIO
¿CÓMO SABE EL DR. QUE MI PERRO SE LLAMA ASÍ?
¡Y EL MÍO!
TRINO

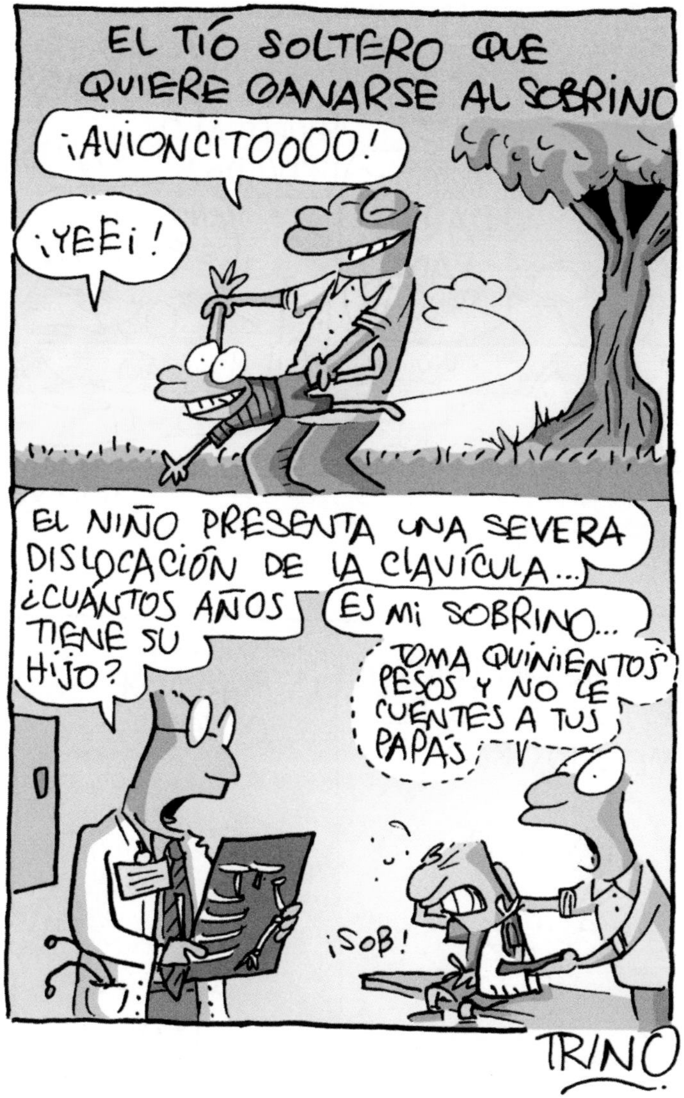
EL TÍO SOLTERO QUE QUIERE GANARSE AL SOBRINO
¡AVIONCITOOOO!
¡YEEI!
EL NIÑO PRESENTA UNA SEVERA DISLOCACIÓN DE LA CLAVÍCULA... ¿CUÁNTOS AÑOS TIENE SU HIJO?
ES MI SOBRINO...
TOMA QUINIENTOS PESOS Y NO LE CUENTES A TUS PAPÁS
¡SOB!
TRINO

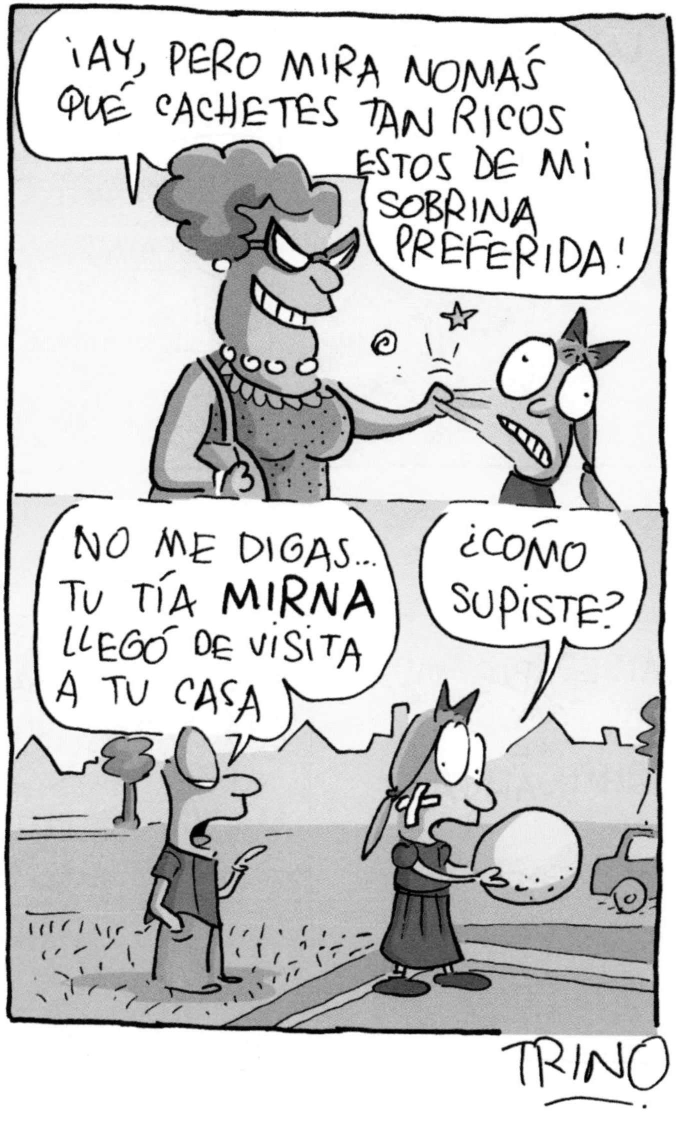
¡AY, PERO MIRA NOMÁS QUÉ CACHETES TAN RICOS ESTOS DE MI SOBRINA PREFERIDA!
NO ME DIGAS... TU TÍA MIRNA LLEGÓ DE VISITA A TU CASA
¿CÓMO SUPISTE?
TRINO

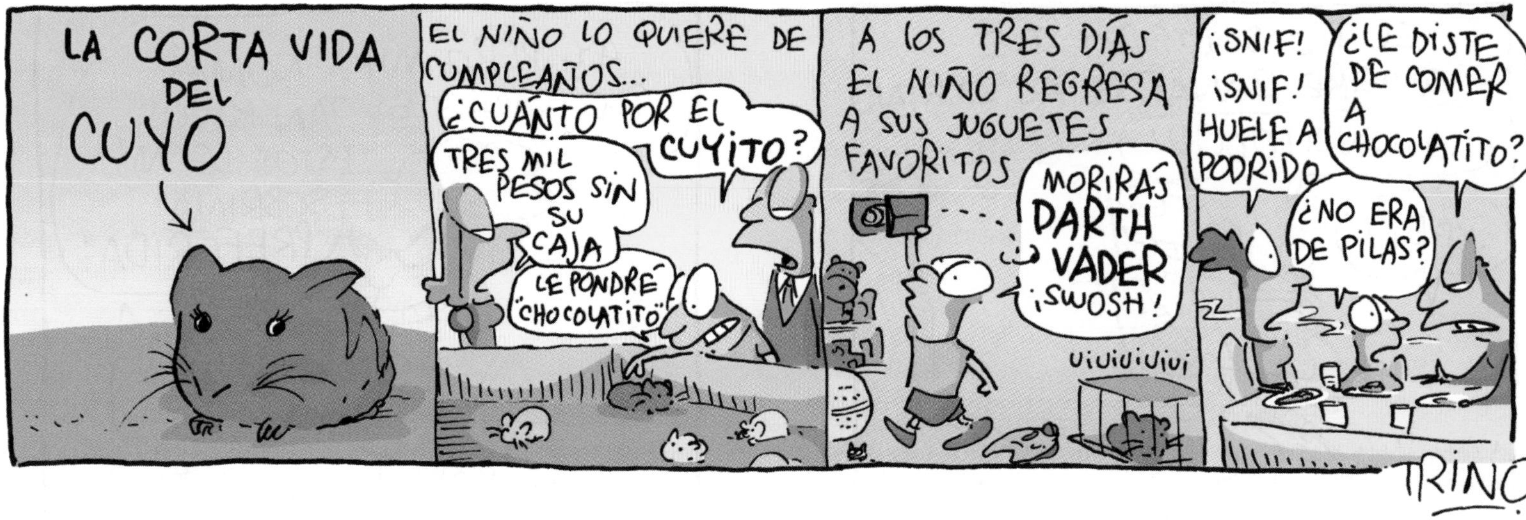
LA CORTA VIDA DEL CUYO
EL NIÑO LO QUIERE DE CUMPLEAÑOS...
¿CUÁNTO POR EL CUYITO?
TRES MIL PESOS SIN SU CAJA
LE PONDRÉ "CHOCOLATITO"
A LOS TRES DÍAS EL NIÑO REGRESA A SUS JUGUETES FAVORITOS
MORIRÁS DARTH VADER
¡SWOSH!
UIUIUIUIUI
¡SNIF! ¡SNIF! HUELE A PODRIDO
¿LE DISTE DE COMER A CHOCOLATITO?
¿NO ERA DE PILAS?
TRINO

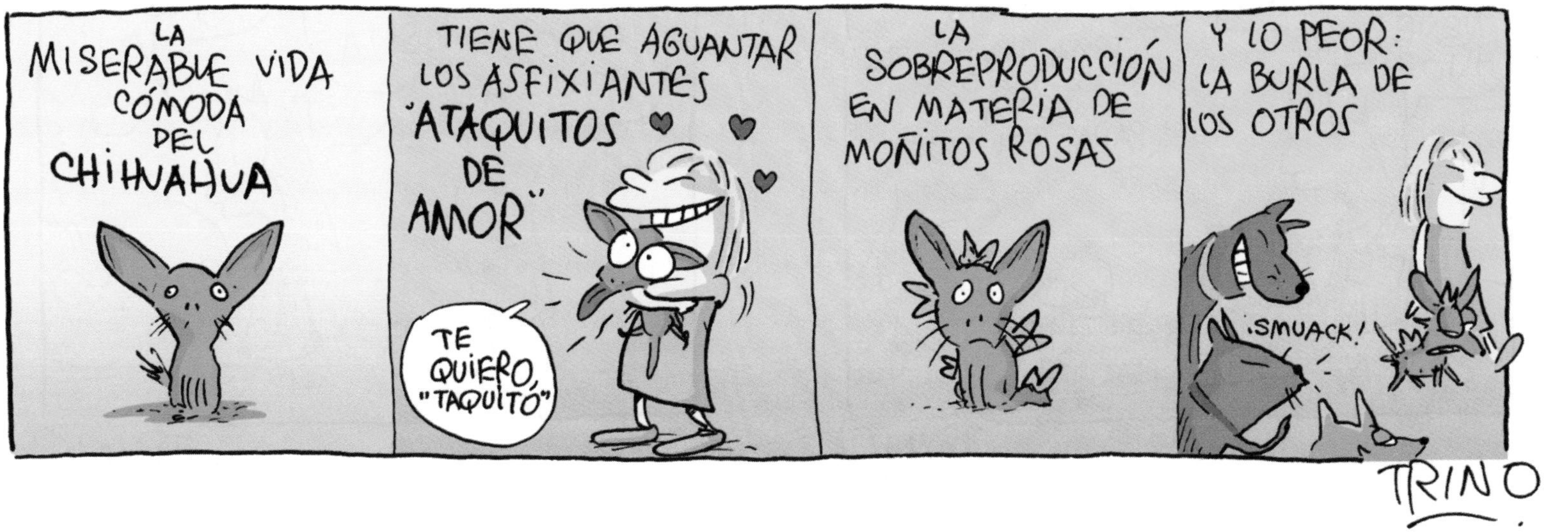
LA MISERABLE VIDA CÓMODA DEL CHIHUAHUA
TIENE QUE AGUANTAR LOS ASFIXIANTES "ATAQUITOS DE AMOR"
TE QUIERO, "TAQUITO"
LA SOBREPRODUCCIÓN EN MATERIA DE MOÑITOS ROSAS
Y LO PEOR: LA BURLA DE LOS OTROS
¡SMUACK!
TRINO

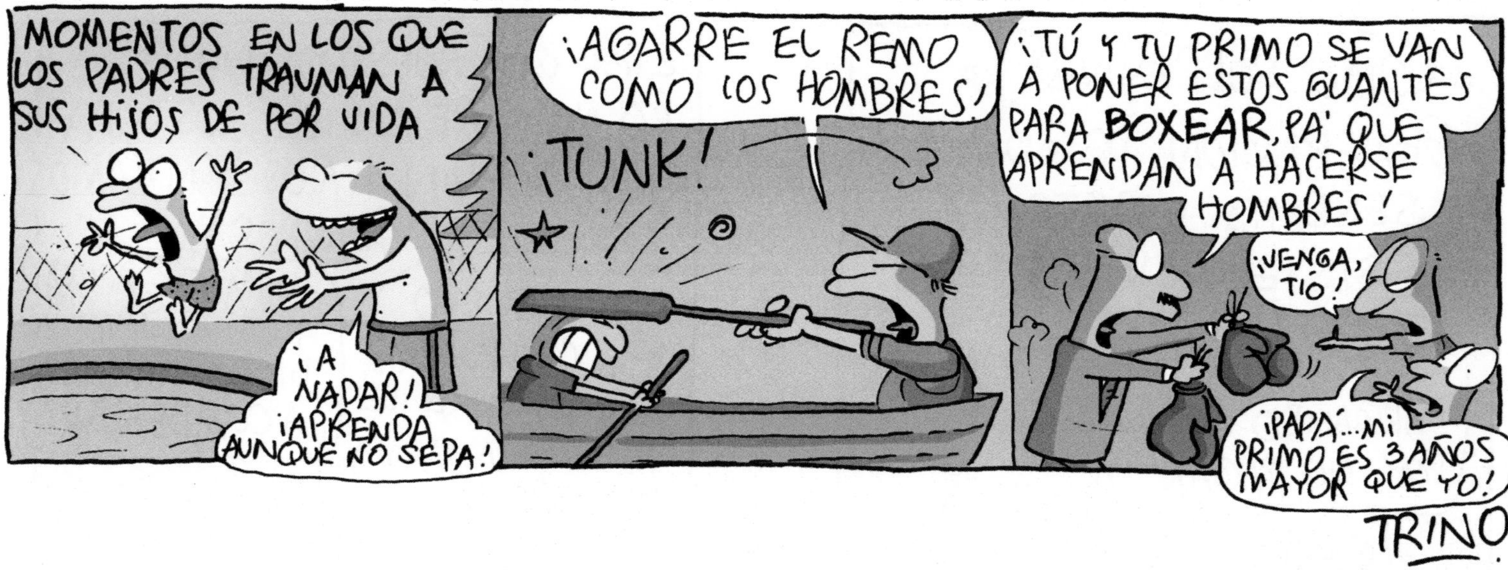
MOMENTOS EN LOS QUE LOS PADRES TRAUMAN A SUS HIJOS DE POR VIDA
¡A NADAR! ¡APRENDA AUNQUE NO SEPA!
¡AGARRE EL REMO COMO LOS HOMBRES!
¡TUNK!
¡TÚ Y TU PRIMO SE VAN A PONER ESTOS GUANTES PARA BOXEAR, PA' QUE APRENDAN A HACERSE HOMBRES!
¡VENGA, TÍO!
¡PAPÁ... MI PRIMO ES 3 AÑOS MAYOR QUE YO!
TRINO

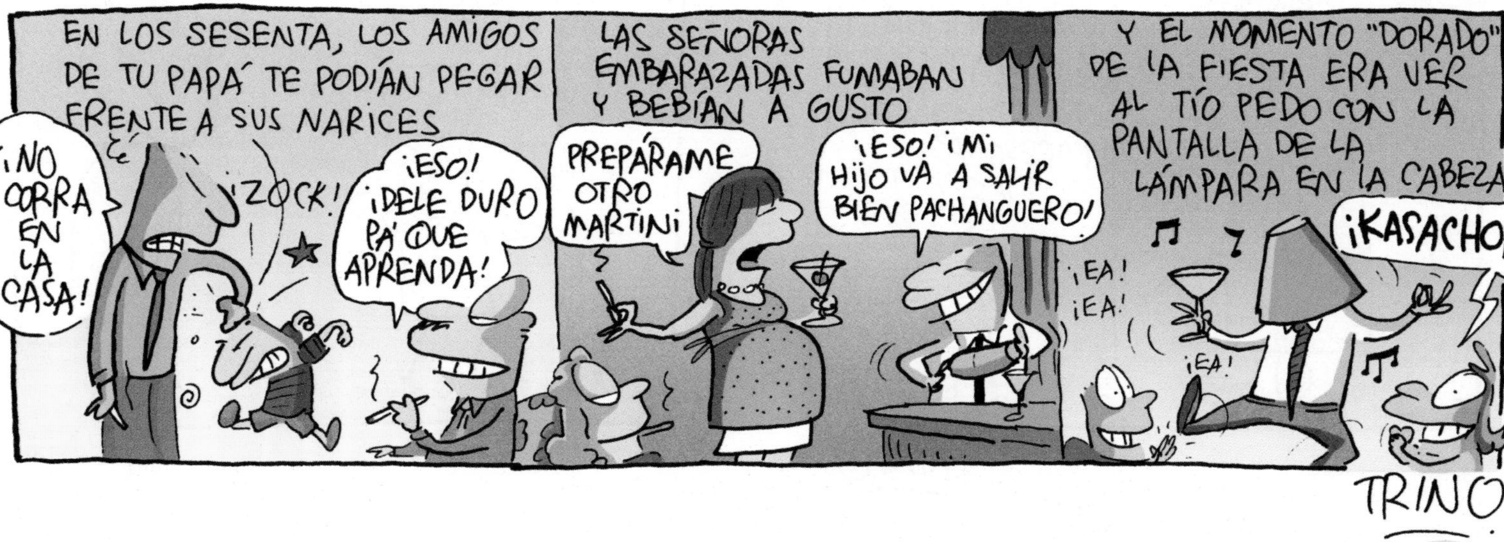
EN LOS SESENTA, LOS AMIGOS DE TU PAPÁ TE PODÍAN PEGAR FRENTE A SUS NARICES
¡NO CORRA EN LA CASA!
¡ZOCK!
¡ESO! ¡DELE DURO PA' QUE APRENDA!
LAS SEÑORAS EMBARAZADAS FUMABAN Y BEBÍAN A GUSTO
PREPÁRAME OTRO MARTINI
¡ESO! ¡MI HIJO VA A SALIR BIEN PACHANGUERO!
Y EL MOMENTO "DORADO" DE LA FIESTA ERA VER AL TÍO PEDO CON LA PANTALLA DE LA LÁMPARA EN LA CABEZA
¡KASACHOK!
¡EA! ¡EA!
¡EA!
TRINO

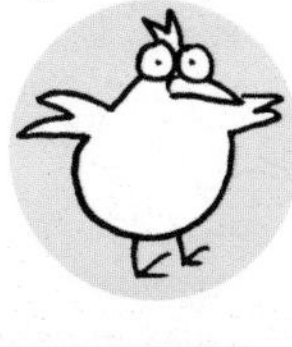

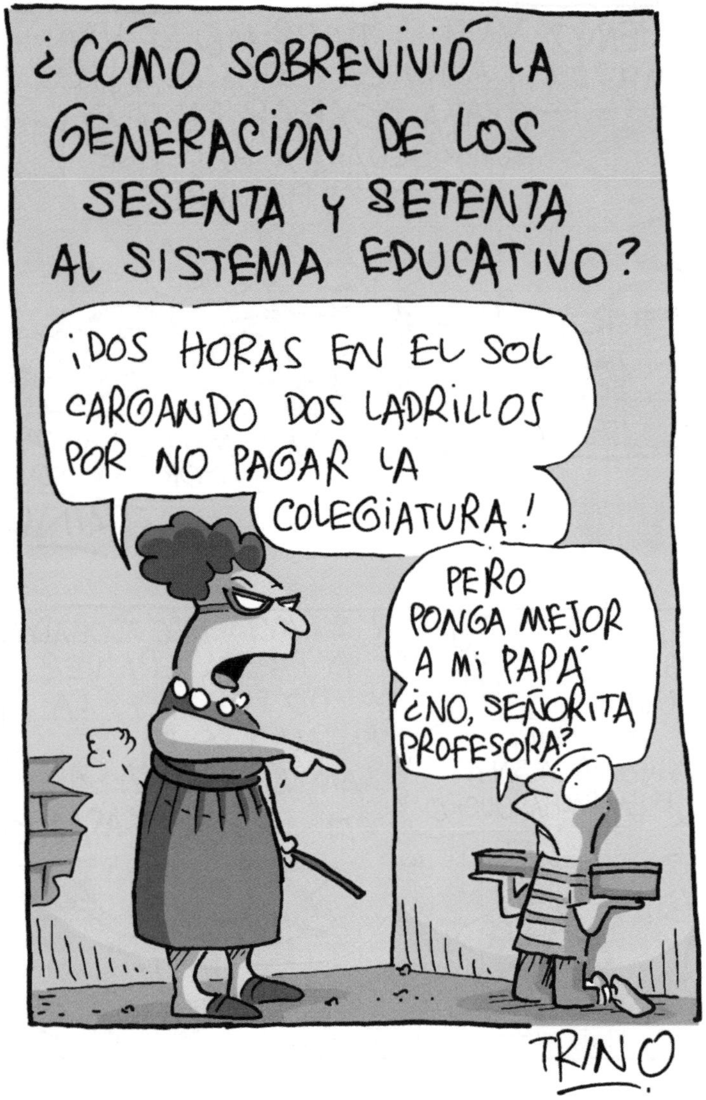
¿CÓMO SOBREVIVIÓ LA GENERACIÓN DE LOS SESENTA Y SETENTA AL SISTEMA EDUCATIVO?
¡DOS HORAS EN EL SOL CARGANDO DOS LADRILLOS POR NO PAGAR LA COLEGIATURA!
PERO PONGA MEJOR A MI PAPÁ ¿NO, SEÑORITA PROFESORA?
TRINO

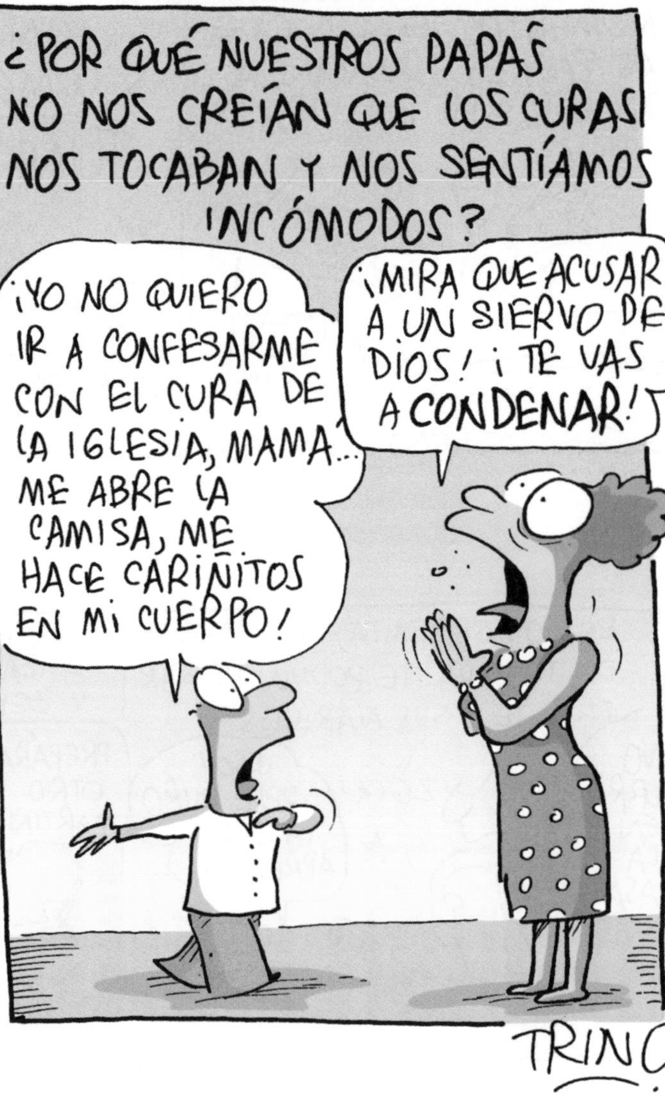
¿POR QUÉ NUESTROS PAPÁS NO NOS CREÍAN QUE LOS CURAS NOS TOCABAN Y NOS SENTÍAMOS INCÓMODOS?
¡YO NO QUIERO IR A CONFESARME CON EL CURA DE LA IGLESIA, MAMA... ME ABRE LA CAMISA, ME HACE CARIÑITOS EN MI CUERPO!
¡MIRA QUE ACUSAR A UN SIERVO DE DIOS! ¡TE VAS A **CONDENAR**!
TRINO

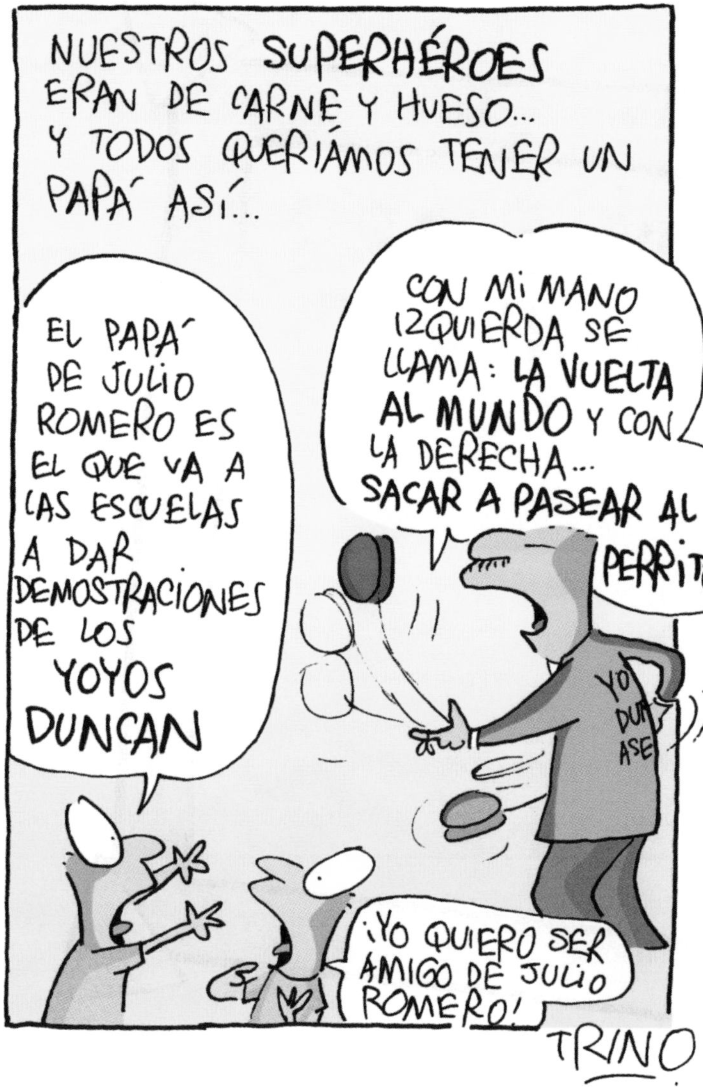
NUESTROS SUPERHÉROES ERAN DE CARNE Y HUESO... Y TODOS QUERÍAMOS TENER UN PAPÁ ASÍ...
EL PAPÁ DE JULIO ROMERO ES EL QUE VA A LAS ESCUELAS A DAR DEMOSTRACIONES DE LOS YOYOS DUNCAN
CON MI MANO IZQUIERDA SE LLAMA: LA VUELTA AL MUNDO Y CON LA DERECHA... SACAR A PASEAR AL PERRITO
¡YO QUIERO SER AMIGO DE JULIO ROMERO!
TRINO

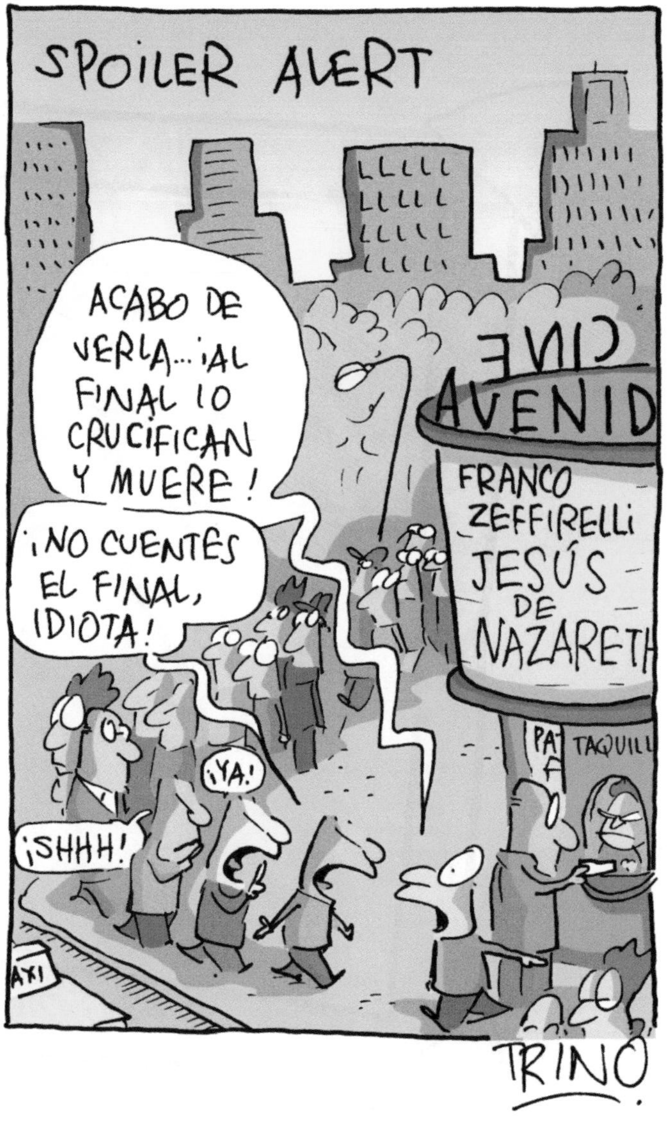
SPOILER ALERT
ACABO DE VERLA... ¡AL FINAL LO CRUCIFICAN Y MUERE!
¡NO CUENTES EL FINAL, IDIOTA!
CINE AVENID
FRANCO ZEFFIRELLI JESÚS DE NAZARETH
TAQUILL
¡YA!
¡SHHH!
TRINO

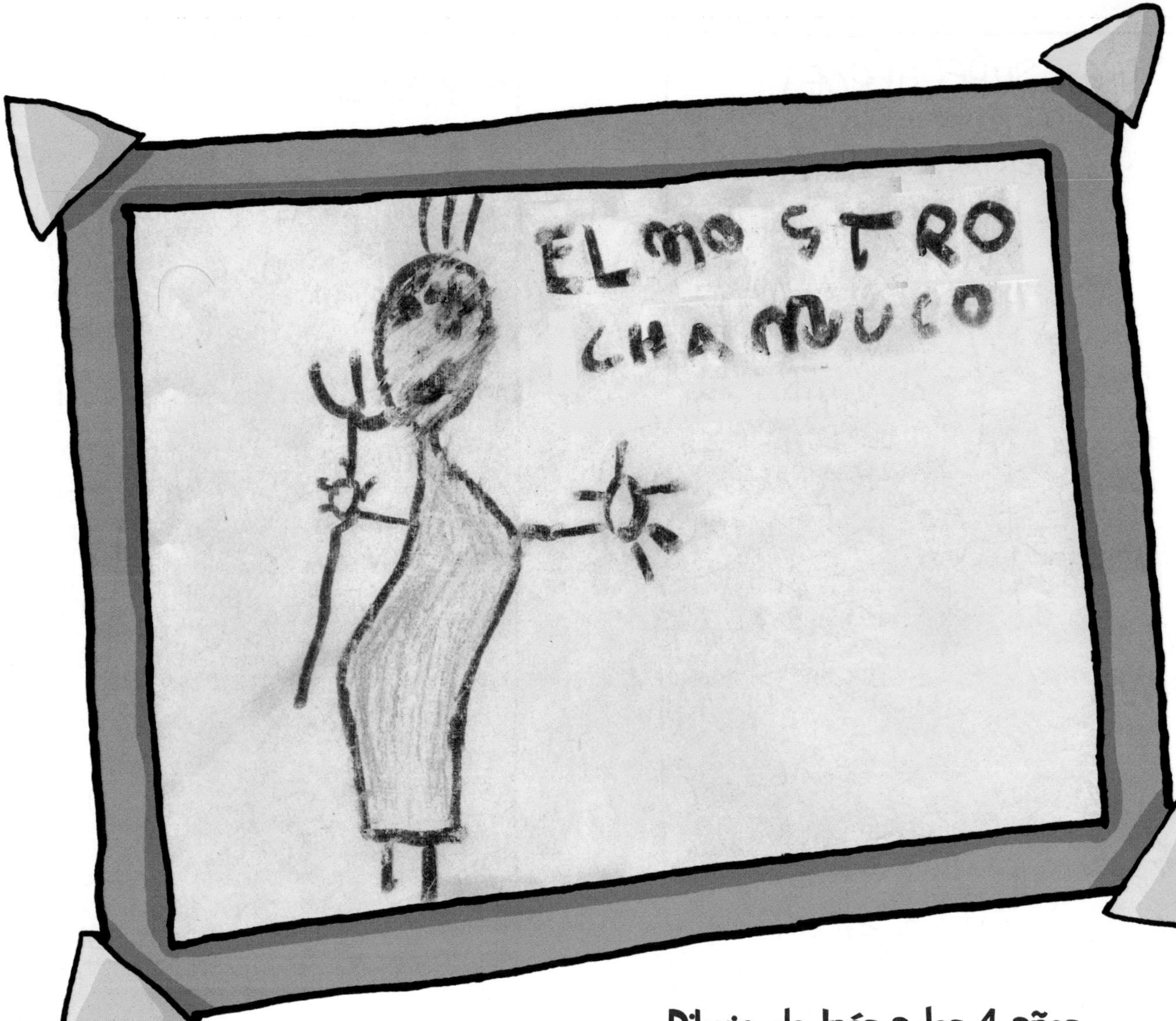
EL MOSTRO
CHAMUCO

Dibujo de Inés a los 4 años

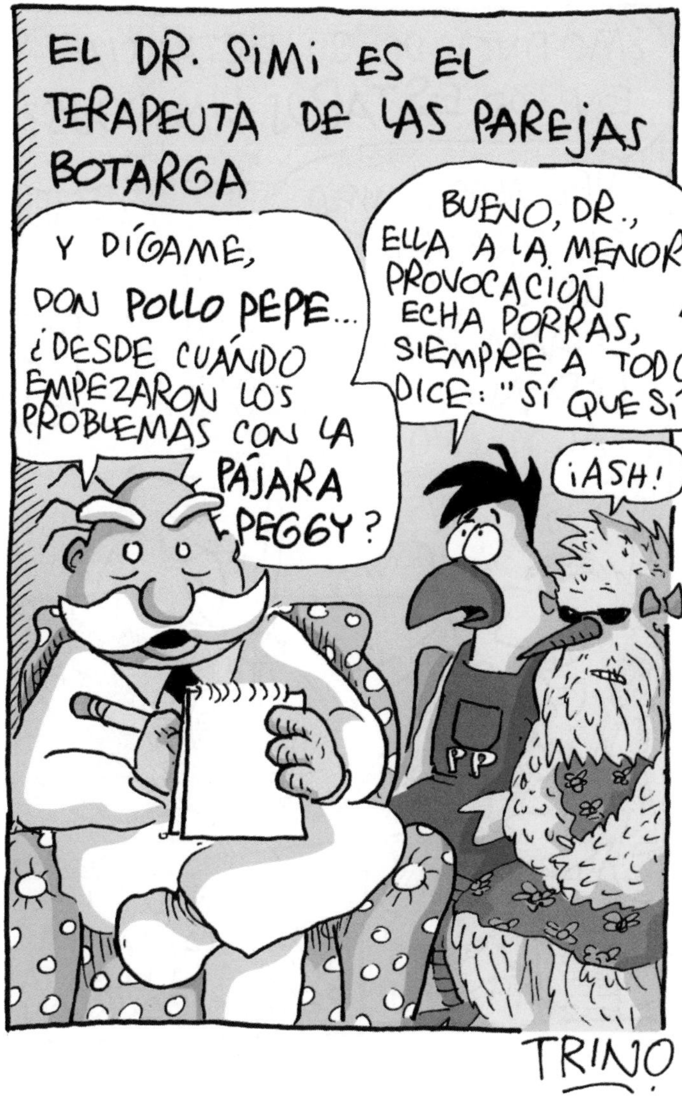
EL DR. SIMI ES EL TERAPEUTA DE LAS PAREJAS BOTARGA
Y DÍGAME, DON POLLO PEPE... ¿DESDE CUÁNDO EMPEZARON LOS PROBLEMAS CON LA PÁJARA PEGGY?
BUENO, DR., ELLA A LA MENOR PROVOCACIÓN ECHA PORRAS, SIEMPRE A TODO DICE: "SÍ QUE SÍ"
¡ASH!
PP
TRINO

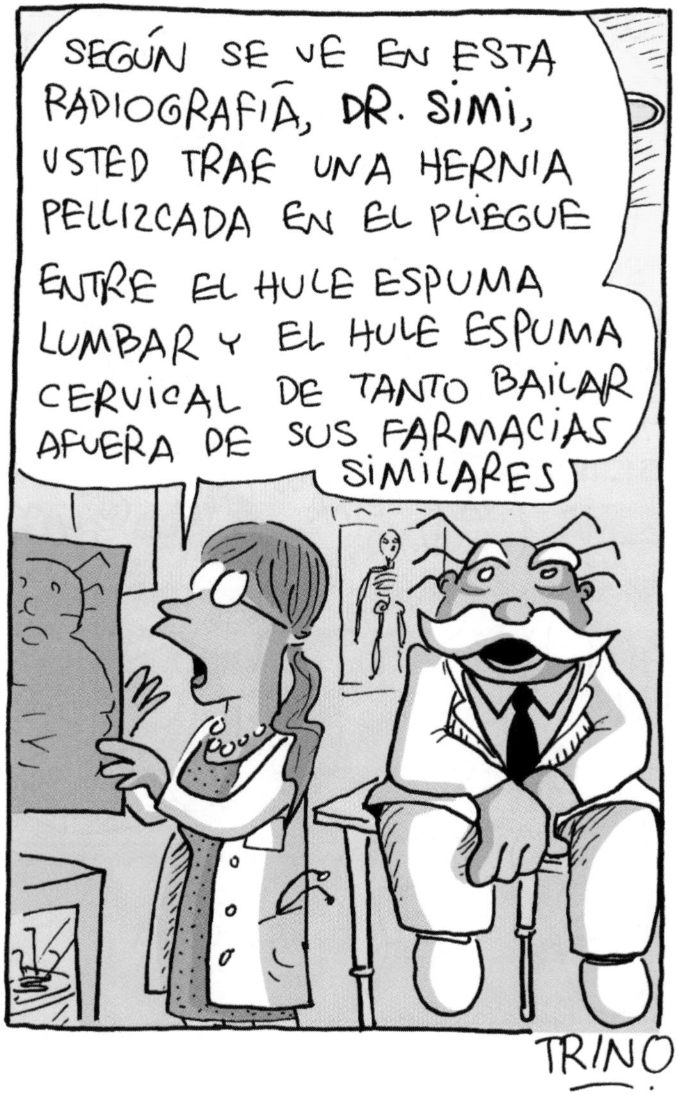
SEGÚN SE VE EN ESTA RADIOGRAFÍA, DR. SIMI, USTED TRAE UNA HERNIA PELLIZCADA EN EL PLIEGUE ENTRE EL HULE ESPUMA LUMBAR Y EL HULE ESPUMA CERVICAL DE TANTO BAILAR AFUERA DE SUS FARMACIAS SIMILARES
TRINO

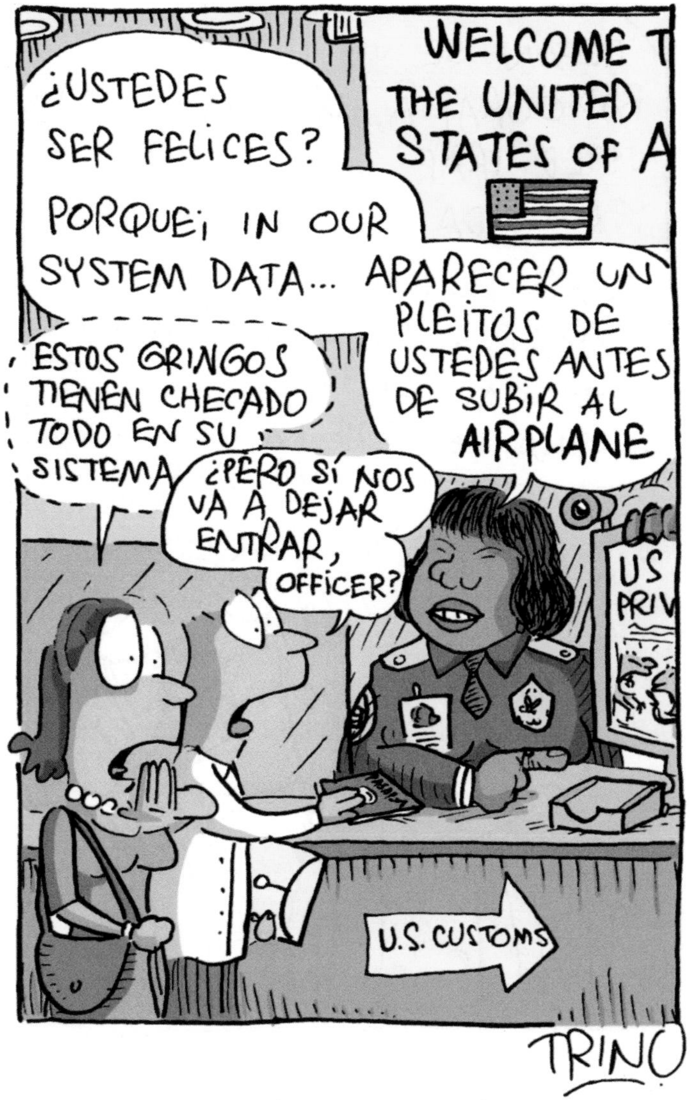
WELCOME T
THE UNITED
STATES of A
¿USTEDES SER FELICES? PORQUE; IN OUR SYSTEM DATA... APARECER UN PLEITOS DE USTEDES ANTES DE SUBIR AL AIRPLANE
ESTOS GRINGOS TIENEN CHECADO TODO EN SU SISTEMA
¿PERO SÍ NOS VA A DEJAR ENTRAR, OFFICER?
US
PRIV
U.S. CUSTOMS
TRINO

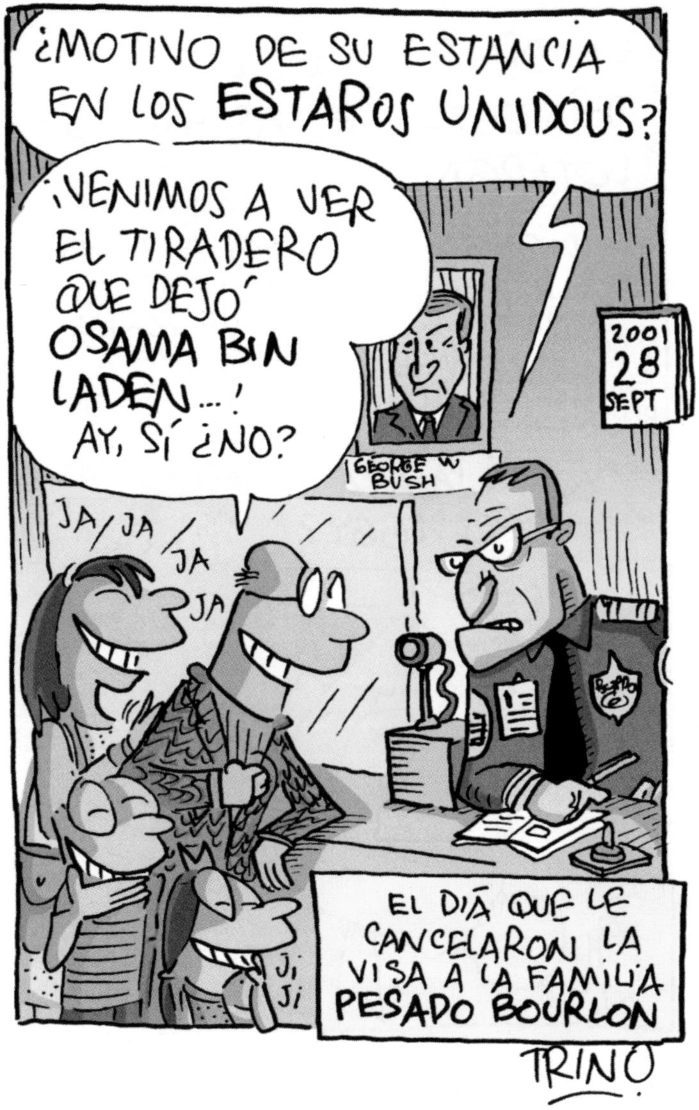
¿MOTIVO DE SU ESTANCIA EN LOS ESTAROS UNIDOUS?
¡VENIMOS A VER EL TIRADERO QUE DEJÓ OSAMA BIN LADEN...! AY, SÍ ¿NO?
2001 28 SEPT
GEORGE W BUSH
JA JA JA JA
JI JI
EL DÍA QUE LE CANCELARON LA VISA A LA FAMILIA PESADO BOURLON
TRINO

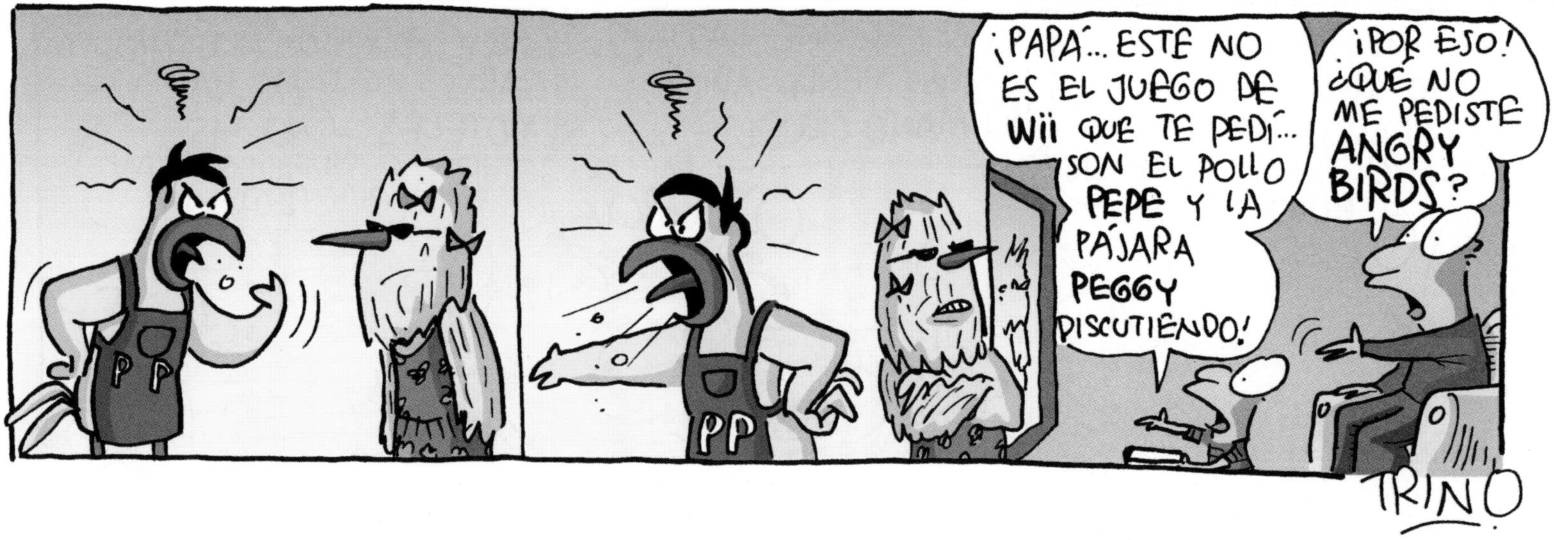
¡PAPÁ... ESTE NO ES EL JUEGO DE Wii QUE TE PEDÍ... SON EL POLLO PEPE Y LA PÁJARA PEGGY DISCUTIENDO!
¡POR ESO! ¿QUÉ NO ME PEDISTE ANGRY BIRDS?
TRINO

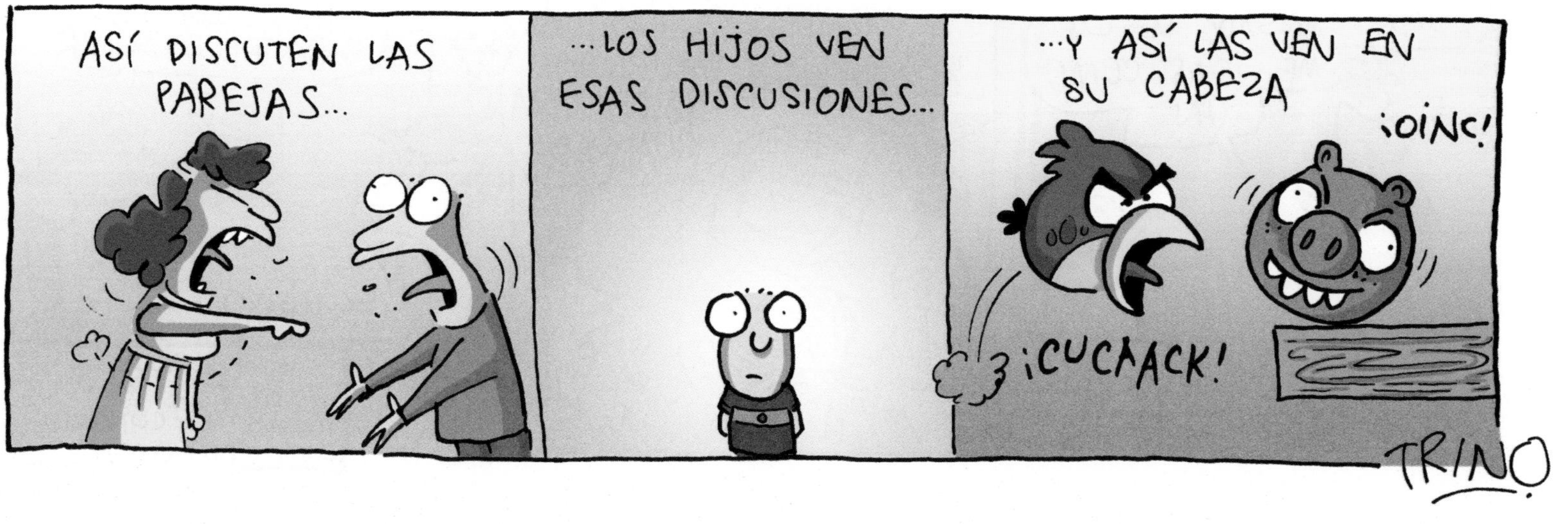
ASÍ DISCUTEN LAS PAREJAS...
...LOS HIJOS VEN ESAS DISCUSIONES...
...Y ASÍ LAS VEN EN SU CABEZA
¡OINC!
¡CUCAACK!
TRINO

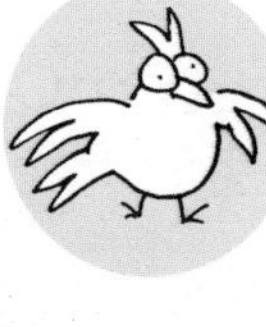

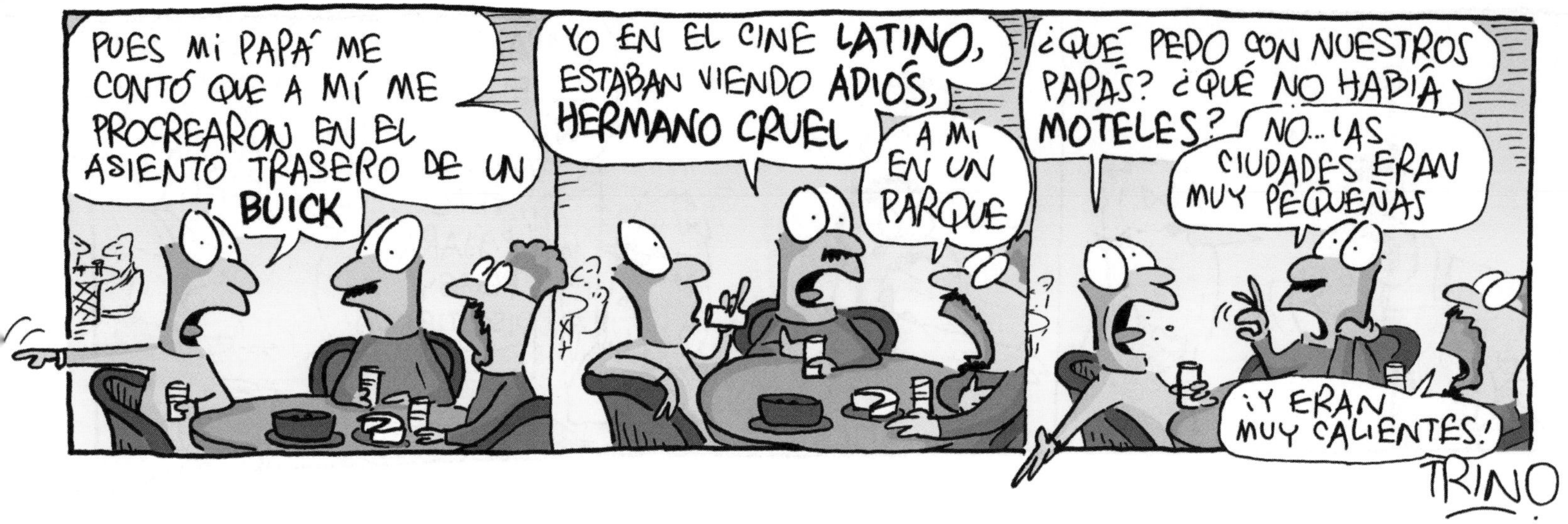
PUES MI PAPÁ ME CONTÓ QUE A MÍ ME PROCREARON EN EL ASIENTO TRASERO DE UN BUICK
YO EN EL CINE LATINO, ESTABAN VIENDO ADIÓS, HERMANO CRUEL
A MÍ EN UN PARQUE
¿QUÉ PEDO CON NUESTROS PAPÁS? ¿QUÉ NO HABÍA MOTELES?
NO... LAS CIUDADES ERAN MUY PEQUEÑAS
¡Y ERAN MUY CALIENTES!
TRINO

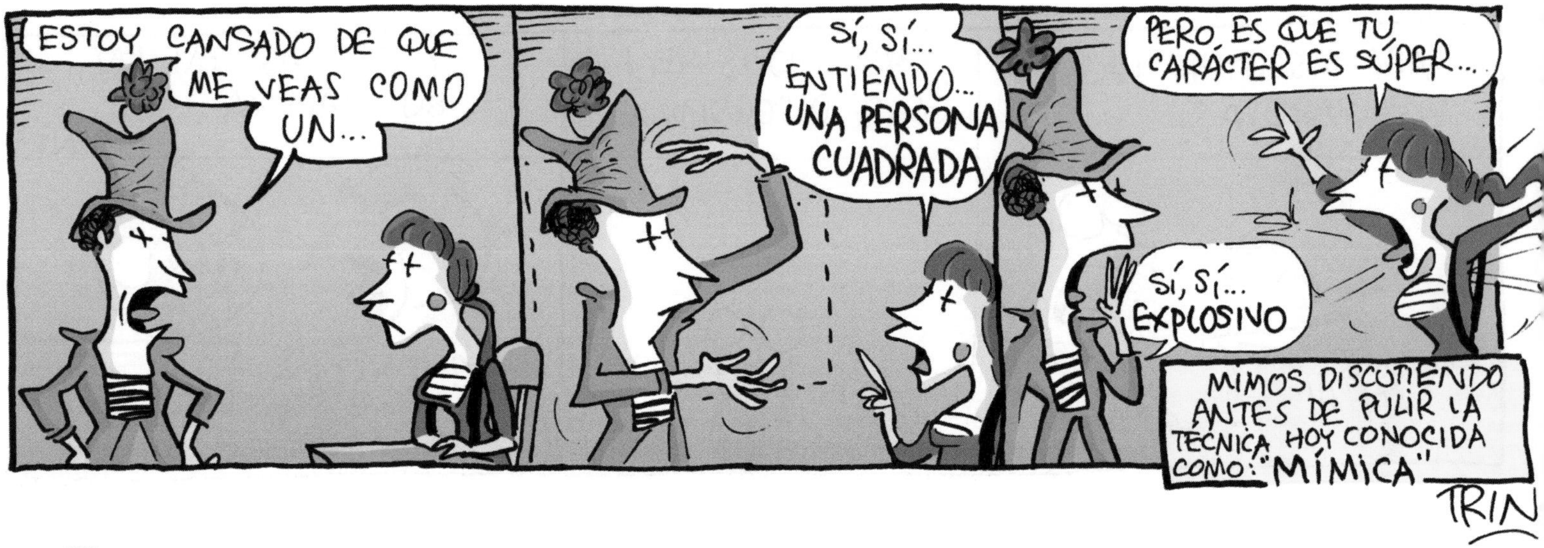
ESTOY CANSADO DE QUE ME VEAS COMO UN...
SÍ, SÍ... ENTIENDO... UNA PERSONA CUADRADA
PERO ES QUE TU CARÁCTER ES SÚPER...
SÍ, SÍ... EXPLOSIVO
MIMOS DISCUTIENDO ANTES DE PULIR LA TÉCNICA HOY CONOCIDA COMO: "MÍMICA"
TRINO

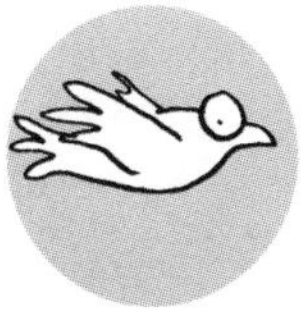

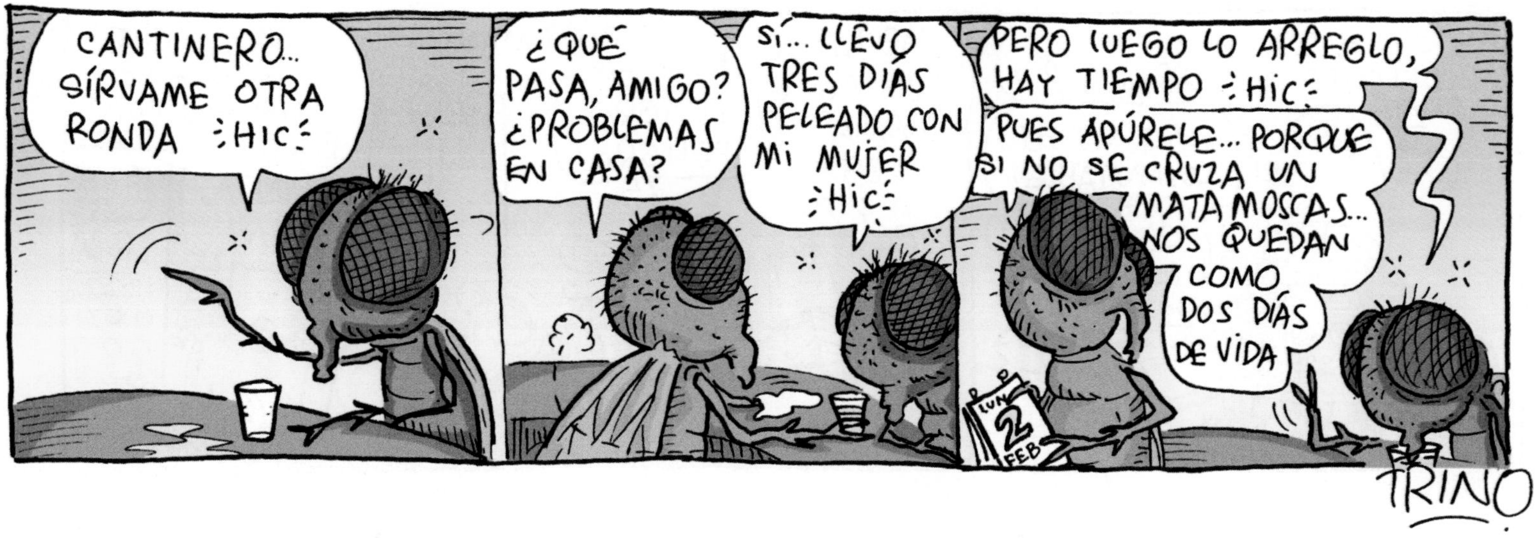
CANTINERO... SÍRVAME OTRA RONDA ¡HIC!
¿QUÉ PASA, AMIGO? ¿PROBLEMAS EN CASA?
SÍ... LLEVO TRES DÍAS PELEADO CON MI MUJER ¡HIC!
PERO LUEGO LO ARREGLO, HAY TIEMPO ¡HIC!
PUES APÚRELE... PORQUE SI NO SE CRUZA UN MATAMOSCAS... NOS QUEDAN COMO DOS DÍAS DE VIDA
LUN 2 FEB
TRINO

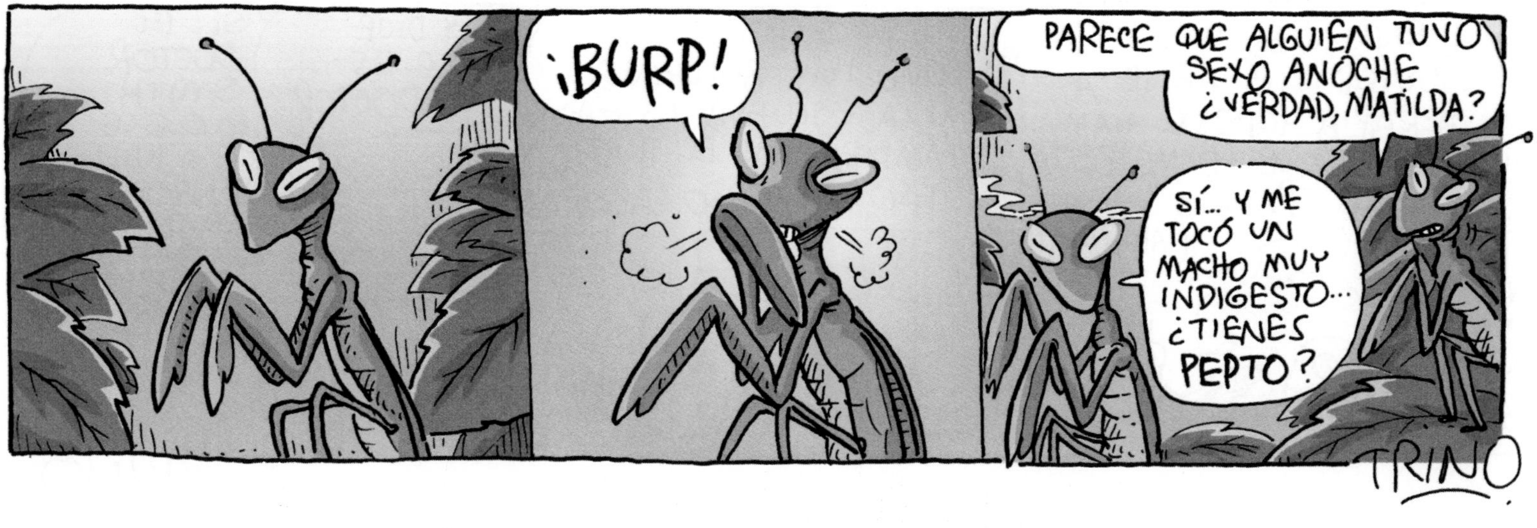
¡BURP!
PARECE QUE ALGUIEN TUVO SEXO ANOCHE ¿VERDAD, MATILDA?
SÍ... Y ME TOCÓ UN MACHO MUY INDIGESTO... ¿TIENES PEPTO?
TRINO

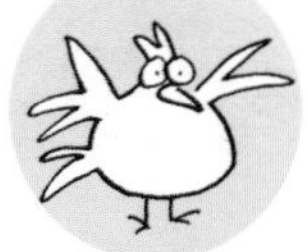

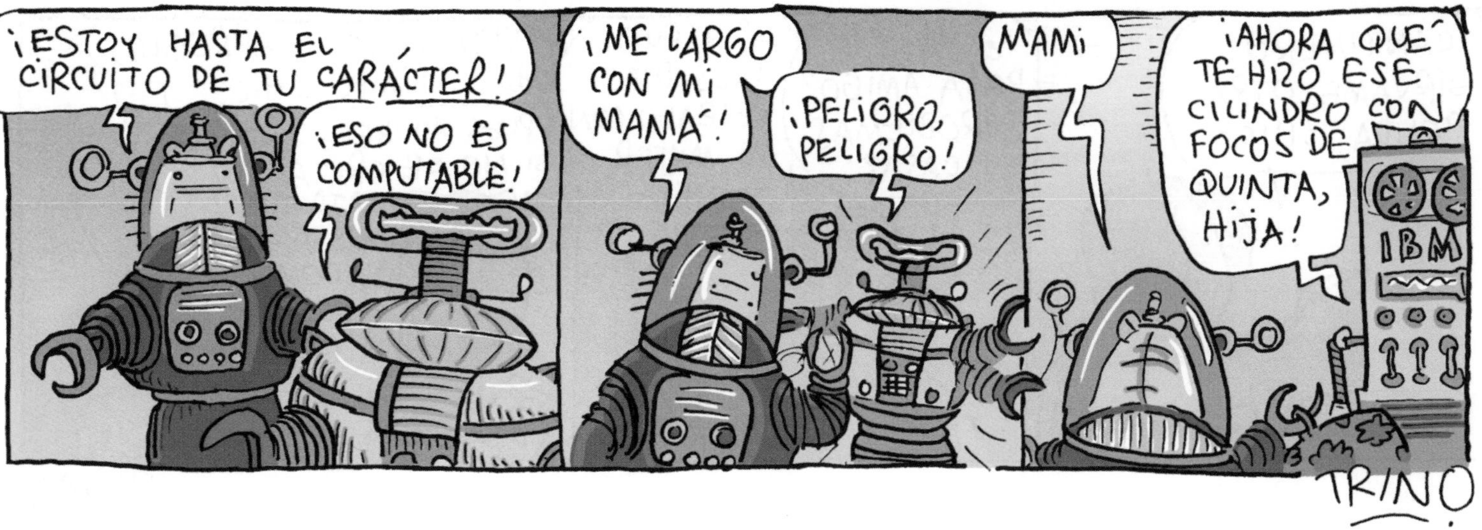
¡ESTOY HASTA EL CIRCUITO DE TU CARÁCTER!
¡ESO NO ES COMPUTABLE!
¡ME LARGO CON MI MAMÁ!
¡PELIGRO, PELIGRO!
MAMI
¡AHORA QUÉ TE HIZO ESE CILINDRO CON FOCOS DE QUINTA, HIJA!
IBM
TRINO

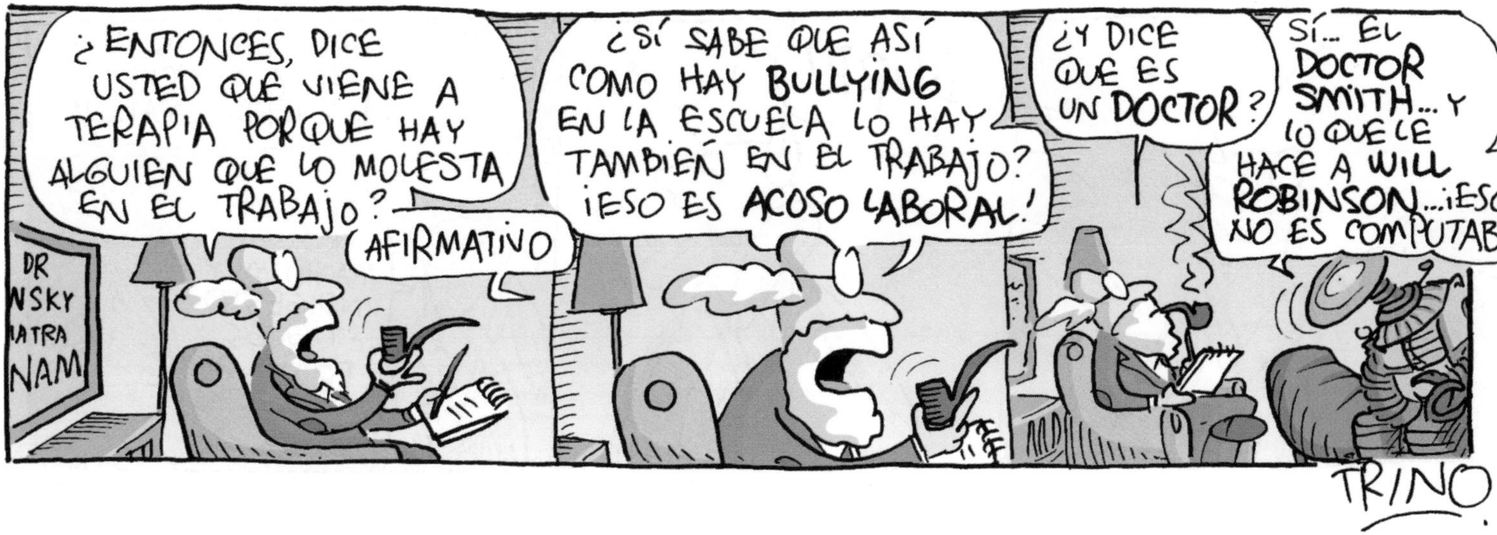
DR
¿ENTONCES, DICE USTED QUE VIENE A TERAPIA PORQUE HAY ALGUIEN QUE LO MOLESTA EN EL TRABAJO?
AFIRMATIVO
¿SÍ SABE QUE ASÍ COMO HAY BULLYING EN LA ESCUELA LO HAY TAMBIÉN EN EL TRABAJO? ¡ESO ES ACOSO LABORAL!
¿Y DICE QUE ES UN DOCTOR?
SÍ... EL DOCTOR SMITH... Y LO QUE LE HACE A WILL ROBINSON... ¡ESO NO ES COMPUTABLE!
TRINO

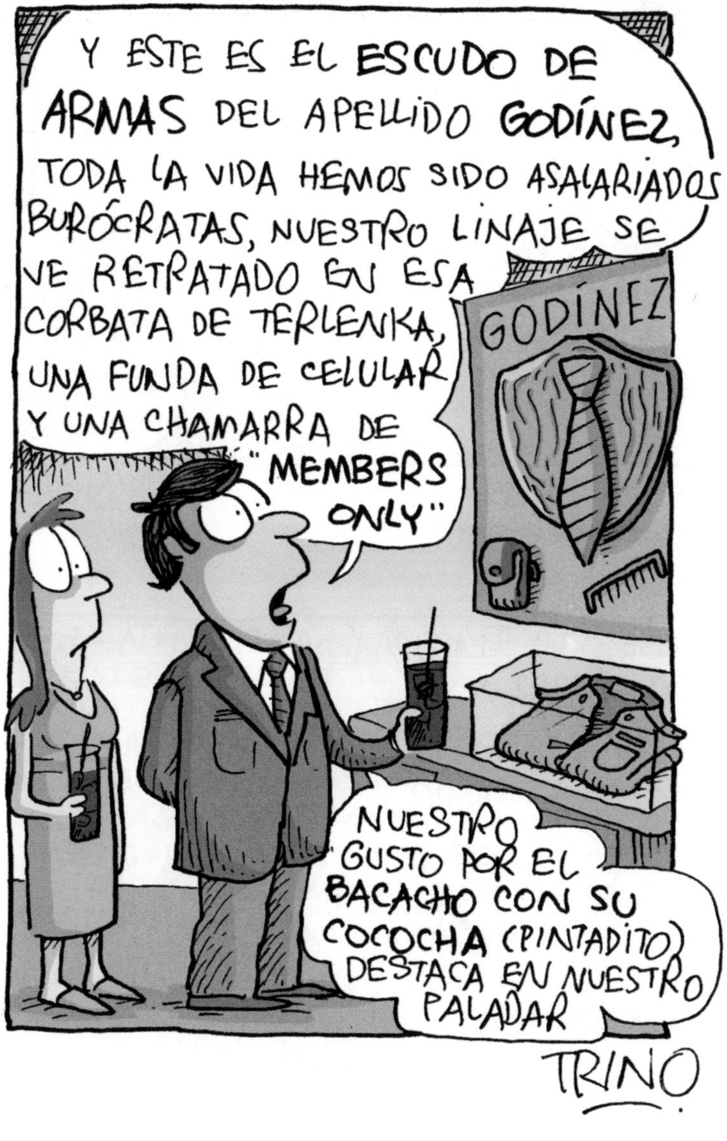
Y ESTE ES EL ESCUDO DE ARMAS DEL APELLIDO GODÍNEZ, TODA LA VIDA HEMOS SIDO ASALARIADOS BURÓCRATAS, NUESTRO LINAJE SE VE RETRATADO EN ESA CORBATA DE TERLENKA, UNA FUNDA DE CELULAR Y UNA CHAMARRA DE "MEMBERS ONLY"
GODÍNEZ
NUESTRO GUSTO POR EL BACACHO CON SU COCOCHA (PINTADITO) DESTACA EN NUESTRO PALADAR
TRINO

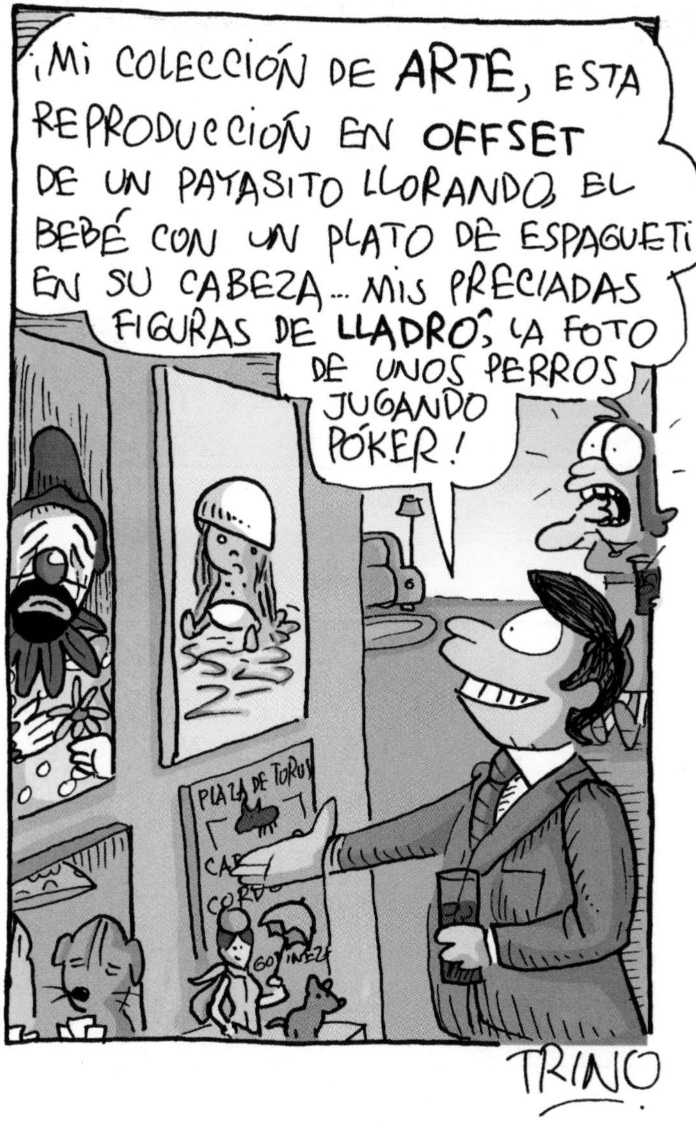
¡MI COLECCIÓN DE ARTE, ESTA REPRODUCCIÓN EN OFFSET DE UN PAYASITO LLORANDO, EL BEBÉ CON UN PLATO DE ESPAGUETI EN SU CABEZA... MIS PRECIADAS FIGURAS DE LLADRÓ, LA FOTO DE UNOS PERROS JUGANDO PÓKER!
PLAZA DE TOROS
TRINO

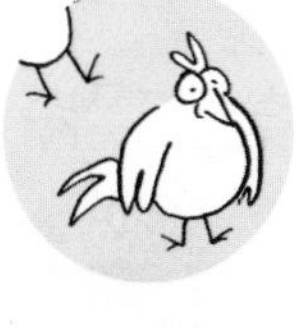

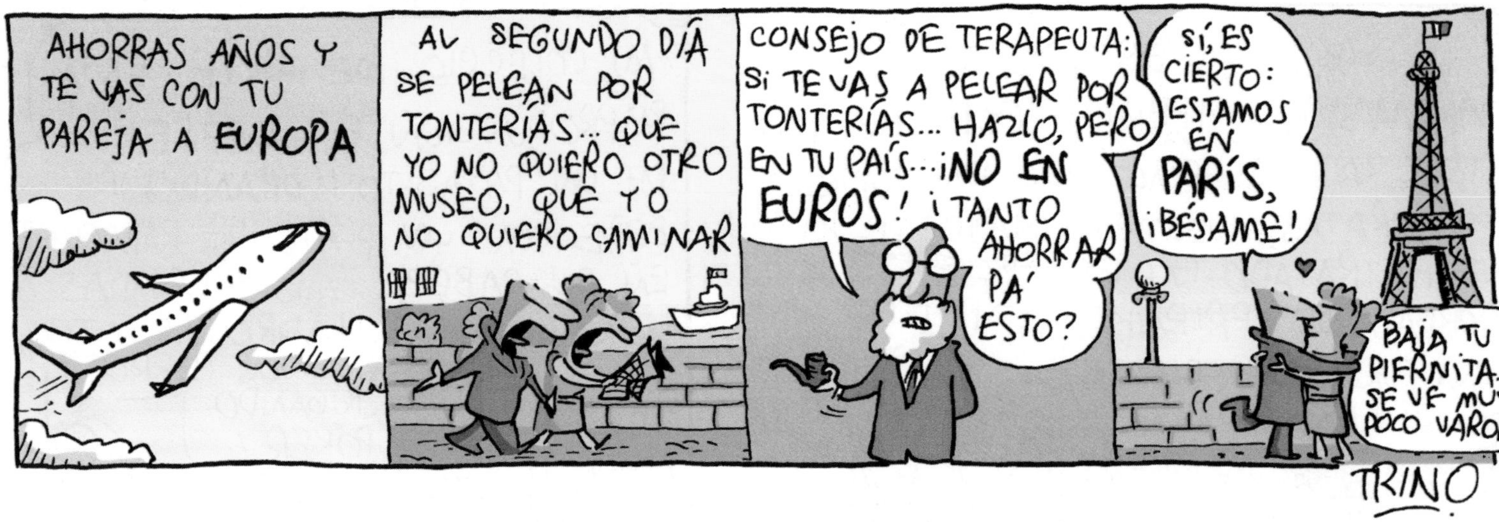
AHORRAS AÑOS Y TE VAS CON TU PAREJA A EUROPA
AL SEGUNDO DÍA SE PELEAN POR TONTERÍAS... QUE YO NO QUIERO OTRO MUSEO, QUE YO NO QUIERO CAMINAR
CONSEJO DE TERAPEUTA: SI TE VAS A PELEAR POR TONTERÍAS... HAZLO, PERO EN TU PAÍS... ¡NO EN EUROS! ¡TANTO AHORRAR PA' ESTO?
SÍ, ES CIERTO: ESTAMOS EN PARÍS, ¡BÉSAME!
BAJA TU PIERNITA... SE VE MUY POCO VARONIL
TRINO

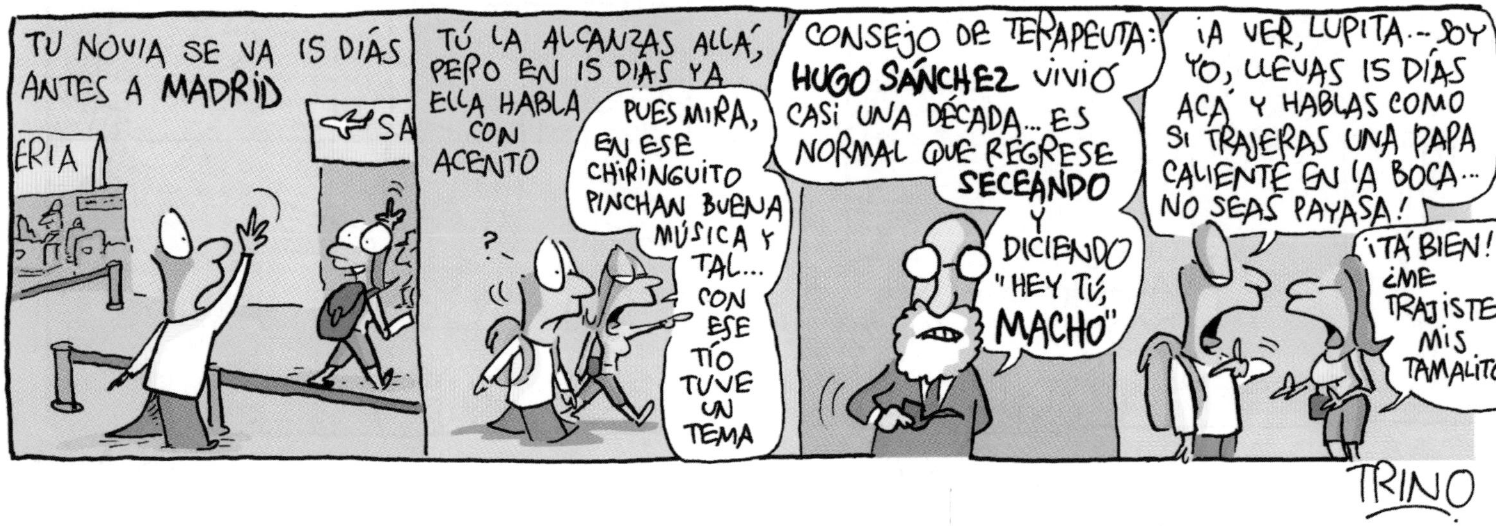
TU NOVIA SE VA 15 DÍAS ANTES A MADRID
ERIA
SA
TÚ LA ALCANZAS ALLÁ, PERO EN 15 DÍAS YA ELLA HABLA CON ACENTO
PUES MIRA, EN ESE CHIRINGUITO PINCHAN BUENA MÚSICA Y TAL... CON ESE TÍO TUVE UN TEMA
CONSEJO DE TERAPEUTA: HUGO SÁNCHEZ VIVIÓ CASI UNA DÉCADA... ES NORMAL QUE REGRESE SECEANDO Y DICIENDO "HEY TÚ, MACHO"
¡A VER, LUPITA... SOY YO, LLEVAS 15 DÍAS ACÁ Y HABLAS COMO SI TRAJERAS UNA PAPA CALIENTE EN LA BOCA... NO SEAS PAYASA!
¡TÁ BIEN! ¿ME TRAJISTE MIS TAMALITOS?
TRINO

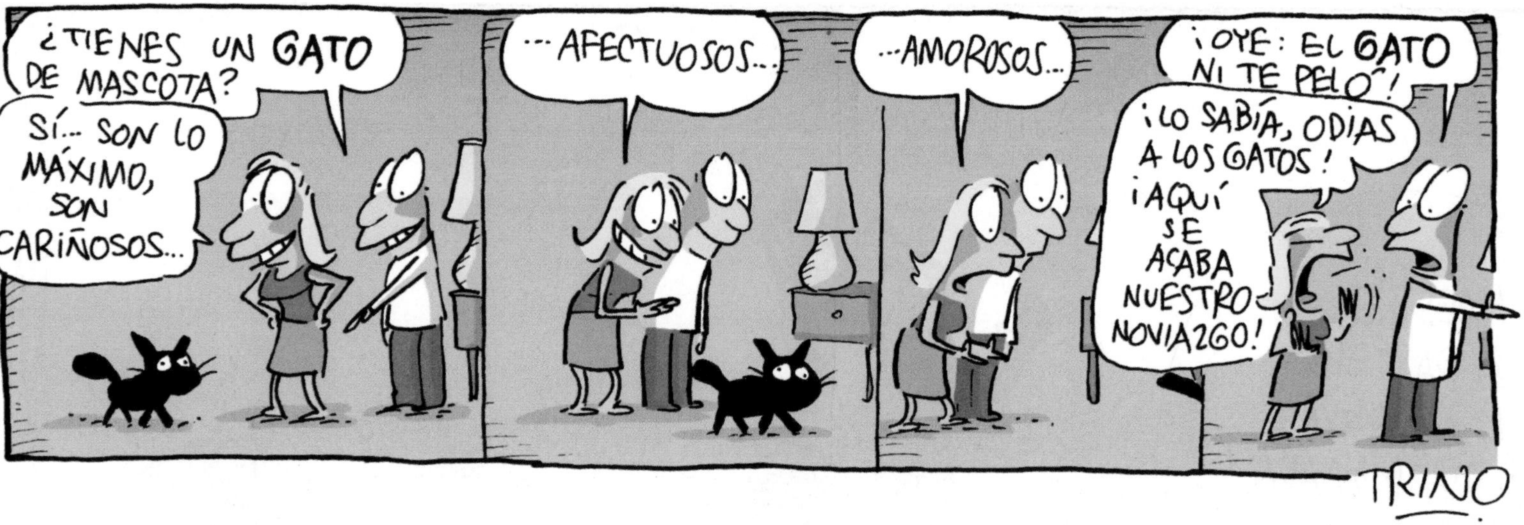
¿TIENES UN GATO DE MASCOTA?
SÍ... SON LO MÁXIMO, SON CARIÑOSOS...
...AFECTUOSOS...
...AMOROSOS...
¡OYE: EL GATO NI TE PELÓ!
¡LO SABÍA, ODIAS A LOS GATOS! ¡AQUÍ SE ACABA NUESTRO NOVIAZGO!
TRINO

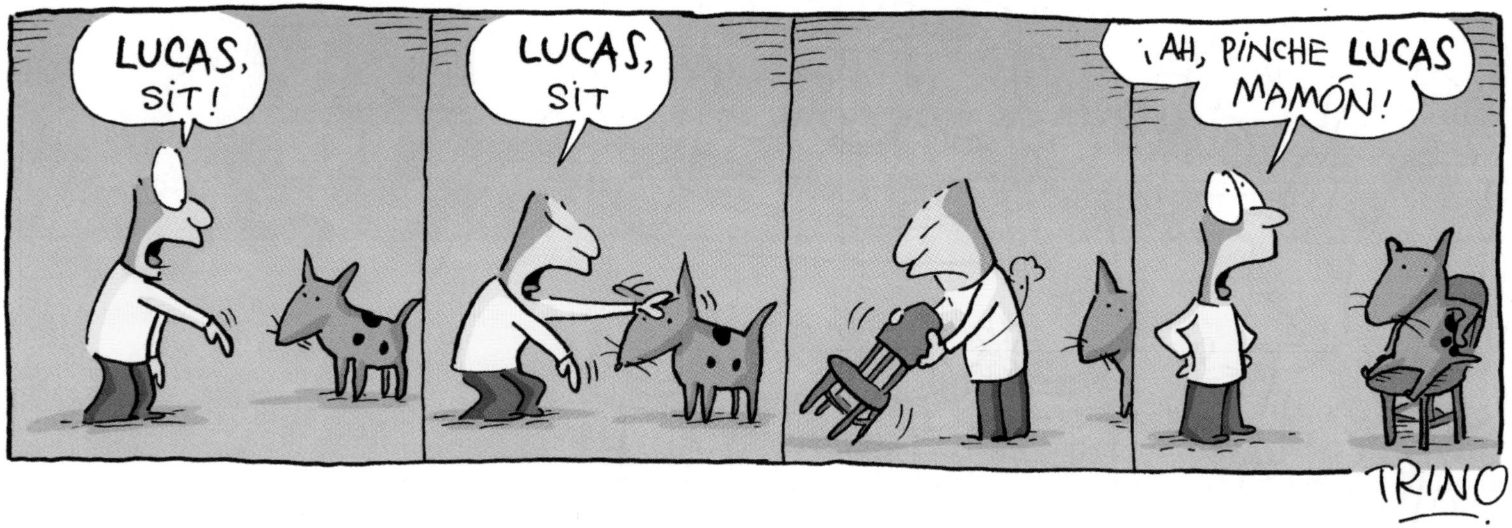
LUCAS, SIT!
LUCAS, SIT
¡AH, PINCHE LUCAS MAMÓN!
TRINO

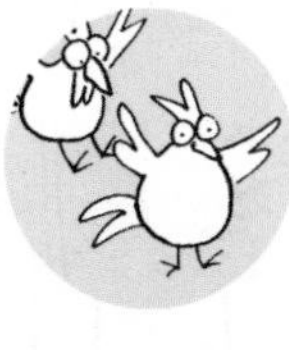

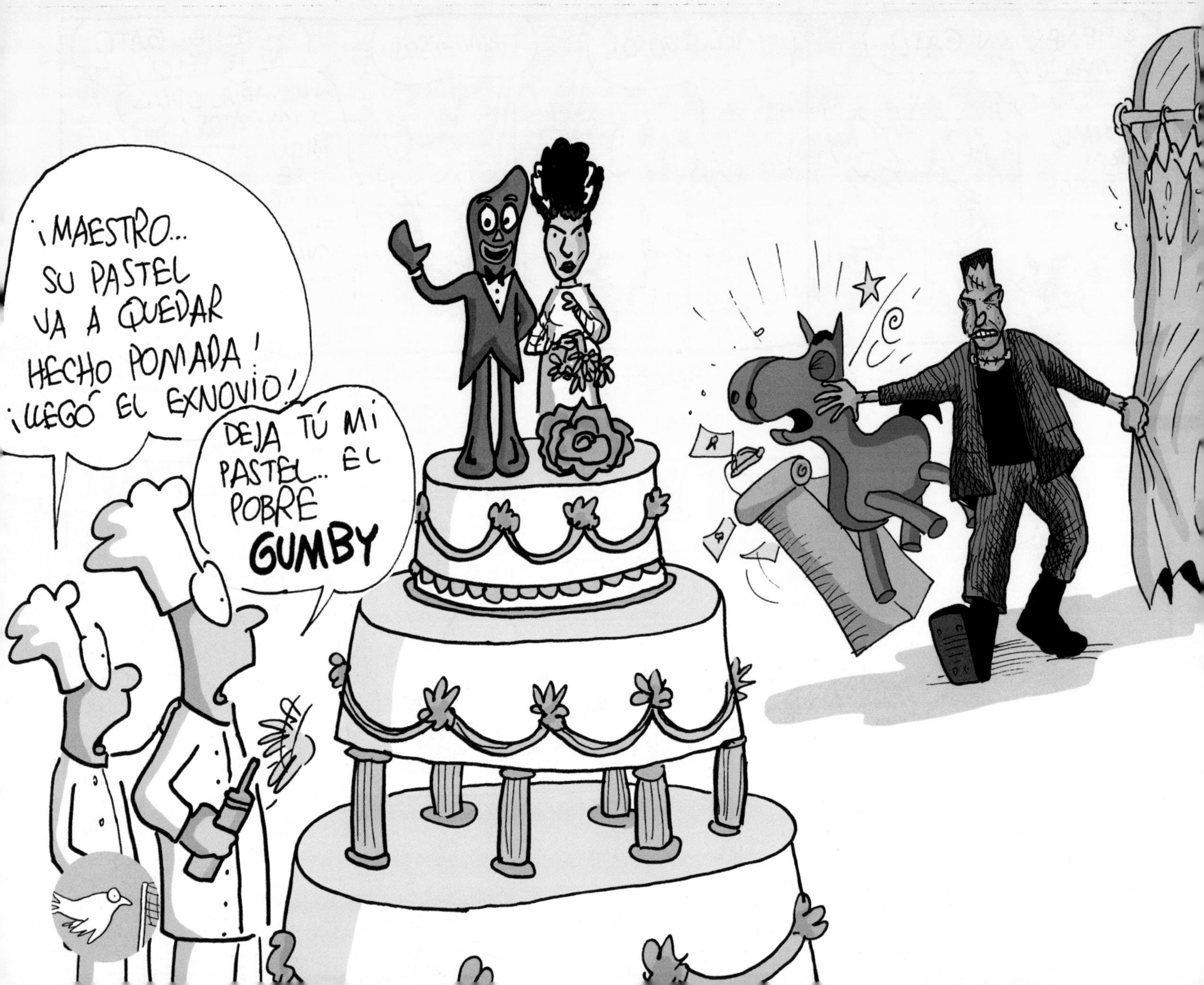
¡MAESTRO... SU PASTEL VA A QUEDAR HECHO POMADA! ¡LLEGÓ EL EXNOVIO!
DEJA TÚ MI PASTEL... EL POBRE GUMBY

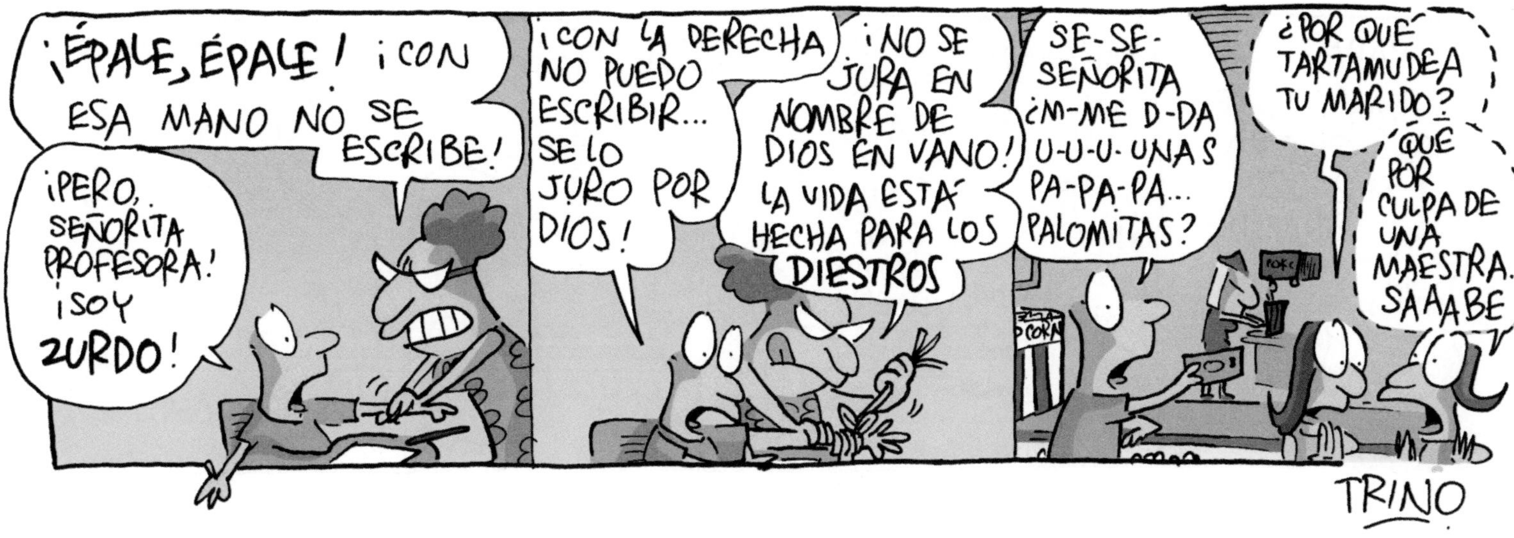
¡ÉPALE, ÉPALE! ¡CON ESA MANO NO SE ESCRIBE!
¡PERO, SEÑORITA PROFESORA! ¡SOY ZURDO!
¡CON LA DERECHA NO PUEDO ESCRIBIR... SE LO JURO POR DIOS!
¡NO SE JURA EN NOMBRE DE DIOS EN VANO! LA VIDA ESTÁ HECHA PARA LOS DIESTROS
SE-SE-SEÑORITA ¿M-ME D-DA U-U-U-UNAS PA-PA-PA... PALOMITAS?
¿POR QUÉ TARTAMUDEA TU MARIDO?
QUE POR CULPA DE UNA MAESTRA... SAAABE
TRINO

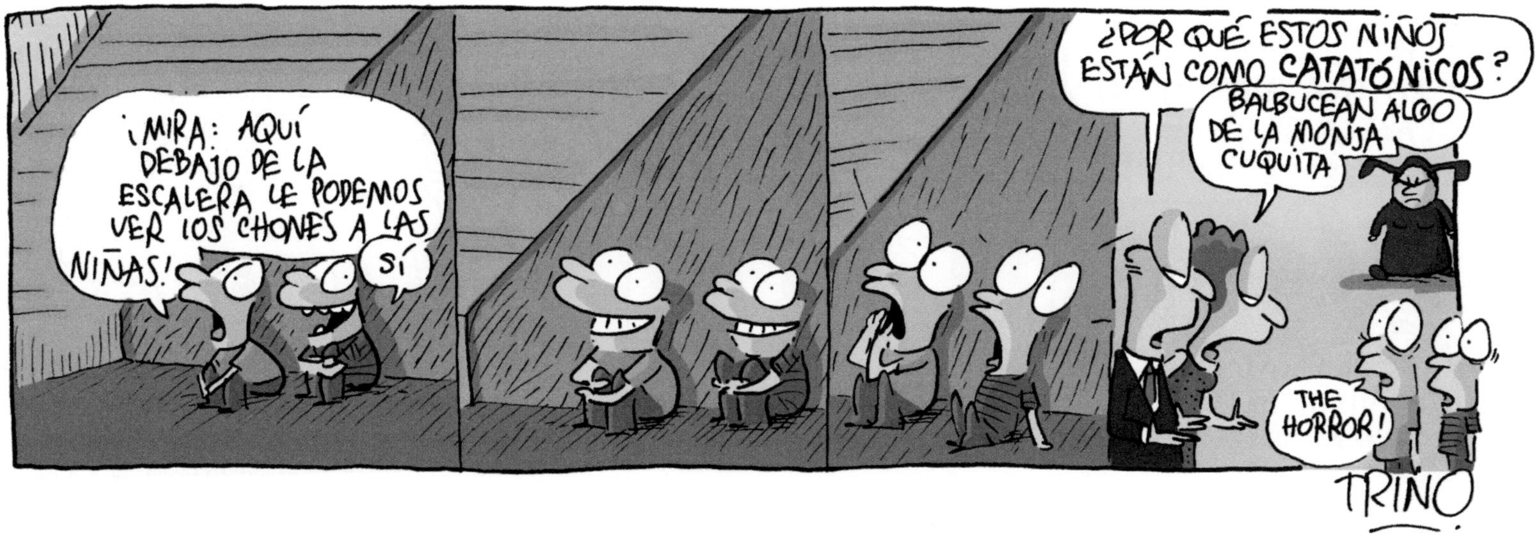
¡MIRA: AQUÍ DEBAJO DE LA ESCALERA LE PODEMOS VER LOS CHONES A LAS NIÑAS!
SÍ
¿POR QUÉ ESTOS NIÑOS ESTÁN COMO CATATÓNICOS?
BALBUCEAN ALGO DE LA MONJA CUQUITA
THE HORROR!
TRINO

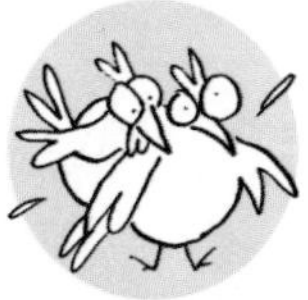

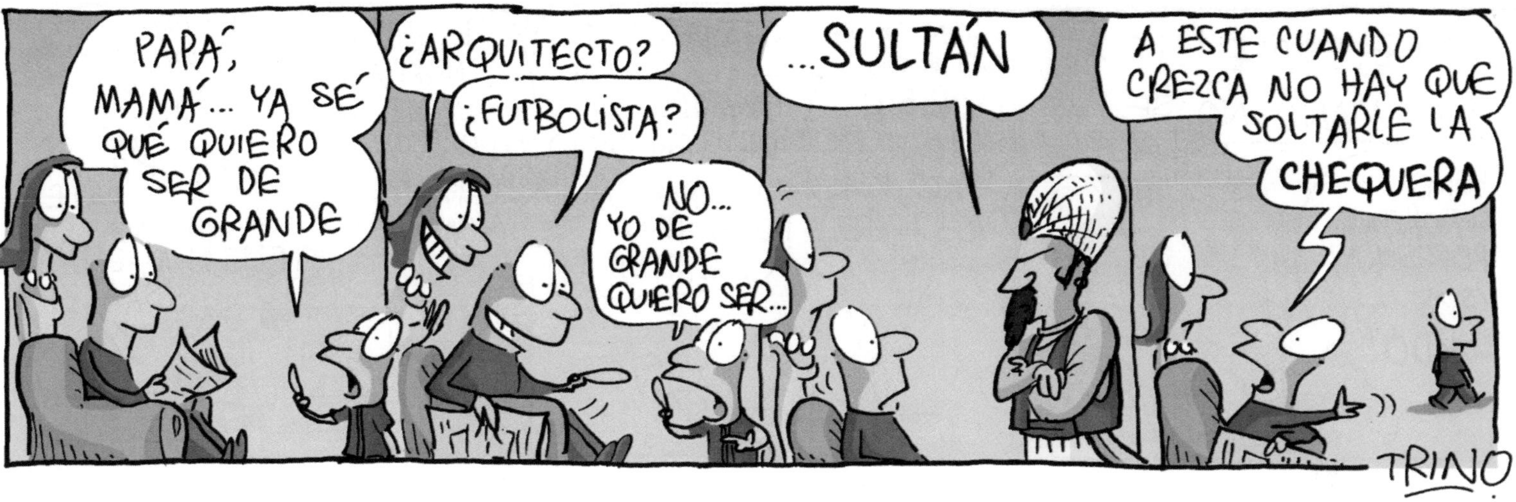
PAPÁ, MAMÁ... YA SÉ QUÉ QUIERO SER DE GRANDE
¿ARQUITECTO?
¿FUTBOLISTA?
NO... YO DE GRANDE QUIERO SER...
...SULTÁN
A ESTE CUANDO CREZCA NO HAY QUE SOLTARLE LA CHEQUERA
TRINO

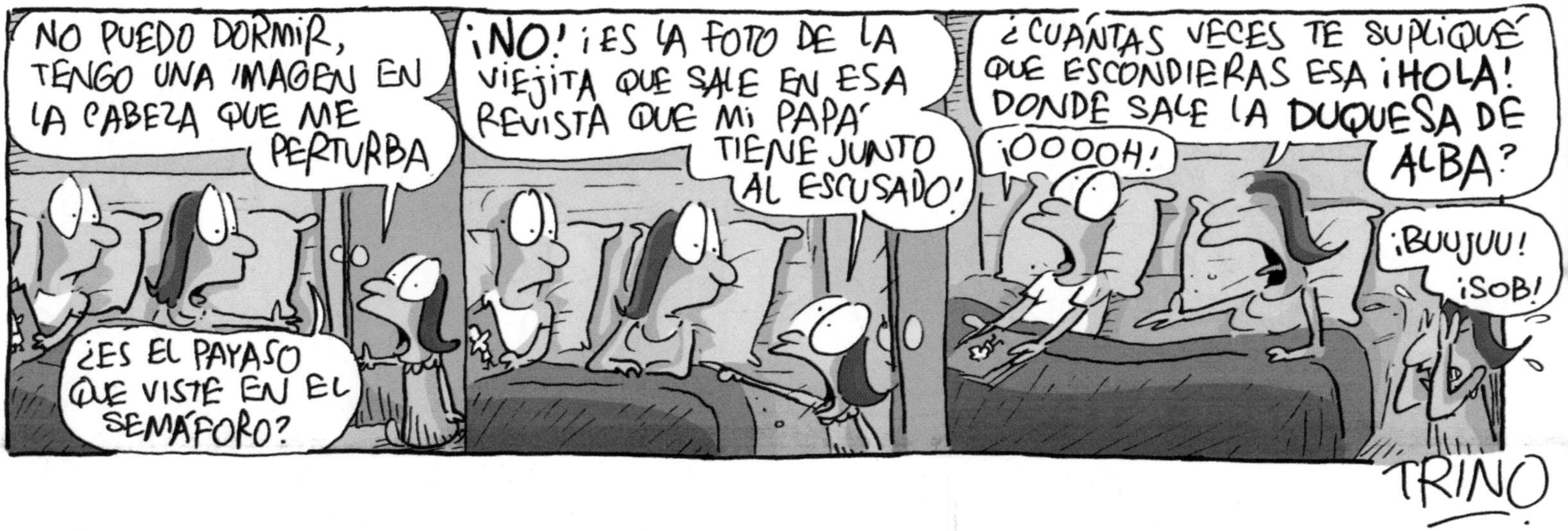
NO PUEDO DORMIR, TENGO UNA IMAGEN EN LA CABEZA QUE ME PERTURBA
¿ES EL PAYASO QUE VISTE EN EL SEMÁFORO?
¡NO! ¡ES LA FOTO DE LA VIEJITA QUE SALE EN ESA REVISTA QUE MI PAPÁ TIENE JUNTO AL ESCUSADO!
¿CUÁNTAS VECES TE SUPLIQUÉ QUE ESCONDIERAS ESA ¡HOLA! DONDE SALE LA DUQUESA DE ALBA?
¡OOOOH!
¡BUUJUU! ¡SOB!
TRINO

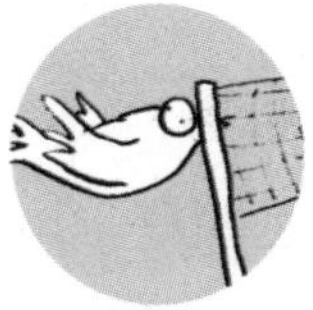

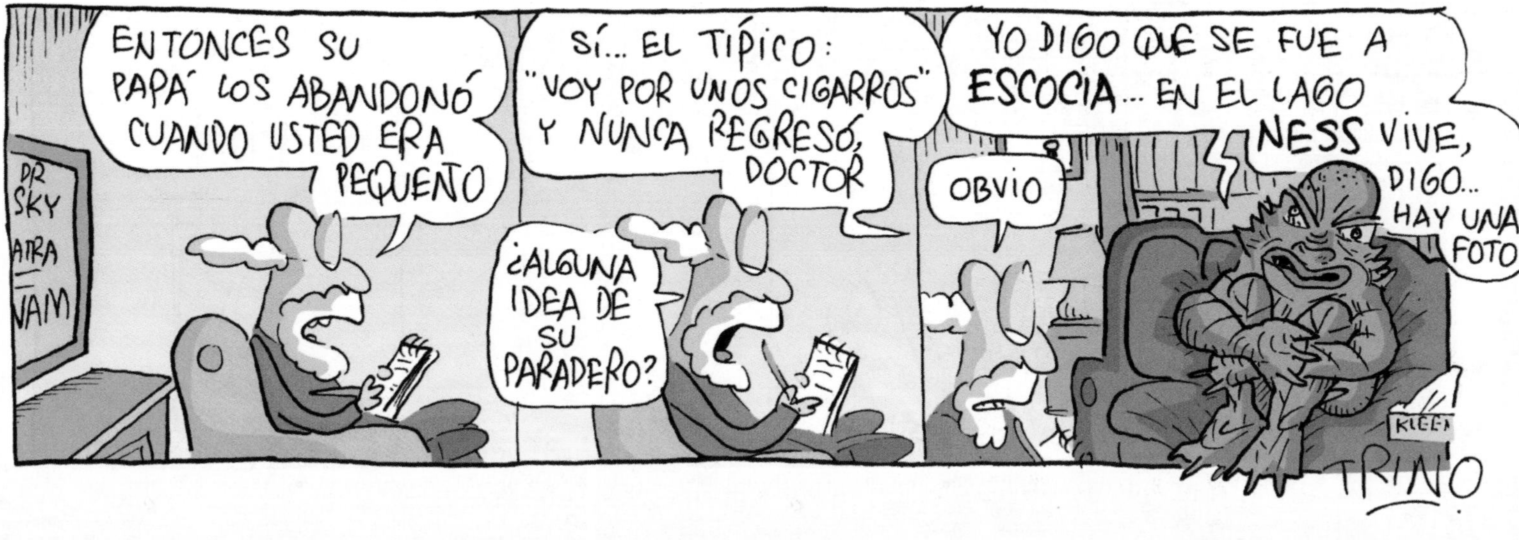
ENTONCES SU PAPÁ LOS ABANDONÓ CUANDO USTED ERA PEQUEÑO
SÍ... EL TÍPICO: "VOY POR UNOS CIGARROS" Y NUNCA REGRESÓ, DOCTOR
¿ALGUNA IDEA DE SU PARADERO?
YO DIGO QUE SE FUE A ESCOCIA... EN EL LAGO NESS VIVE, DIGO... HAY UNA FOTO
OBVIO
KLEEN
TRINO

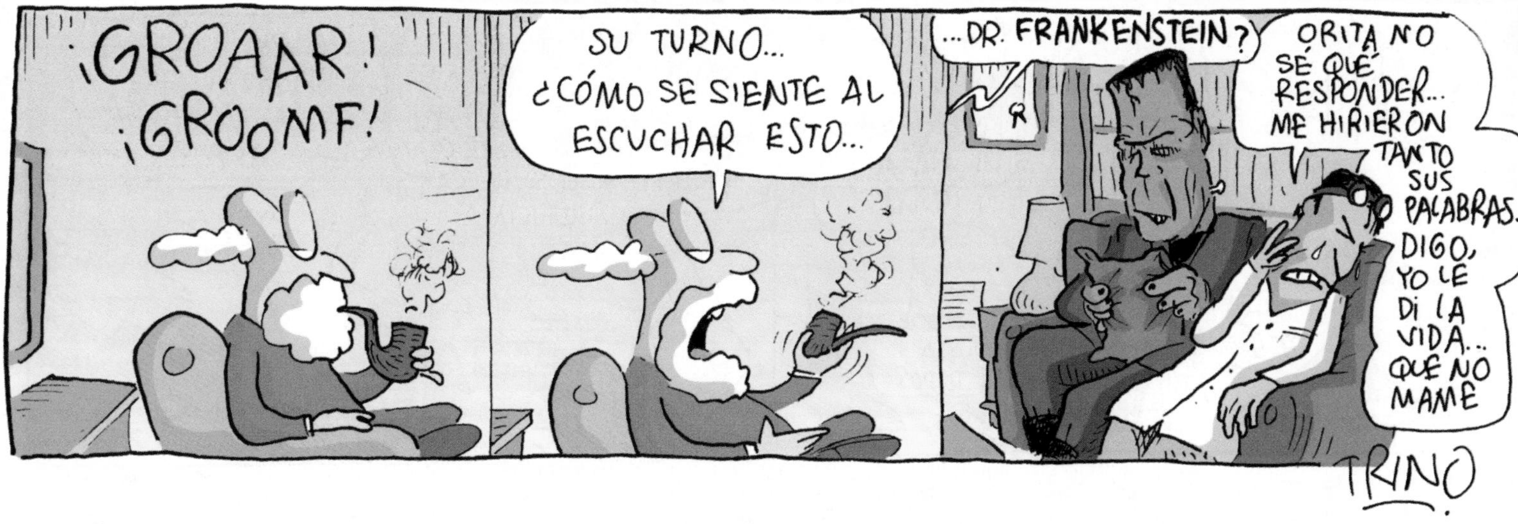
¡GROAAR! ¡GROOMF!
SU TURNO... ¿CÓMO SE SIENTE AL ESCUCHAR ESTO...
...DR. FRANKENSTEIN?
ORITA NO SÉ QUÉ RESPONDER... ME HIRIERON TANTO SUS PALABRAS... DIGO, YO LE DI LA VIDA... QUE NO MAME
TRINO

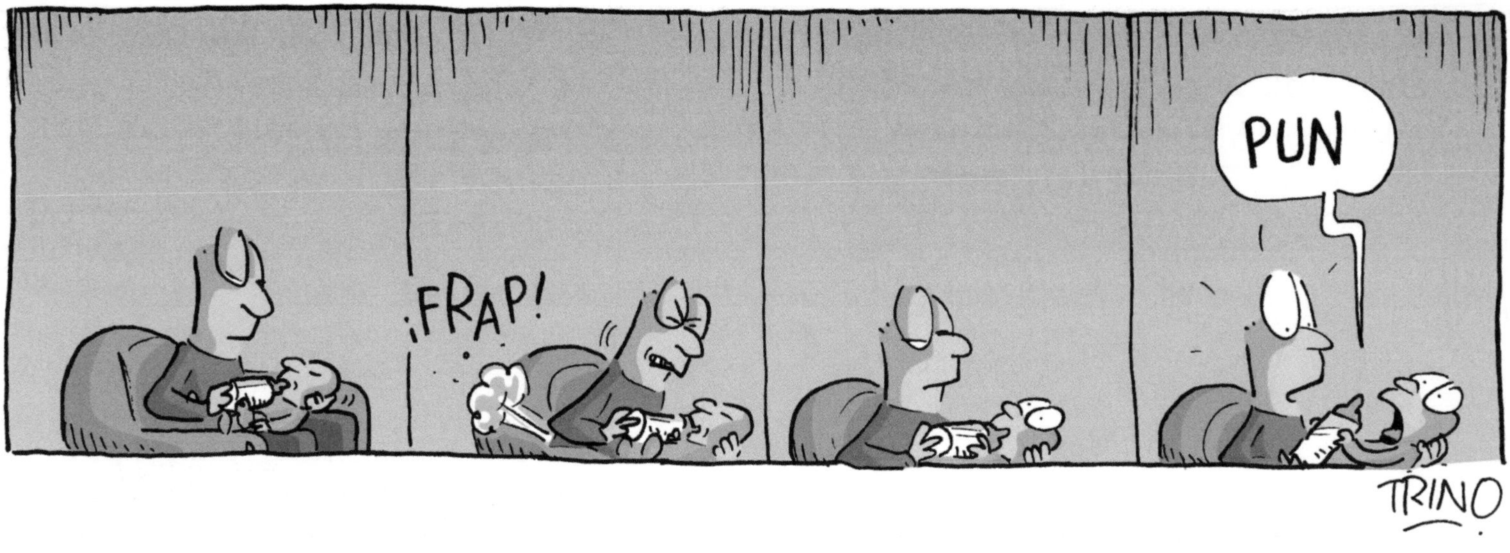
¡FRAP!
PUN
TRINO

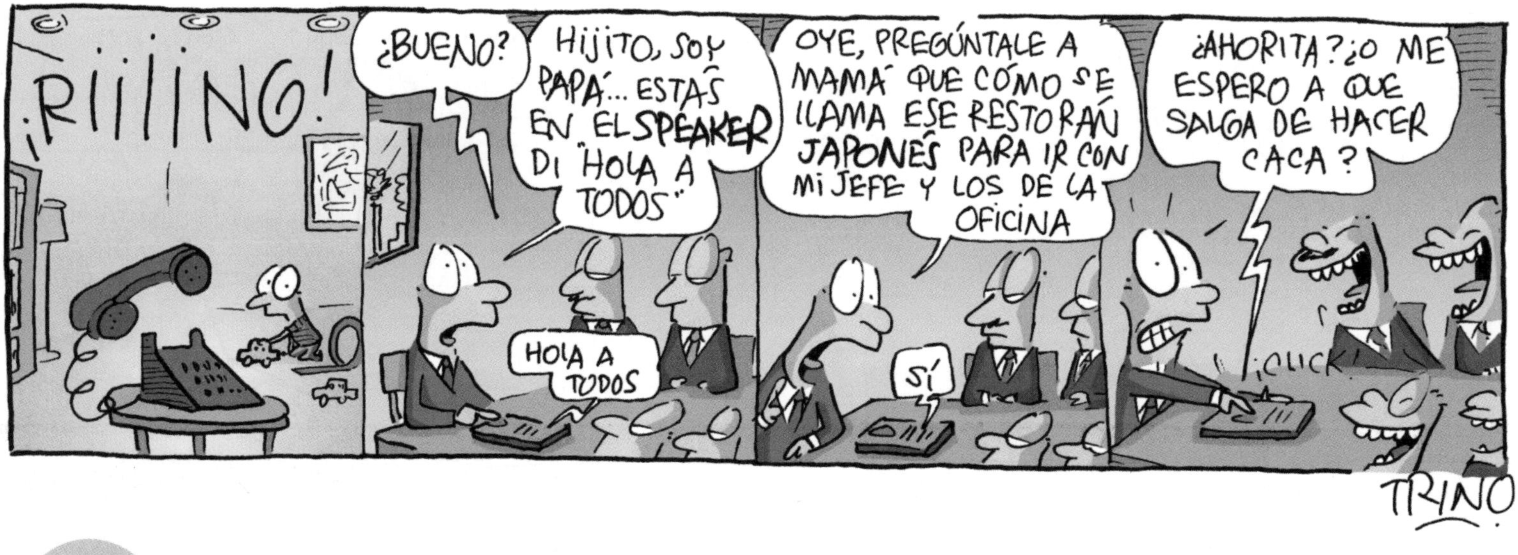
¡RIIIING!
¿BUENO?
HIJITO, SOY PAPÁ... ESTÁS EN EL SPEAKER DI "HOLA A TODOS"
HOLA A TODOS
OYE, PREGÚNTALE A MAMÁ QUE CÓMO SE LLAMA ESE RESTORÁN JAPONÉS PARA IR CON MI JEFE Y LOS DE LA OFICINA
SÍ
¿AHORITA? ¿O ME ESPERO A QUE SALGA DE HACER CACA?
¡CLICK!
TRINO

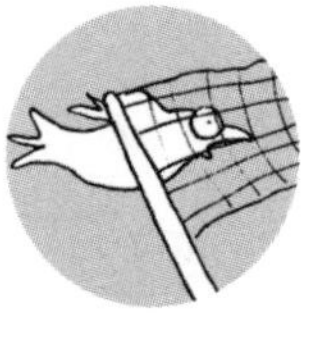

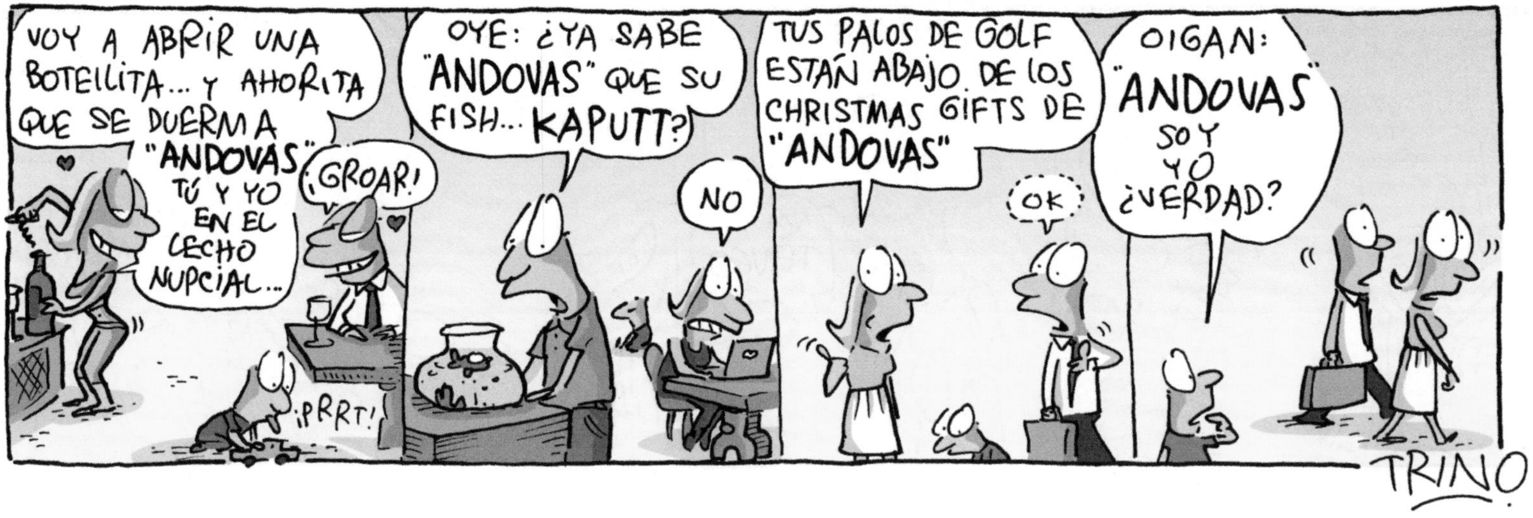
VOY A ABRIR UNA BOTELLITA... Y AHORITA QUE SE DUERMA "ANDOVAS" TÚ Y YO EN EL LECHO NUPCIAL...
¡GROAR!
¡PRRT!
OYE: ¿YA SABE "ANDOVAS" QUE SU FISH... KAPUTT?
NO
TUS PALOS DE GOLF ESTÁN ABAJO DE LOS CHRISTMAS GIFTS DE "ANDOVAS"
OK
OIGAN: "ANDOVAS" SOY YO ¿VERDAD?
TRINO

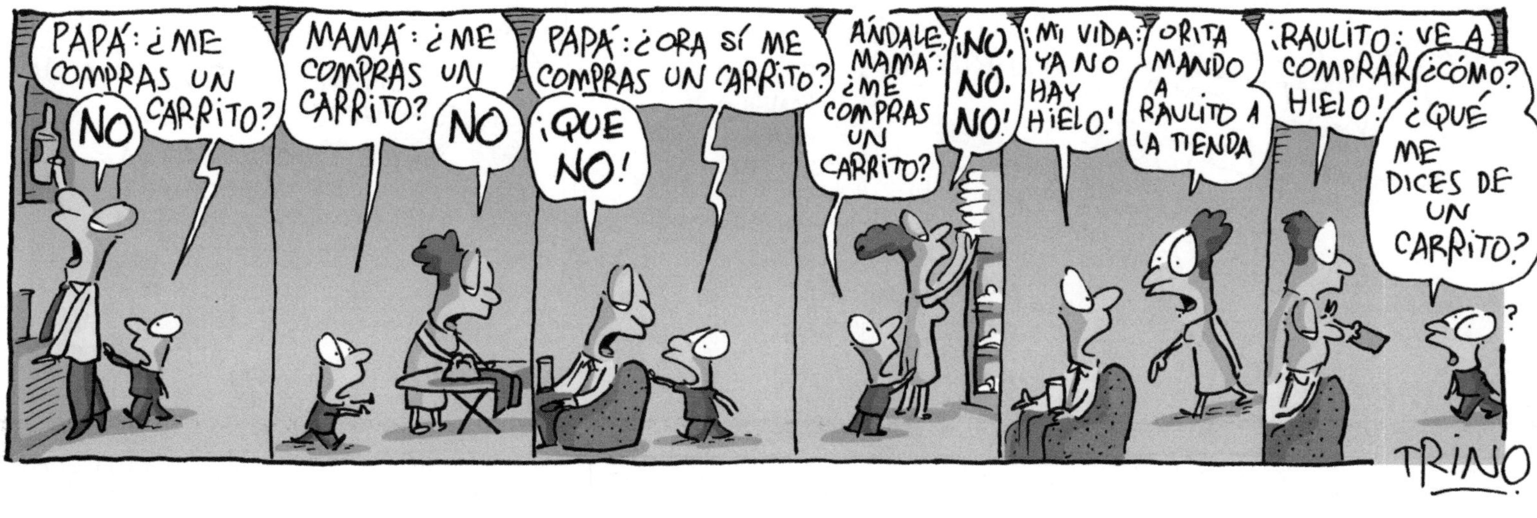
PAPÁ: ¿ME COMPRAS UN CARRITO?
NO
MAMÁ: ¿ME COMPRAS UN CARRITO?
NO
PAPÁ: ¿ORA SÍ ME COMPRAS UN CARRITO?
¡QUE NO!
ÁNDALE, MAMÁ: ¿ME COMPRAS UN CARRITO?
¡NO, NO, NO!
¡MI VIDA: YA NO HAY HIELO!
ORITA MANDO A RAULITO A LA TIENDA
¡RAULITO: VE A COMPRAR HIELO!
¿CÓMO? ¿QUÉ ME DICES DE UN CARRITO?
?
TRINO

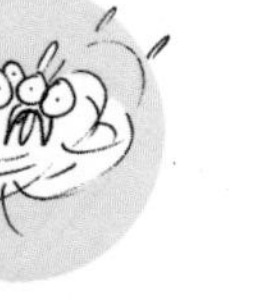

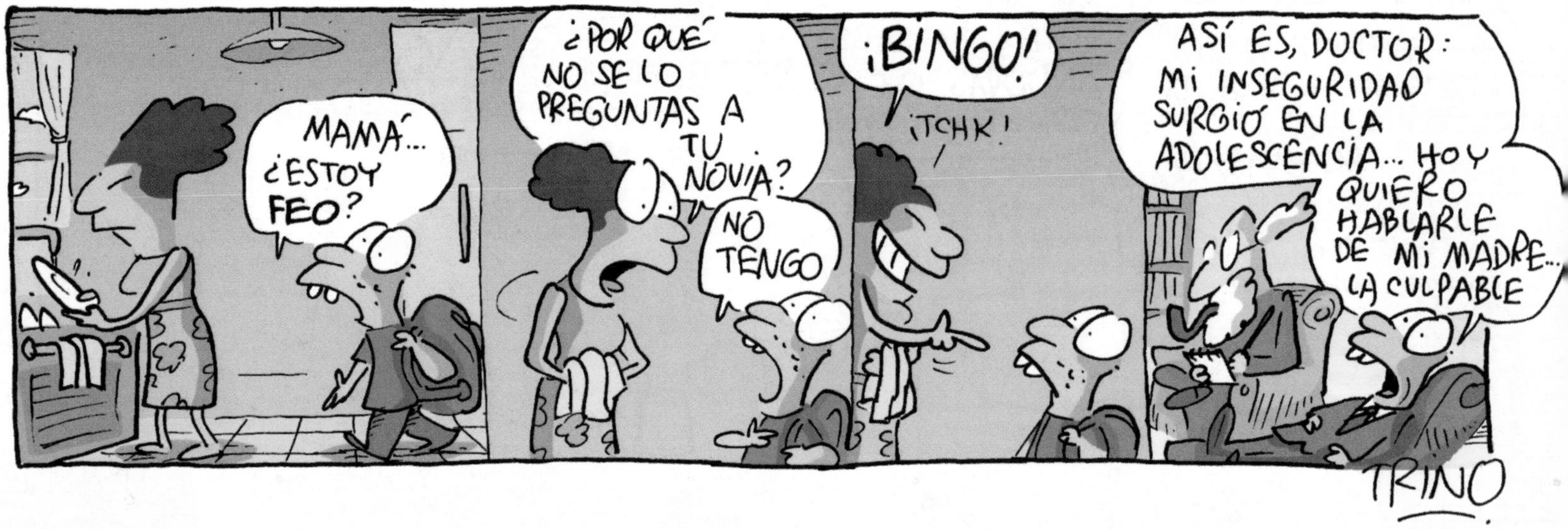
MAMÁ... ¿ESTOY FEO?
¿POR QUÉ NO SE LO PREGUNTAS A TU NOVIA?
NO TENGO
¡BINGO!
¡TCHK!
ASÍ ES, DOCTOR: MI INSEGURIDAD SURGIÓ EN LA ADOLESCENCIA... HOY QUIERO HABLARLE DE MI MADRE... LA CULPABLE
TRINO

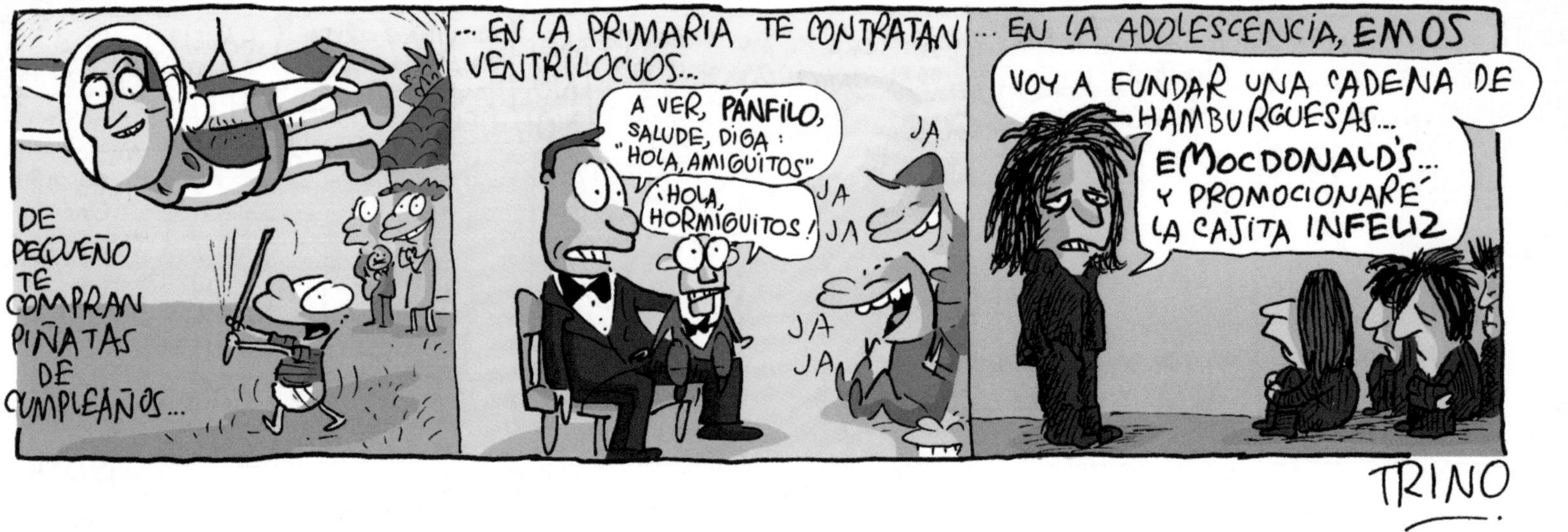
DE PEQUEÑO TE COMPRAN PIÑATAS DE CUMPLEAÑOS...
... EN LA PRIMARIA TE CONTRATAN VENTRÍLOCUOS...
A VER, PÁNFILO, SALUDE, DIGA: "HOLA, AMIGUITOS"
¡HOLA, HORMIGUITOS!
JA JA JA JA JA
... EN LA ADOLESCENCIA, EMOS
VOY A FUNDAR UNA CADENA DE HAMBURGUESAS...
EMOCDONALD'S... Y PROMOCIONARÉ LA CAJITA INFELIZ
TRINO

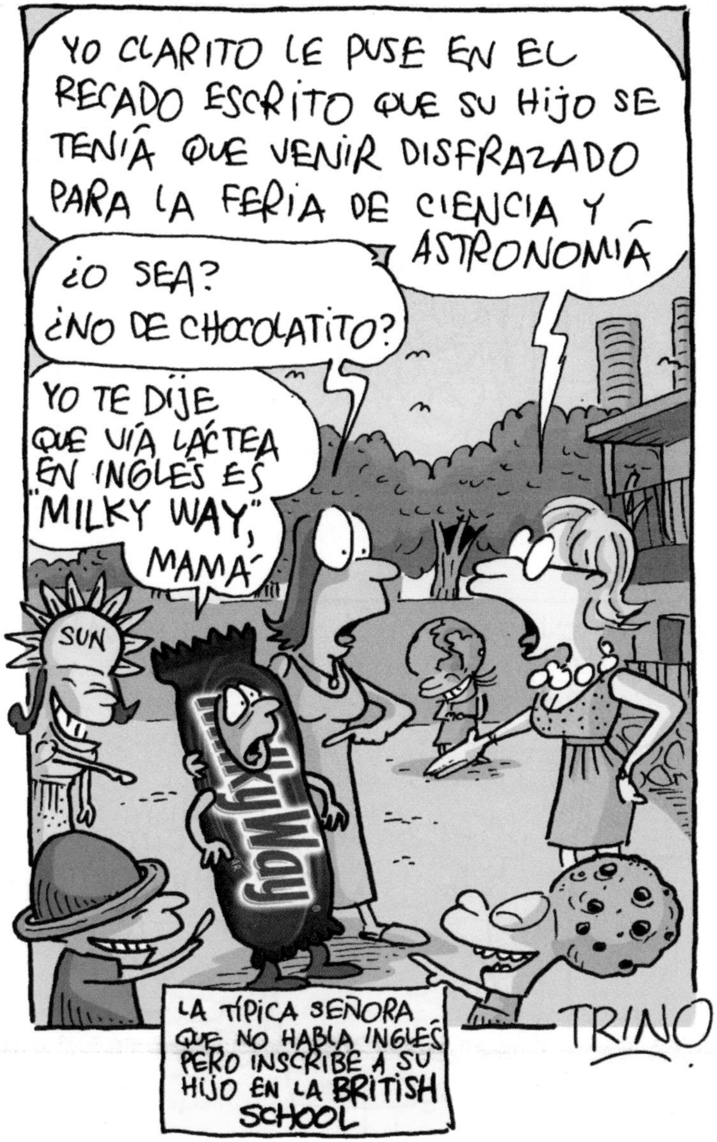
YO CLARITO LE PUSE EN EL RECADO ESCRITO QUE SU HIJO SE TENÍA QUE VENIR DISFRAZADO PARA LA FERIA DE CIENCIA Y ASTRONOMÍA
¿O SEA? ¿NO DE CHOCOLATITO?
YO TE DIJE QUE VÍA LÁCTEA EN INGLÉS ES "MILKY WAY", MAMÁ
SUN
LA TÍPICA SEÑORA QUE NO HABLA INGLÉS PERO INSCRIBE A SU HIJO EN LA BRITISH SCHOOL
TRINO

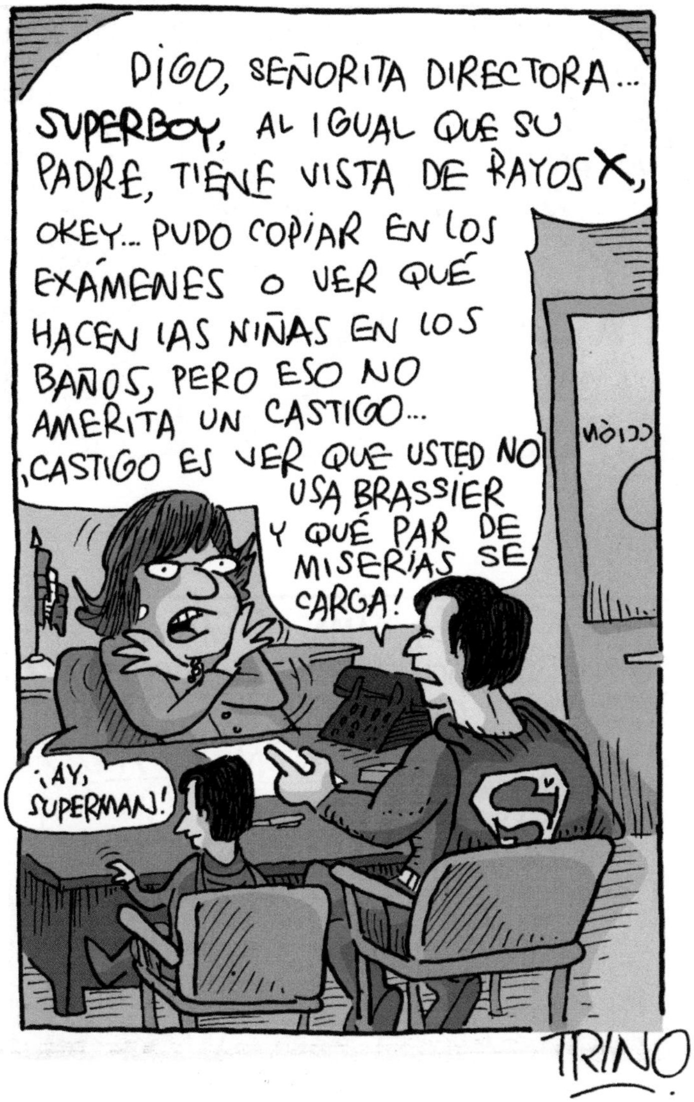
DIGO, SEÑORITA DIRECTORA... SUPERBOY, AL IGUAL QUE SU PADRE, TIENE VISTA DE RAYOS X, OKEY... PUDO COPIAR EN LOS EXÁMENES O VER QUÉ HACEN LAS NIÑAS EN LOS BAÑOS, PERO ESO NO AMERITA UN CASTIGO...
¡CASTIGO ES VER QUE USTED NO USA BRASSIER Y QUÉ PAR DE MISERIAS SE CARGA!
¡AY, SUPERMAN!
TRINO

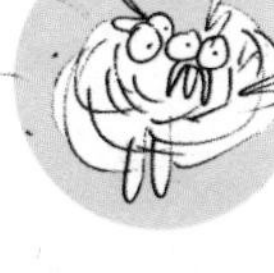

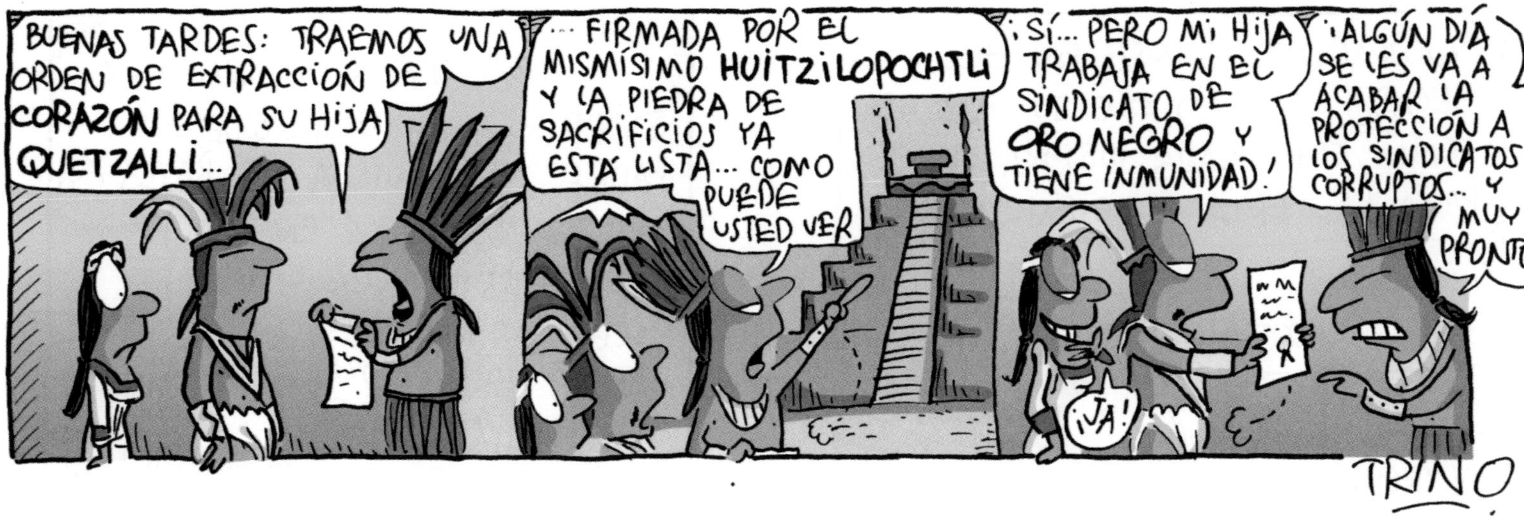
BUENAS TARDES: TRAEMOS UNA ORDEN DE EXTRACCIÓN DE CORAZÓN PARA SU HIJA QUETZALLI...
...FIRMADA POR EL MISMÍSIMO HUITZILOPOCHTLI Y LA PIEDRA DE SACRIFICIOS YA ESTÁ LISTA... COMO PUEDE USTED VER
¡SÍ... PERO MI HIJA TRABAJA EN EL SINDICATO DE ORO NEGRO Y TIENE INMUNIDAD!
¡JA!
¡ALGÚN DÍA SE LES VA A ACABAR LA PROTECCIÓN A LOS SINDICATOS CORRUPTOS... Y MUY PRONTO!
TRINO

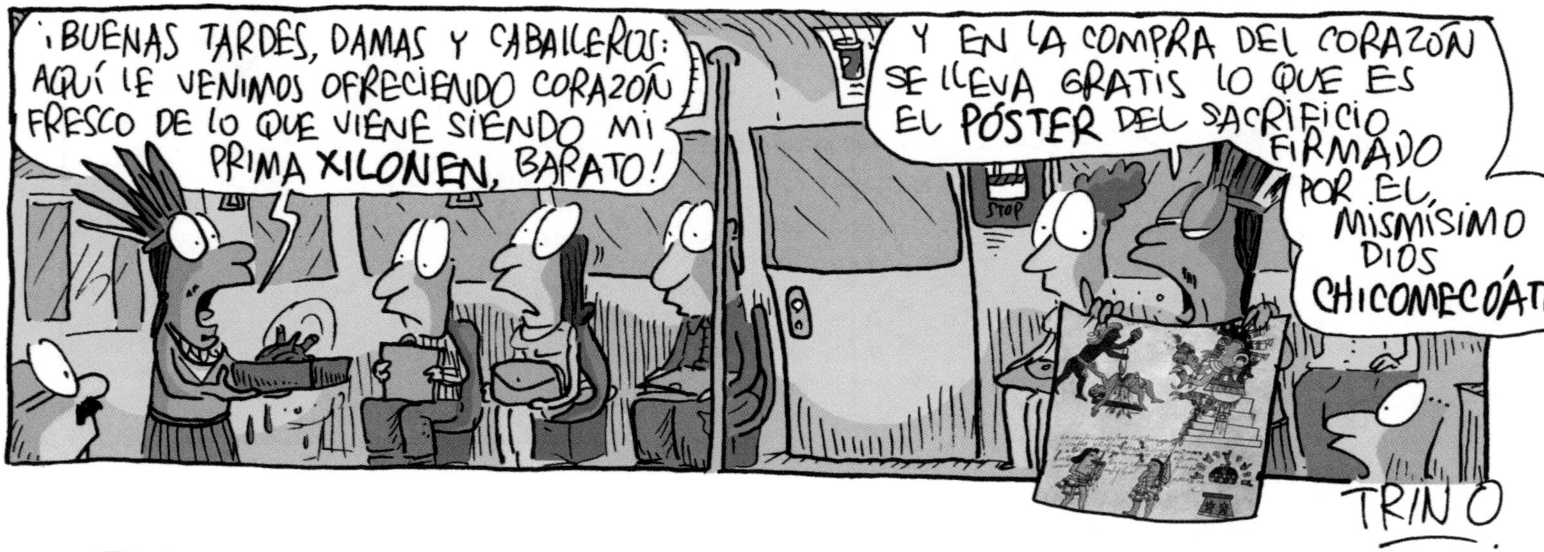
¡BUENAS TARDES, DAMAS Y CABALLEROS: AQUÍ LE VENIMOS OFRECIENDO CORAZÓN FRESCO DE LO QUE VIENE SIENDO MI PRIMA XILONEN, BARATO!
STOP
Y EN LA COMPRA DEL CORAZÓN SE LLEVA GRATIS LO QUE ES EL PÓSTER DEL SACRIFICIO FIRMADO POR EL MISMÍSIMO DIOS CHICOMECÓATL
TRINO

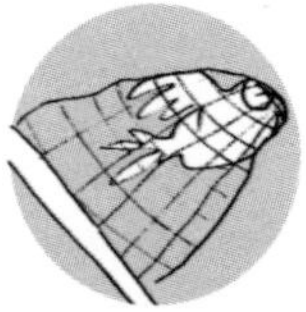

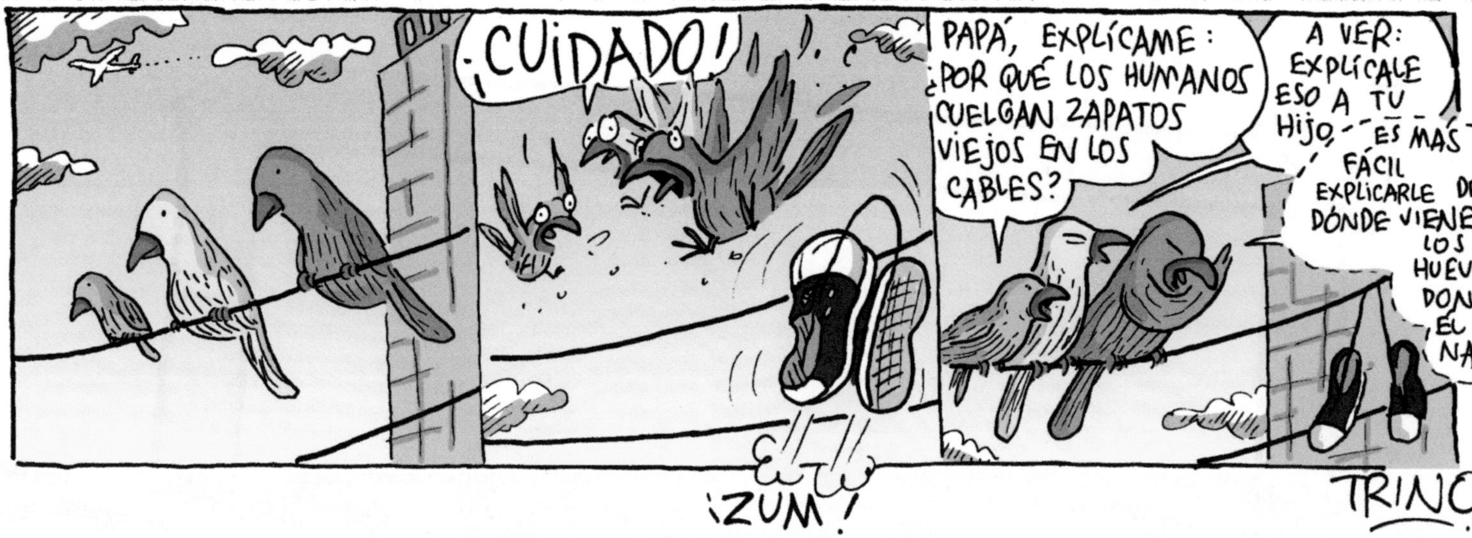
¡CUIDADO!
¡ZUM!
PAPÁ, EXPLÍCAME: ¿POR QUÉ LOS HUMANOS CUELGAN ZAPATOS VIEJOS EN LOS CABLES?
A VER: EXPLÍCALE ESO A TU HIJO
ES MÁS FÁCIL EXPLICARLE DE DÓNDE VIENEN LOS HUEVITOS DONDE ÉL NACIÓ
TRINO

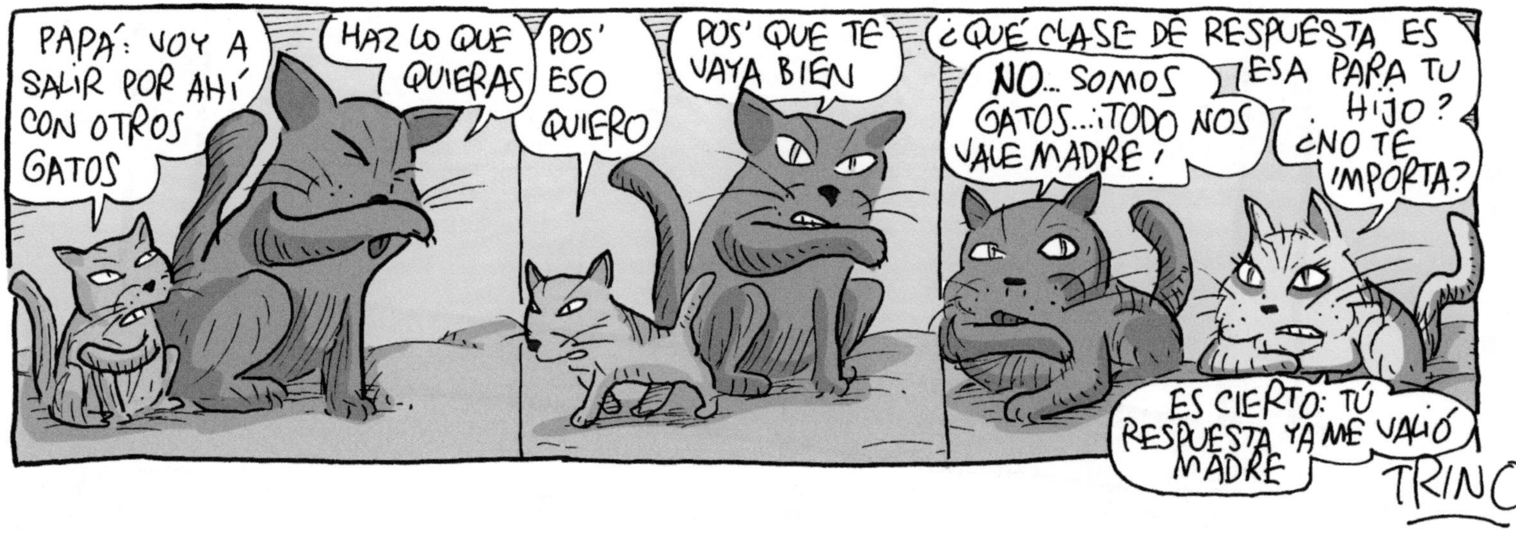
PAPÁ: VOY A SALIR POR AHÍ CON OTROS GATOS
HAZ LO QUE QUIERAS
POS' ESO QUIERO
POS' QUE TE VAYA BIEN
¿QUÉ CLASE DE RESPUESTA ES ESA PARA TU HIJO? ¿NO TE IMPORTA?
NO... SOMOS GATOS... ¡TODO NOS VALE MADRE!
ES CIERTO: TÚ RESPUESTA YA ME VALIÓ MADRE
TRINO

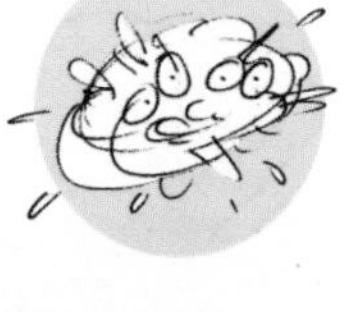

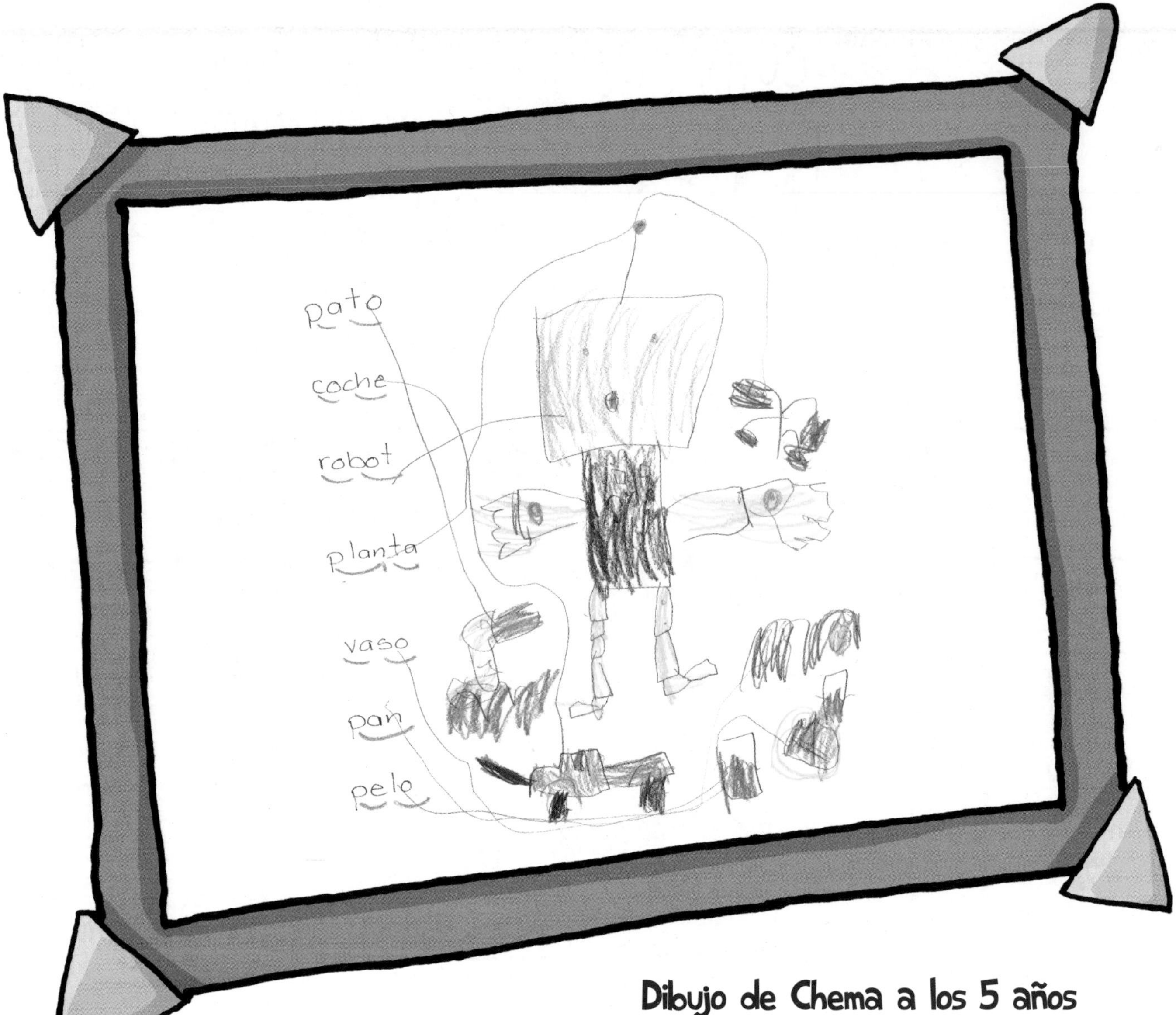
pato
coche
robot
planta
vaso
pan
pelo

Dibujo de Chema a los 5 años

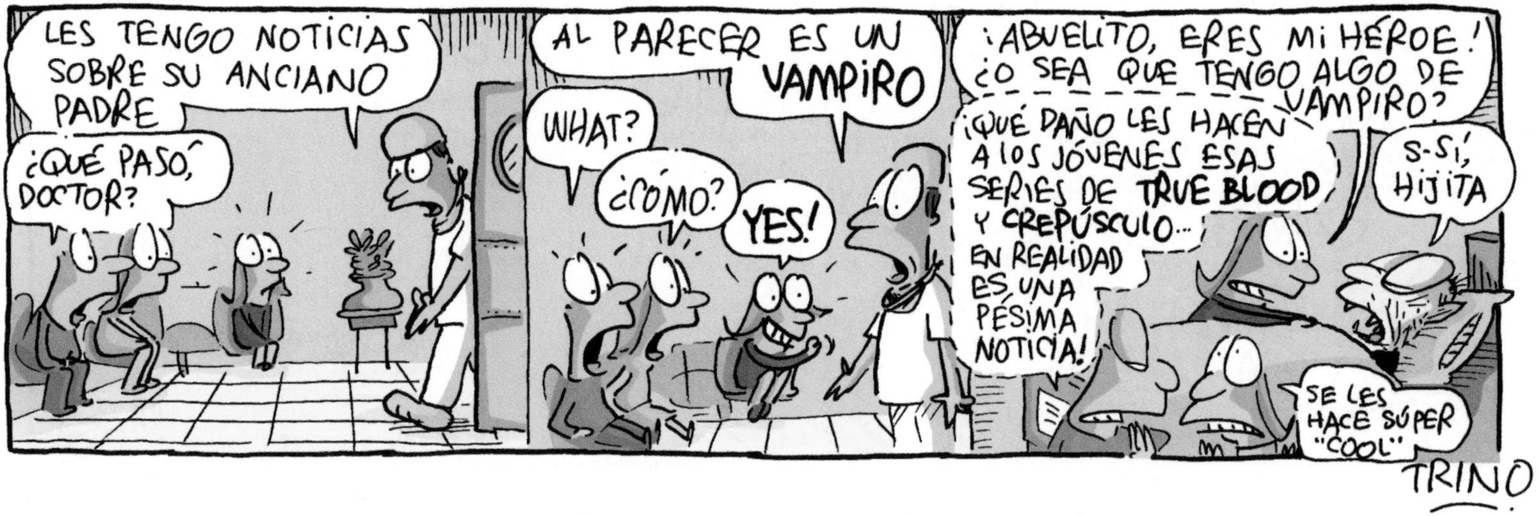
LES TENGO NOTICIAS SOBRE SU ANCIANO PADRE
¿QUÉ PASÓ, DOCTOR?
AL PARECER ES UN VAMPIRO
WHAT?
¿CÓMO?
YES!
¡ABUELITO, ERES MI HÉROE! ¿O SEA QUE TENGO ALGO DE VAMPIRO?
S-SÍ, HIJITA
¡QUÉ DAÑO LES HACEN A LOS JÓVENES ESAS SERIES DE TRUE BLOOD Y CREPÚSCULO... EN REALIDAD ES UNA PÉSIMA NOTICIA!
SE LES HACE SÚPER "COOL"
TRINO

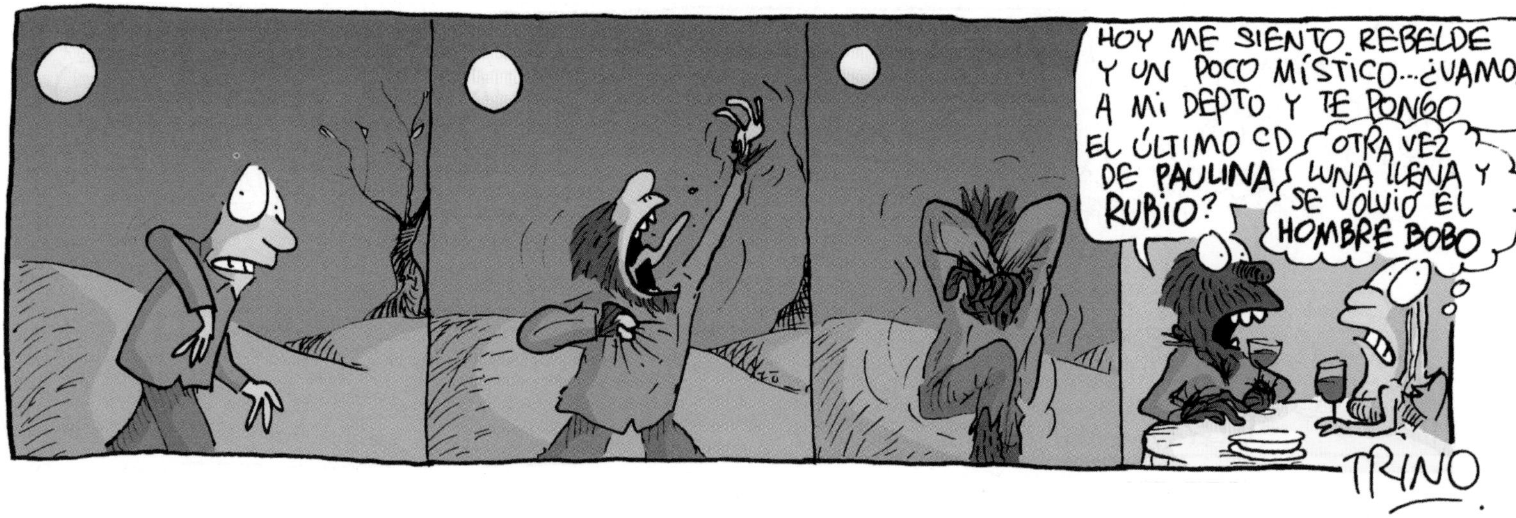
HOY ME SIENTO REBELDE Y UN POCO MÍSTICO... ¿VAMOS A MI DEPTO Y TE PONGO EL ÚLTIMO CD DE PAULINA RUBIO?
OTRA VEZ LUNA LLENA Y SE VOLVIÓ EL HOMBRE BOBO
TRINO

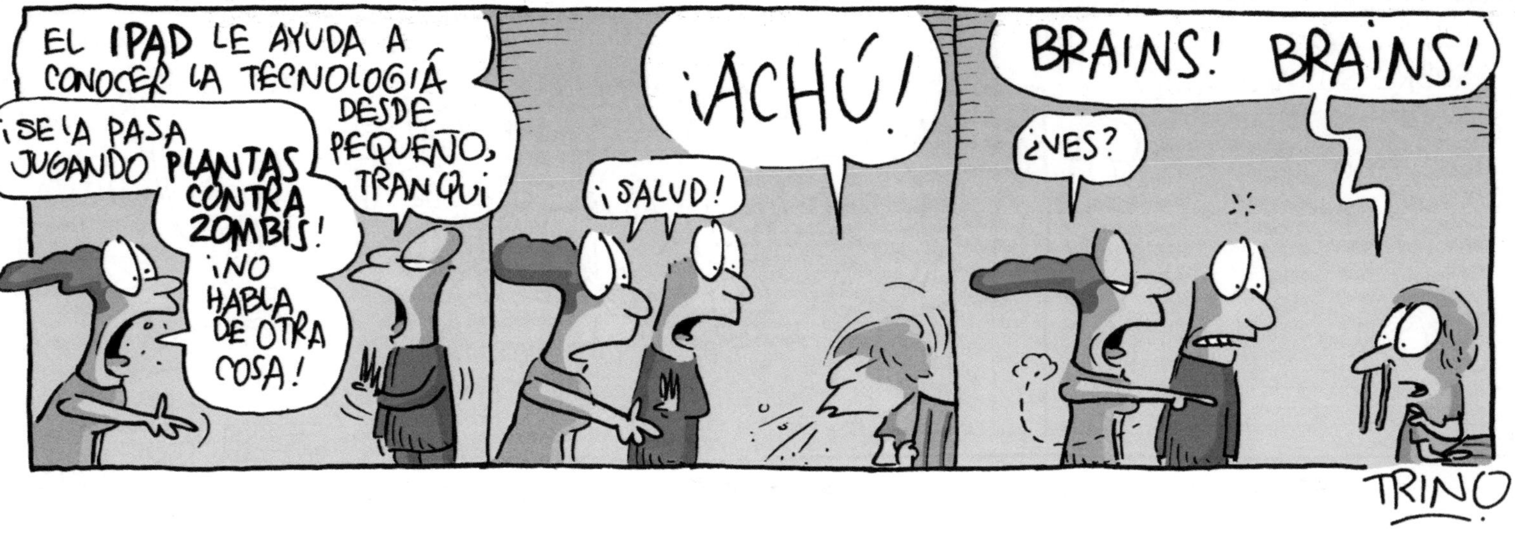
EL IPAD LE AYUDA A CONOCER LA TECNOLOGÍA DESDE PEQUEÑO, TRANQUI
¡SE LA PASA JUGANDO PLANTAS CONTRA ZOMBIS! ¡NO HABLA DE OTRA COSA!
¡ACHÚ!
¡SALUD!
BRAINS! BRAINS!
¿VES?
TRINO

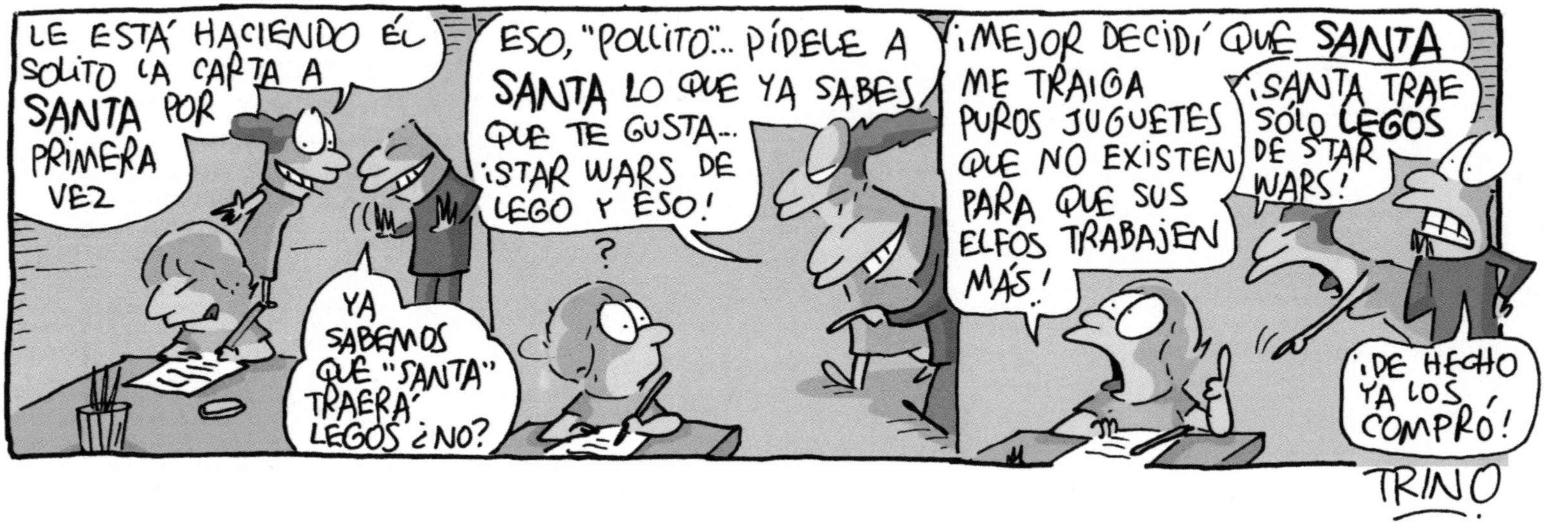
LE ESTÁ HACIENDO ÉL SOLITO LA CARTA A SANTA POR PRIMERA VEZ
YA SABEMOS QUE "SANTA" TRAERÁ LEGOS ¿NO?
ESO, "POLLITO"... PÍDELE A SANTA LO QUE YA SABES QUE TE GUSTA... ¡STAR WARS DE LEGO Y ESO!
?
¡MEJOR DECIDÍ QUE SANTA ME TRAIGA PUROS JUGUETES QUE NO EXISTEN PARA QUE SUS ELFOS TRABAJEN MÁS!
¡SANTA TRAE SÓLO LEGOS DE STAR WARS!
¡DE HECHO YA LOS COMPRÓ!
TRINO

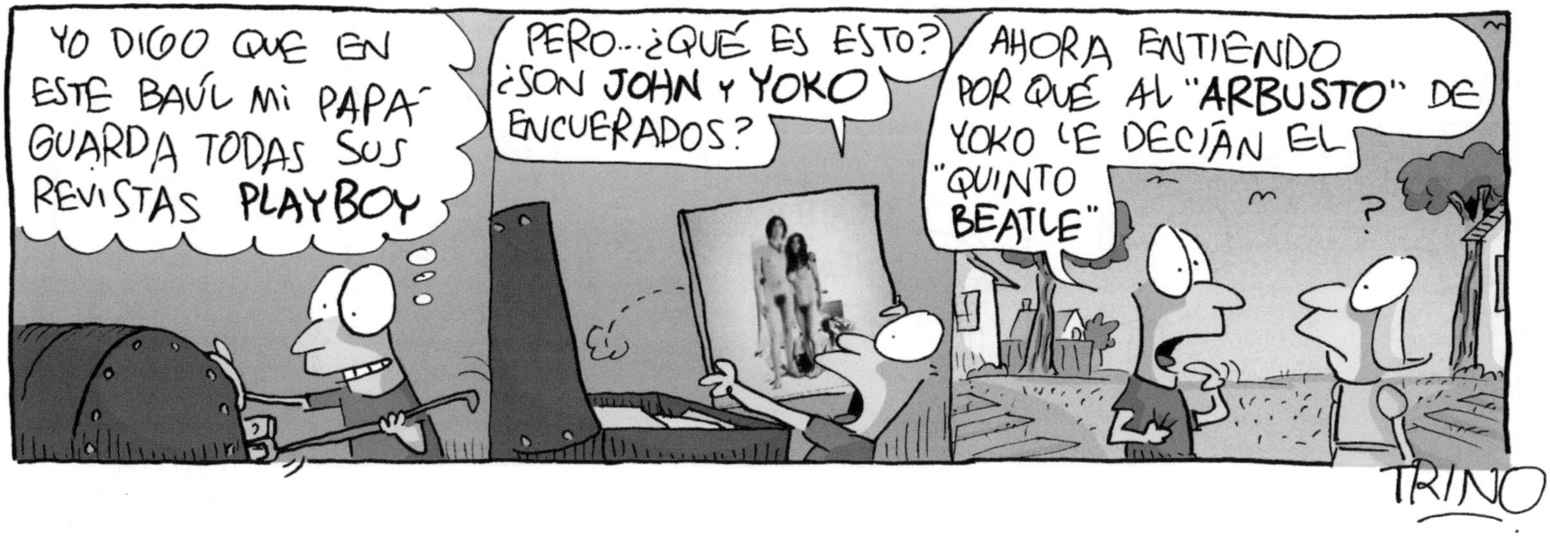
YO DIGO QUE EN ESTE BAÚL MI PAPÁ GUARDA TODAS SUS REVISTAS PLAYBOY
PERO... ¿QUÉ ES ESTO? ¿SON JOHN Y YOKO ENCUERADOS?
AHORA ENTIENDO POR QUÉ AL "ARBUSTO" DE YOKO LE DECÍAN EL "QUINTO BEATLE"
?
TRINO

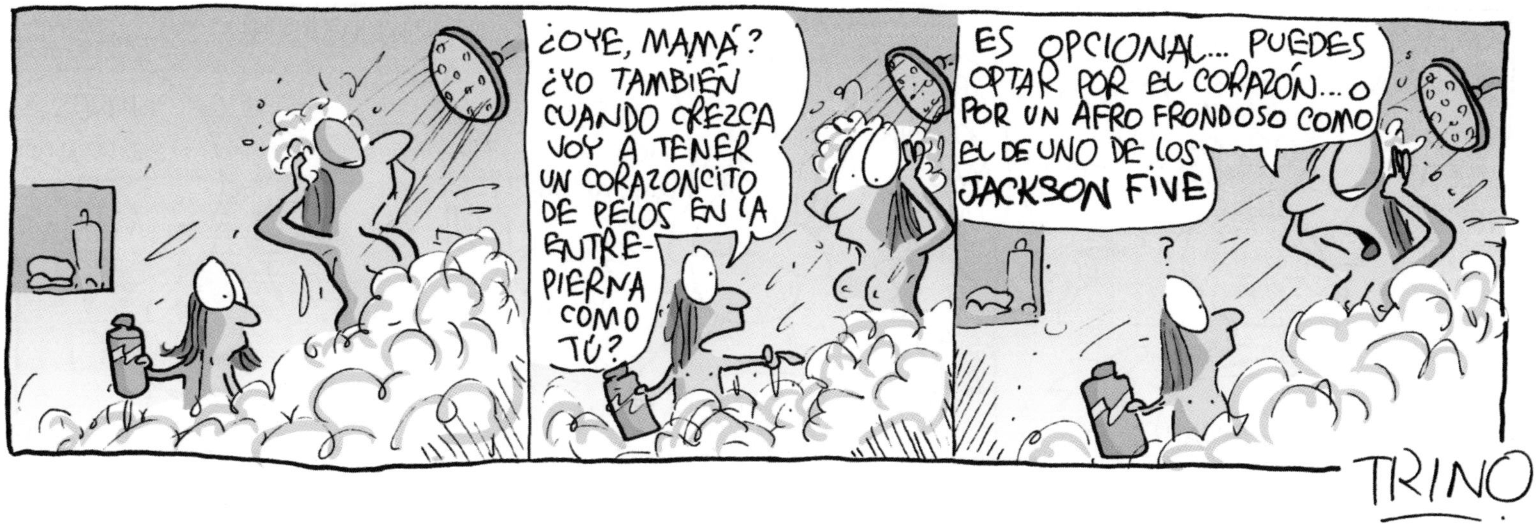
¿OYE, MAMÁ? ¿YO TAMBIÉN CUANDO CREZCA VOY A TENER UN CORAZONCITO DE PELOS EN LA ENTRE-PIERNA COMO TÚ?
ES OPCIONAL... PUEDES OPTAR POR EL CORAZÓN... O POR UN AFRO FRONDOSO COMO EL DE UNO DE LOS JACKSON FIVE
?
TRINO

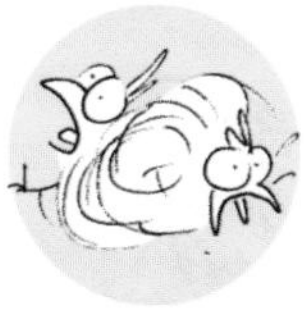

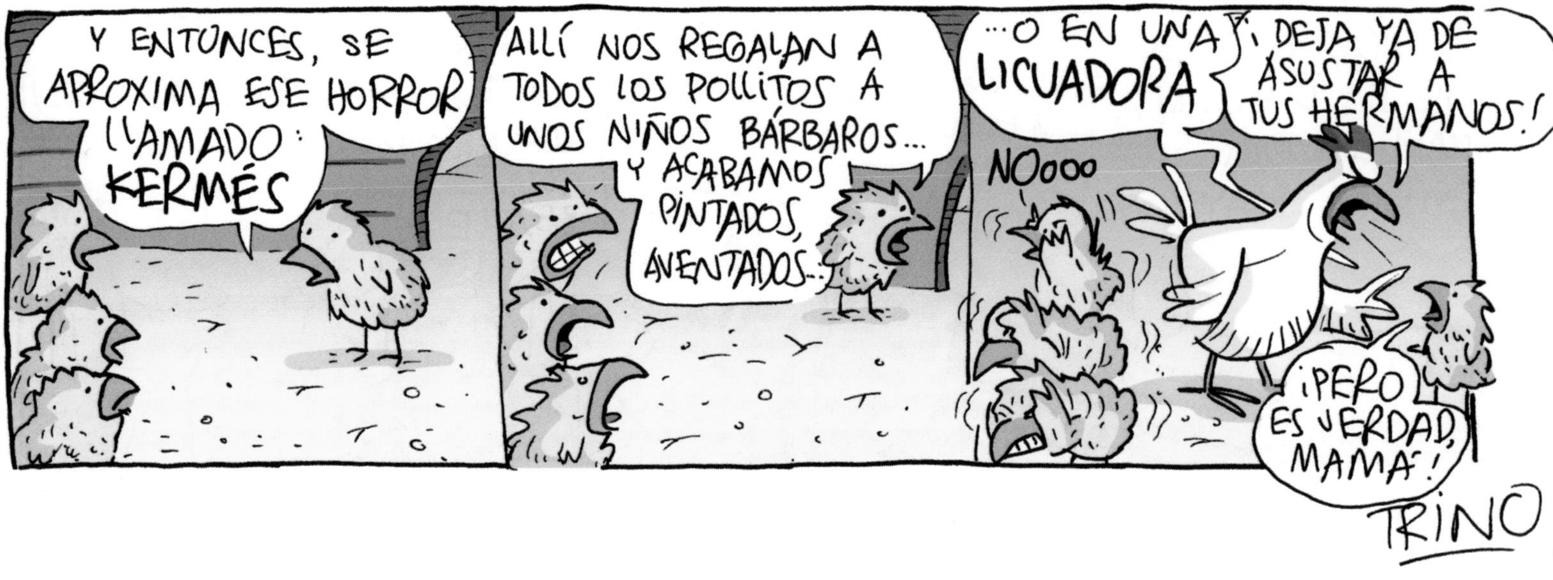
Y ENTONCES, SE APROXIMA ESE HORROR LLAMADO KERMÉS
ALLÍ NOS REGALAN A TODOS LOS POLLITOS A UNOS NIÑOS BÁRBAROS... Y ACABAMOS PINTADOS, AVENTADOS...
...O EN UNA LICUADORA
NOooo
¡DEJA YA DE ASUSTAR A TUS HERMANOS!
¡PERO ES VERDAD, MAMÁ!
TRINO

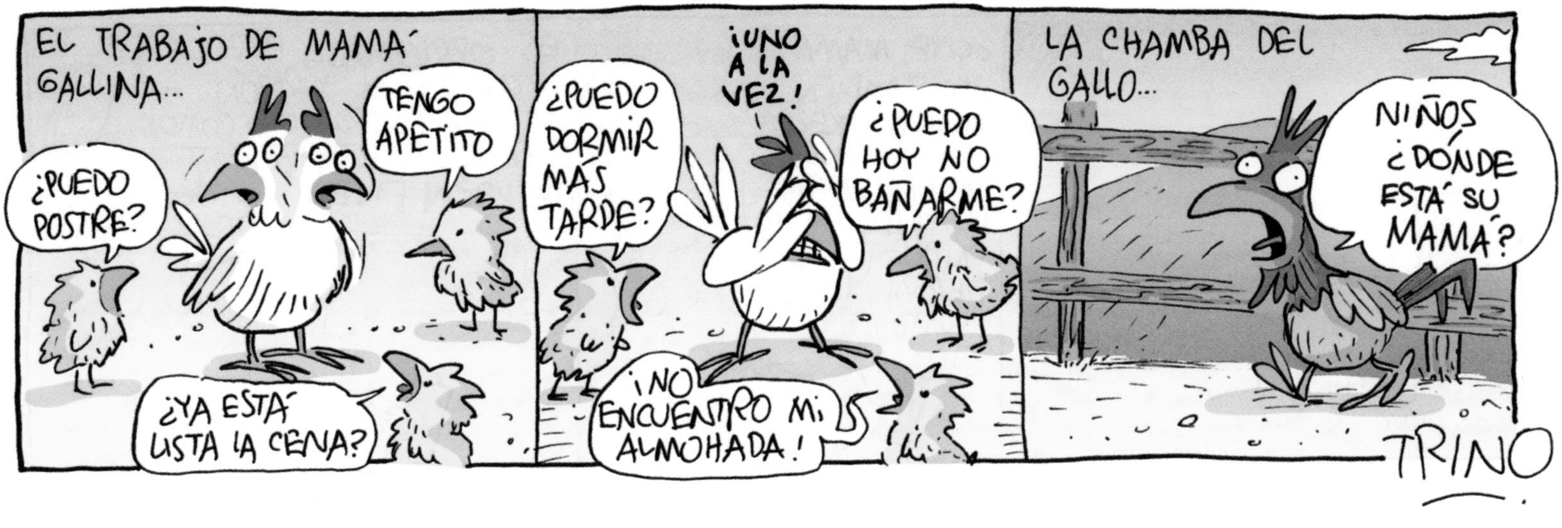
EL TRABAJO DE MAMÁ GALLINA...
¿PUEDO POSTRE?
TENGO APETITO
¿YA ESTÁ LISTA LA CENA?
¿PUEDO DORMIR MÁS TARDE?
¡UNO A LA VEZ!
¿PUEDO HOY NO BAÑARME?
¡NO ENCUENTRO MI ALMOHADA!
LA CHAMBA DEL GALLO...
NIÑOS ¿DÓNDE ESTÁ SU MAMÁ?
TRINO

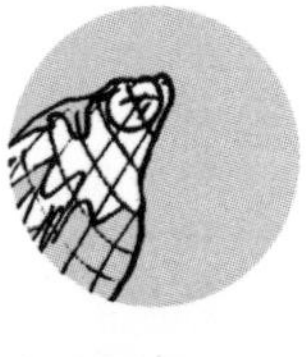

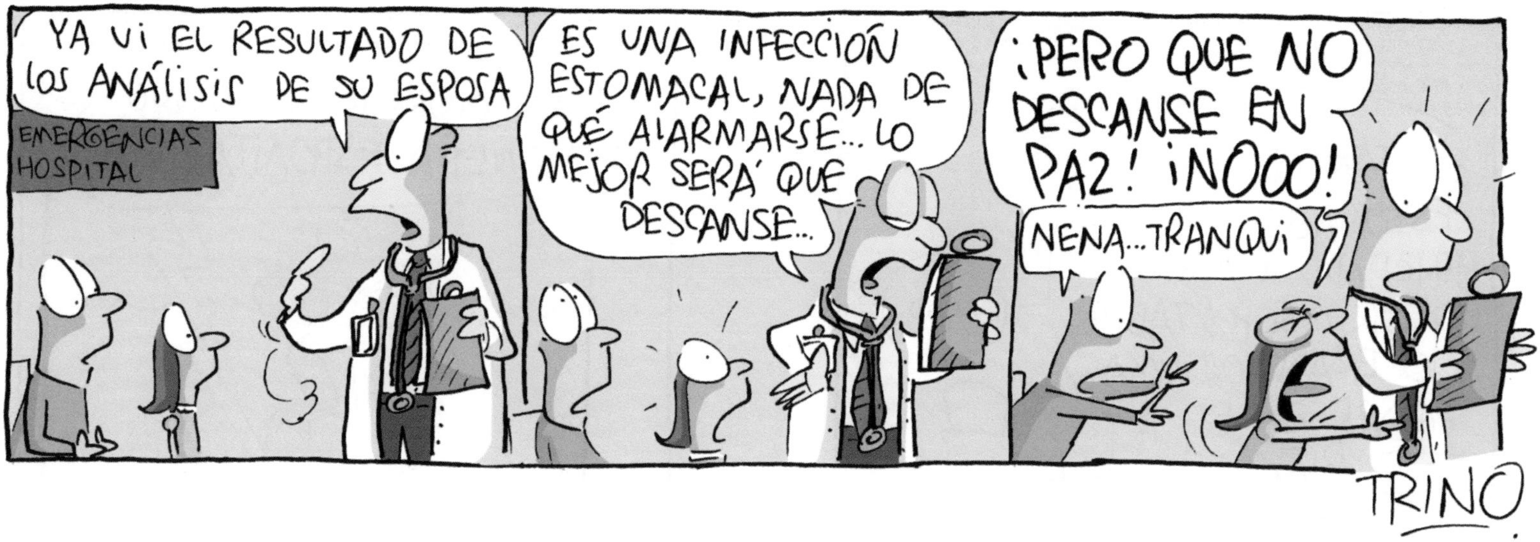
YA VI EL RESULTADO DE LOS ANÁLISIS DE SU ESPOSA
EMERGENCIAS HOSPITAL
ES UNA INFECCIÓN ESTOMACAL, NADA DE QUÉ ALARMARSE... LO MEJOR SERÁ QUE DESCANSE...
¡PERO QUE NO DESCANSE EN PAZ! ¡NOOO!
NENA...TRANQUI
TRINO

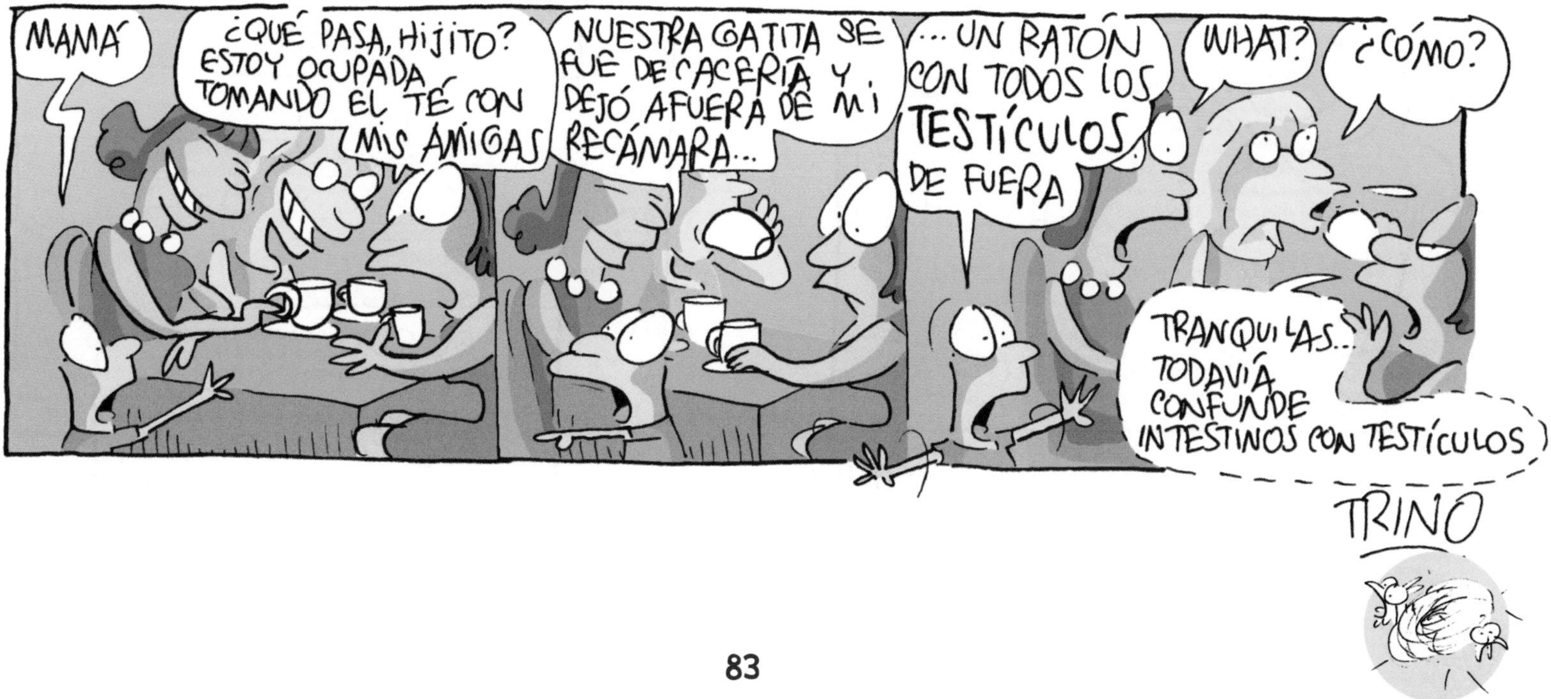
MAMÁ
¿QUÉ PASA, HIJITO? ESTOY OCUPADA TOMANDO EL TÉ CON MIS AMIGAS
NUESTRA GATITA SE FUÉ DE CACERÍA Y DEJÓ AFUERA DE MI RECÁMARA...
...UN RATÓN CON TODOS LOS TESTÍCULOS DE FUERA
WHAT?
¿CÓMO?
TRANQUILAS... TODAVÍA CONFUNDE INTESTINOS CON TESTÍCULOS
TRINO

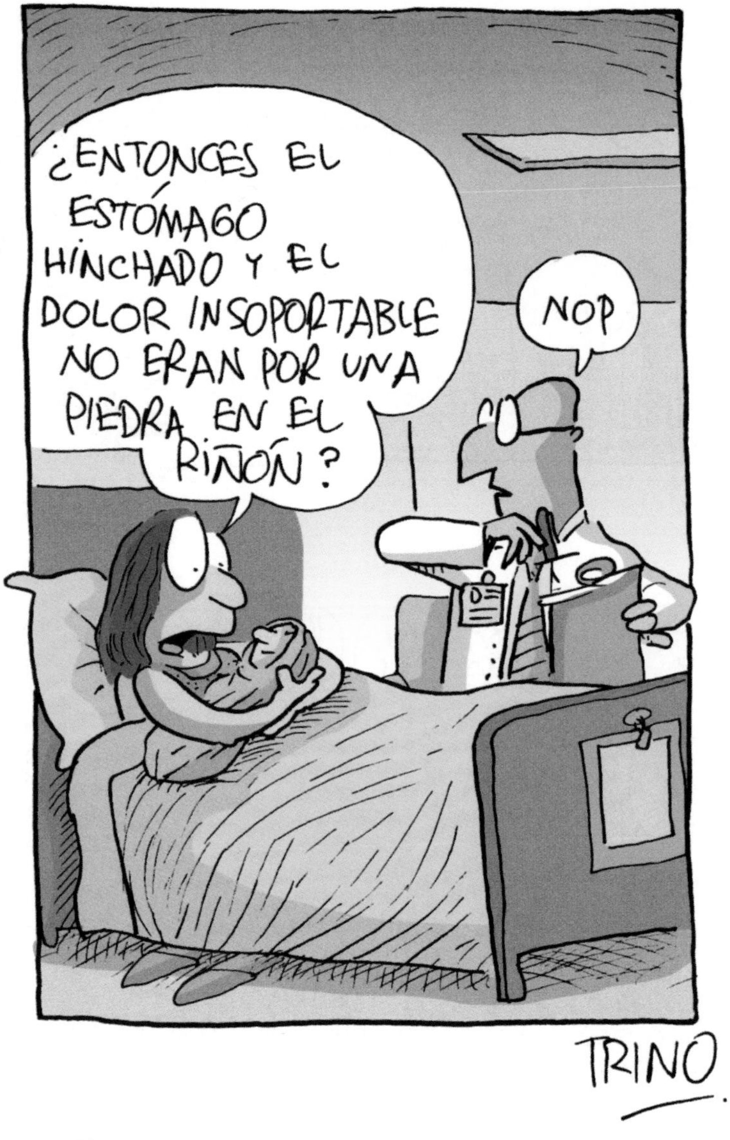
¿ENTONCES EL ESTÓMAGO HINCHADO Y EL DOLOR INSOPORTABLE NO ERAN POR UNA PIEDRA EN EL RIÑÓN?
NOP
TRINO

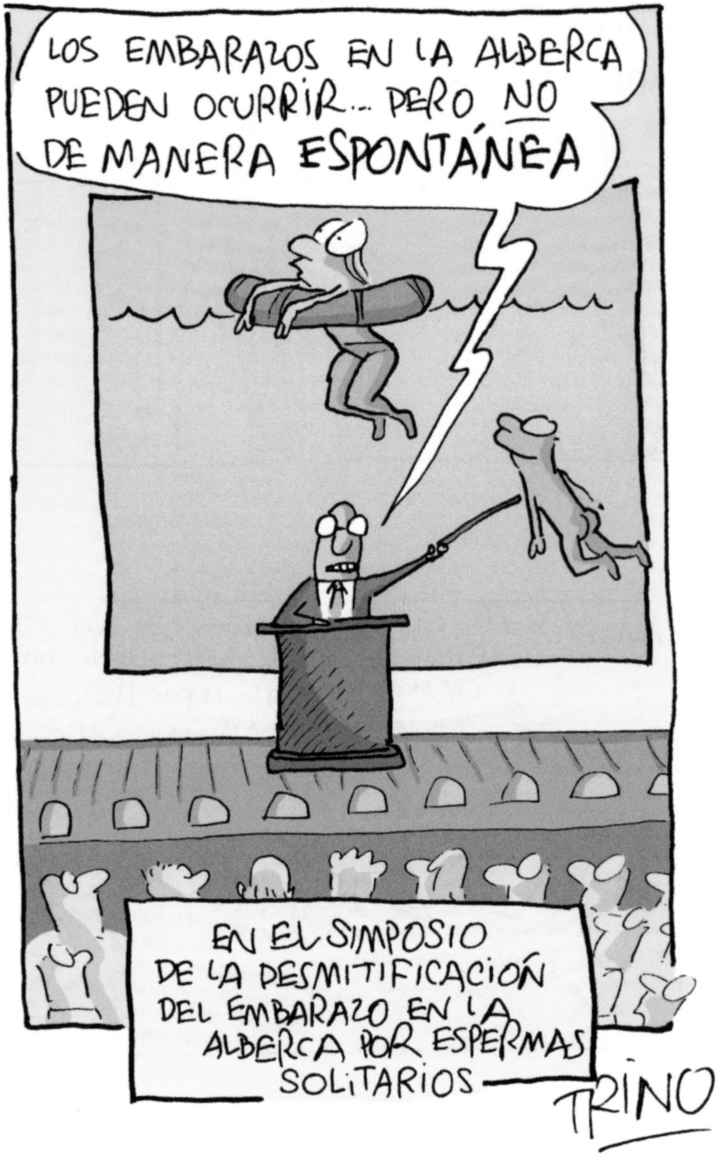
LOS EMBARAZOS EN LA ALBERCA PUEDEN OCURRIR... PERO NO DE MANERA ESPONTÁNEA
EN EL SIMPOSIO DE LA DESMITIFICACIÓN DEL EMBARAZO EN LA ALBERCA POR ESPERMAS SOLITARIOS
TRINO

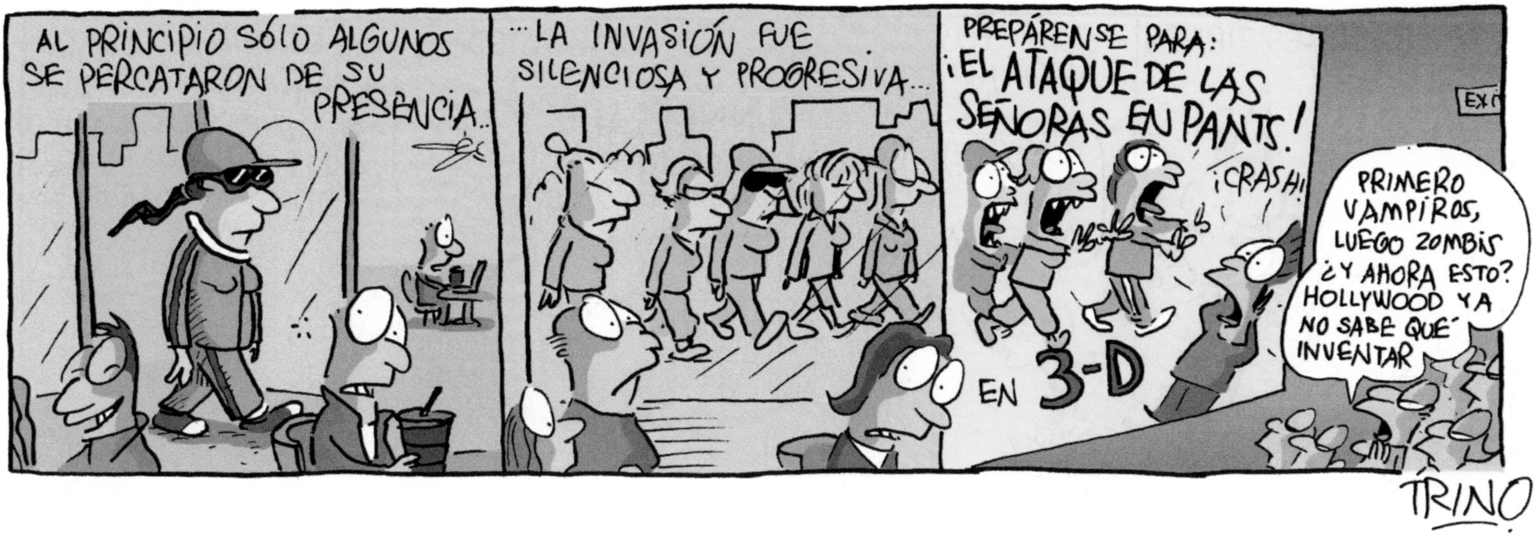
AL PRINCIPIO SÓLO ALGUNOS SE PERCATARON DE SU PRESENCIA...
...LA INVASIÓN FUE SILENCIOSA Y PROGRESIVA...
PREPÁRENSE PARA:
¡EL ATAQUE DE LAS SEÑORAS EN PANTS!
¡CRASH!
EN 3-D
PRIMERO VAMPIROS, LUEGO ZOMBIS ¿Y AHORA ESTO? HOLLYWOOD YA NO SABE QUÉ INVENTAR
TRINO

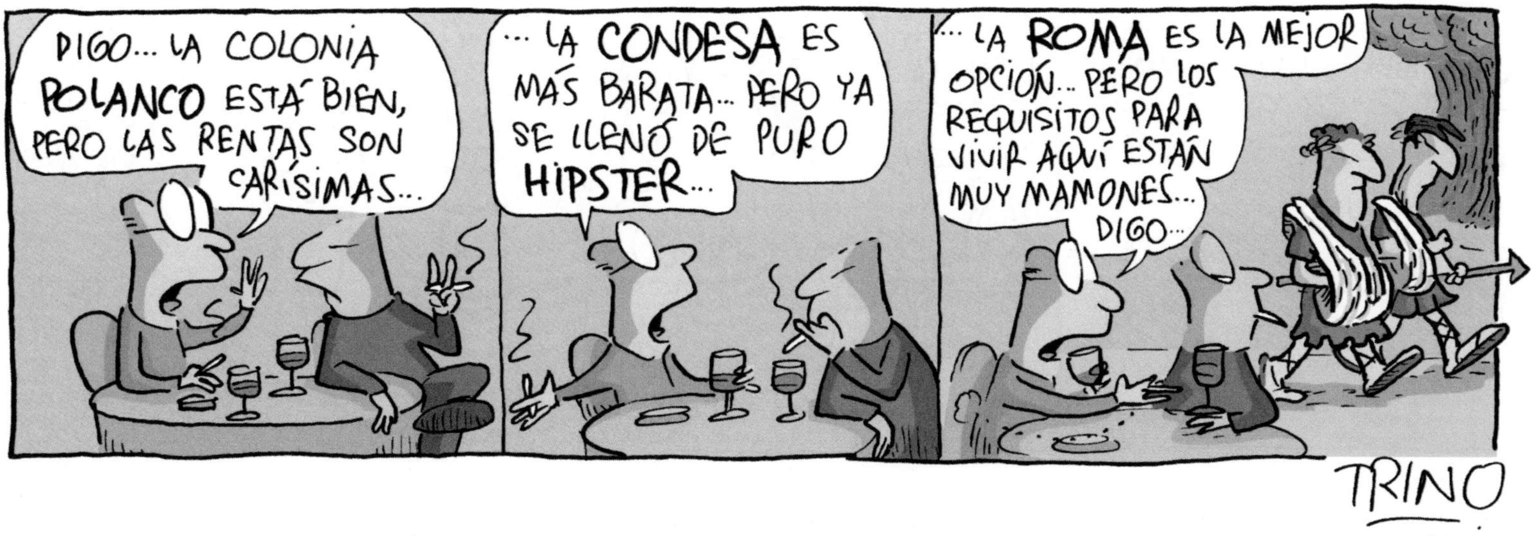
DIGO... LA COLONIA POLANCO ESTÁ BIEN, PERO LAS RENTAS SON CARÍSIMAS...
... LA CONDESA ES MÁS BARATA... PERO YA SE LLENÓ DE PURO HIPSTER...
... LA ROMA ES LA MEJOR OPCIÓN... PERO LOS REQUISITOS PARA VIVIR AQUÍ ESTÁN MUY MAMONES... DIGO...
TRINO

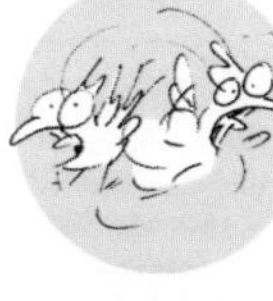

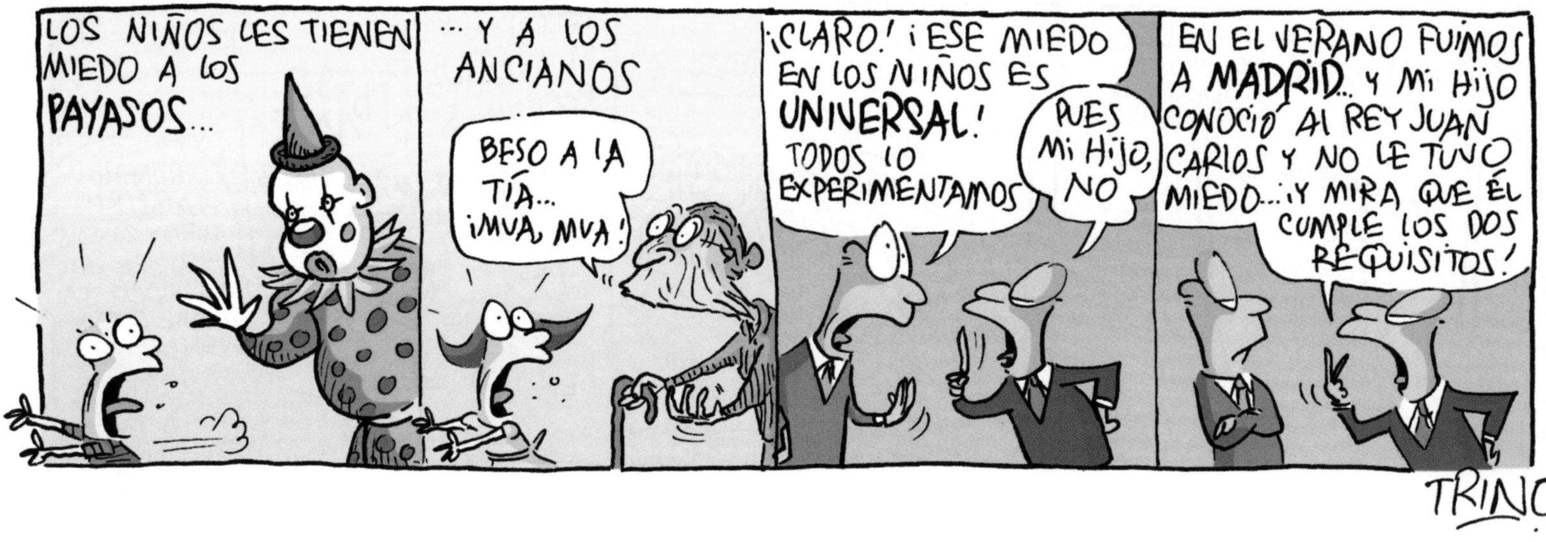
LOS NIÑOS LES TIENEN MIEDO A LOS PAYASOS...
... Y A LOS ANCIANOS
BESO A LA TÍA... ¡MUA, MUA!
¡CLARO! ¡ESE MIEDO EN LOS NIÑOS ES UNIVERSAL! TODOS LO EXPERIMENTAMOS
PUES MI HIJO, NO
EN EL VERANO FUIMOS A MADRID... Y MI HIJO CONOCIÓ AL REY JUAN CARLOS Y NO LE TUVO MIEDO... ¡Y MIRA QUE ÉL CUMPLE LOS DOS REQUISITOS!
TRINO

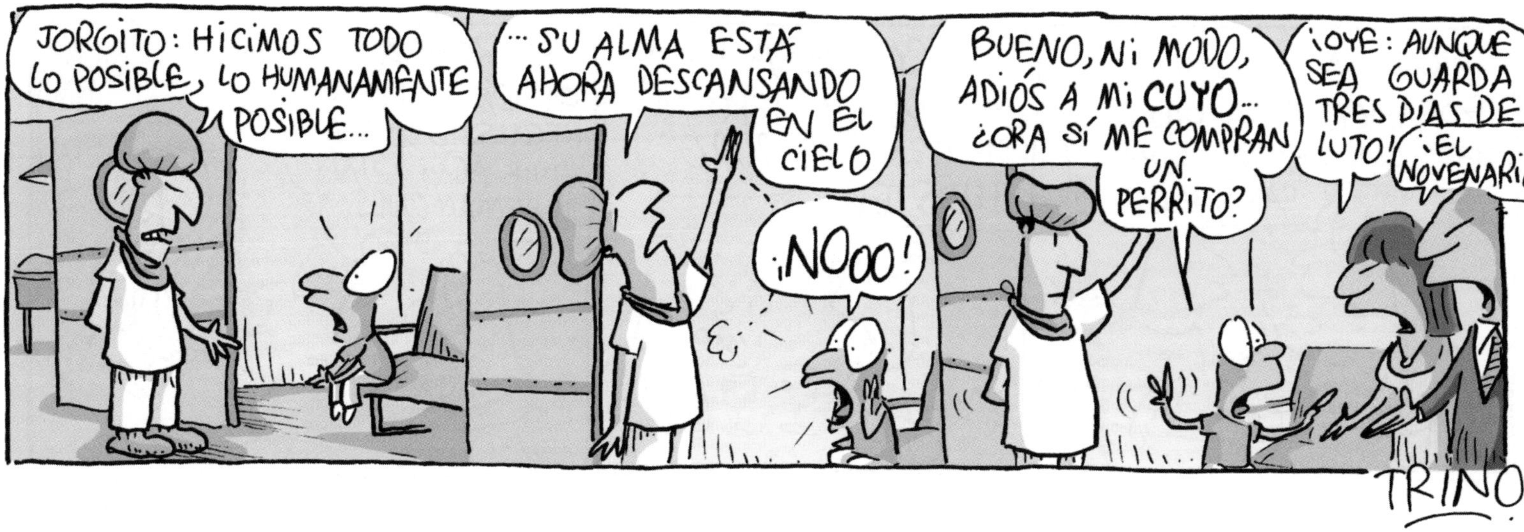
JORGITO: HICIMOS TODO LO POSIBLE, LO HUMANAMENTE POSIBLE...
... SU ALMA ESTÁ AHORA DESCANSANDO EN EL CIELO
¡NOOO!
BUENO, NI MODO, ADIÓS A MI CUYO... ¿ORA SÍ ME COMPRAN UN PERRITO?
¡OYE: AUNQUE SEA GUARDA TRES DÍAS DE LUTO!
¡EL NOVENARIO!
TRINO

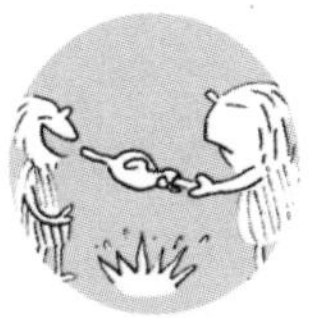

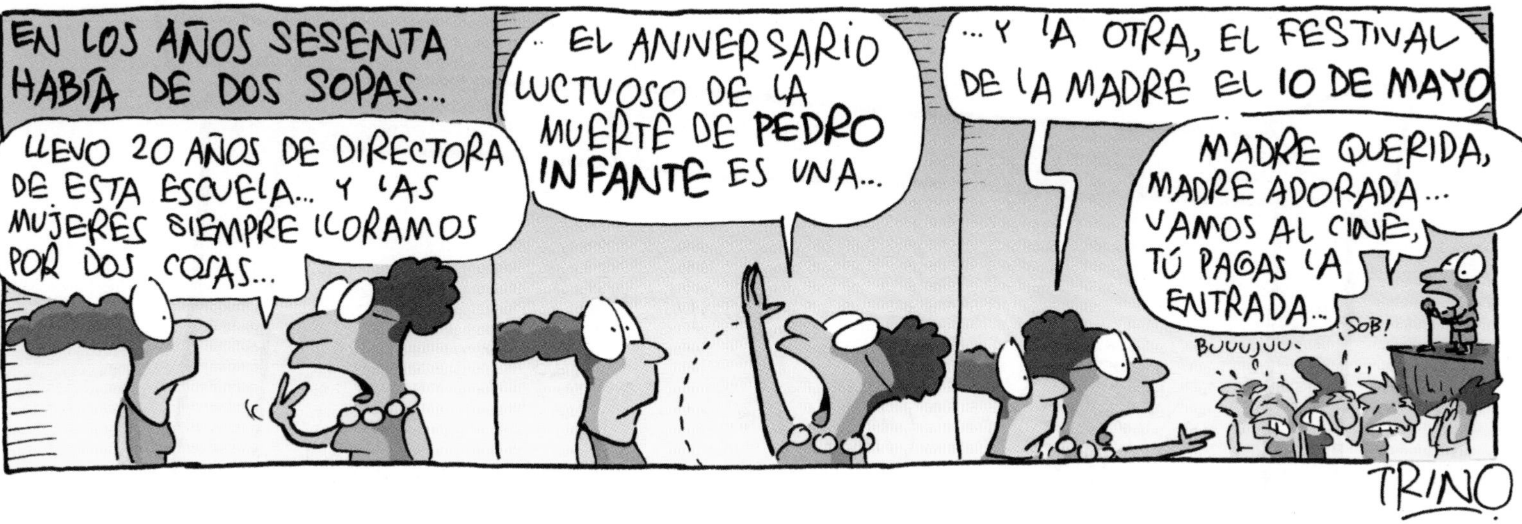
EN LOS AÑOS SESENTA HABÍA DE DOS SOPAS...
LLEVO 20 AÑOS DE DIRECTORA DE ESTA ESCUELA... Y LAS MUJERES SIEMPRE LLORAMOS POR DOS COSAS...
... EL ANIVERSARIO LUCTUOSO DE LA MUERTE DE PEDRO INFANTE ES UNA...
... Y LA OTRA, EL FESTIVAL DE LA MADRE EL 10 DE MAYO
MADRE QUERIDA, MADRE ADORADA... VAMOS AL CINE, TÚ PAGAS LA ENTRADA...
BUUUJUU...
¡SOB!
TRINO

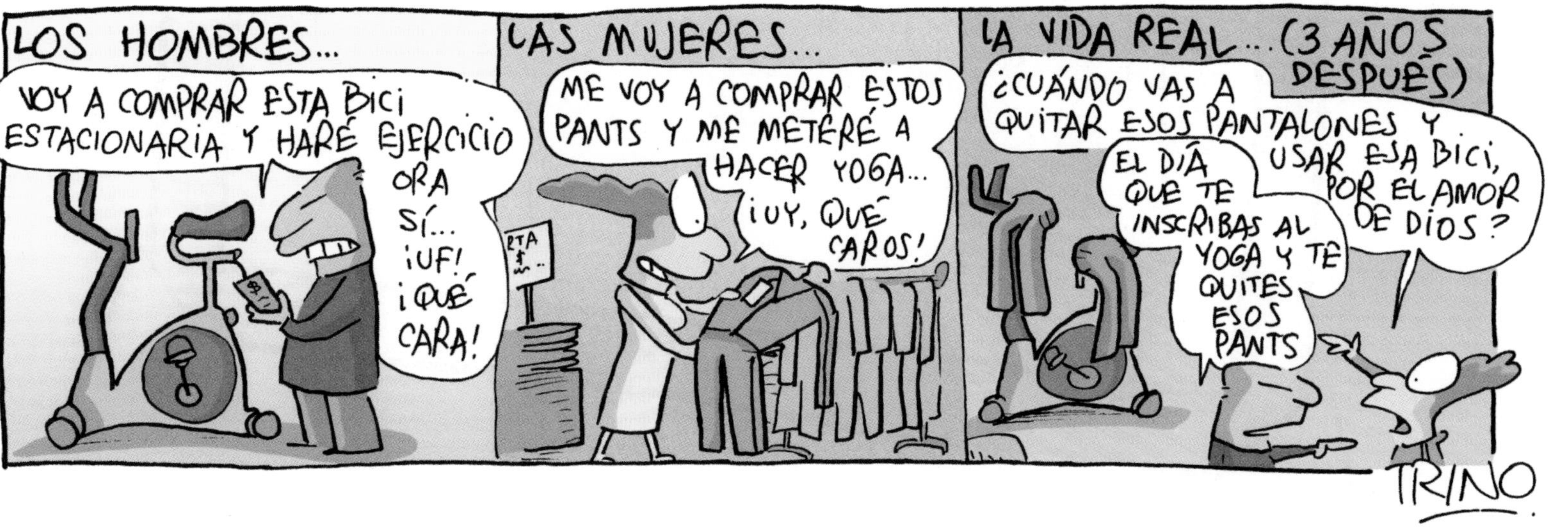
LOS HOMBRES...
VOY A COMPRAR ESTA BICI ESTACIONARIA Y HARÉ EJERCICIO ORA SÍ... ¡UF! ¡QUÉ CARA!
LAS MUJERES...
ME VOY A COMPRAR ESTOS PANTS Y ME METERÉ A HACER YOGA... ¡UY, QUÉ CAROS!
LA VIDA REAL... (3 AÑOS DESPUÉS)
¿CUÁNDO VAS A QUITAR ESOS PANTALONES Y USAR ESA BICI, POR EL AMOR DE DIOS?
EL DÍA QUE TE INSCRIBAS AL YOGA Y TE QUITES ESOS PANTS
TRINO

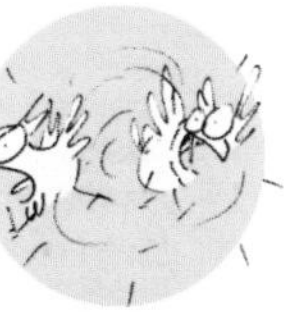

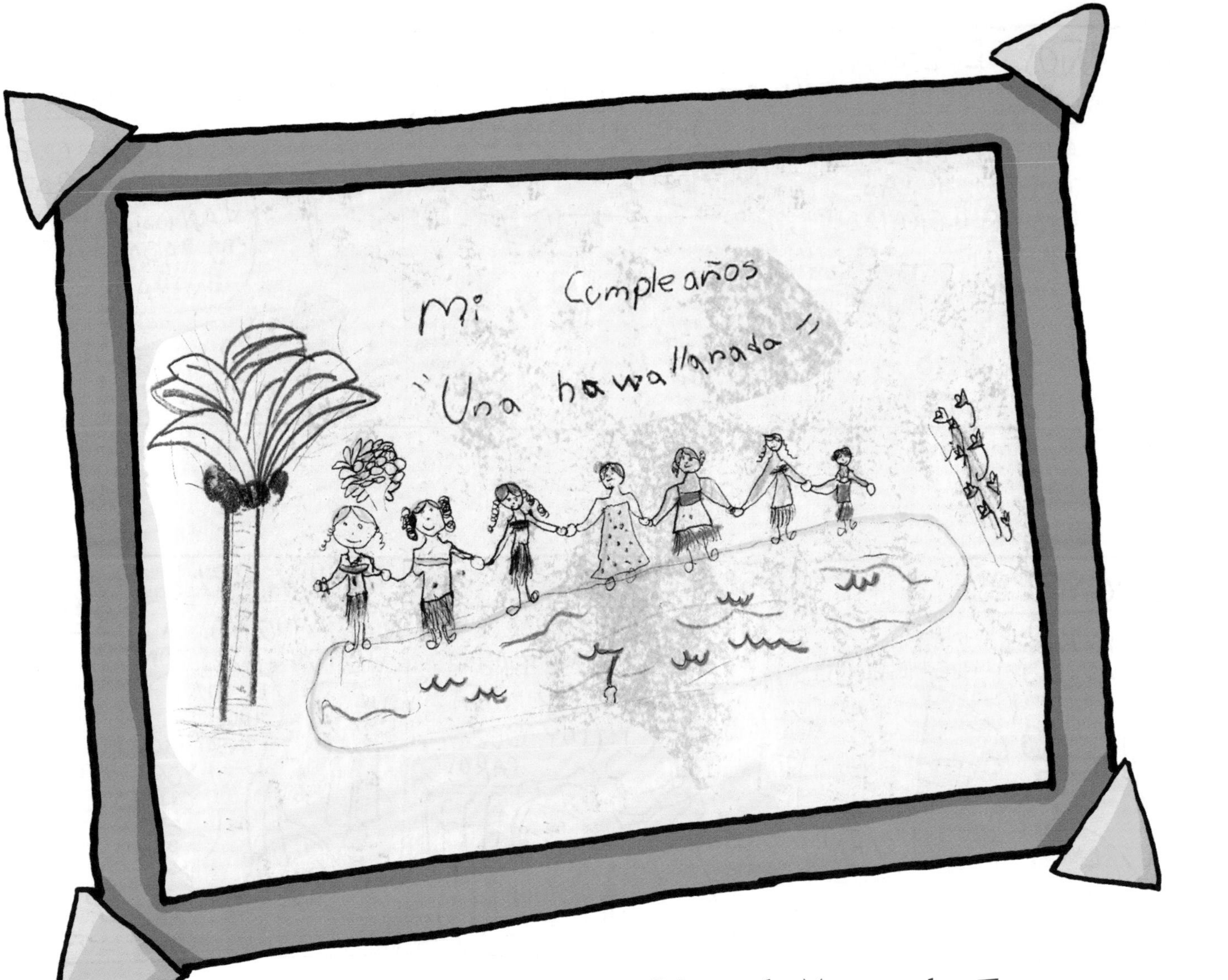
Mi Cumpleaños
"Una hawallanada"

Dibujo de Magy a los 7 años

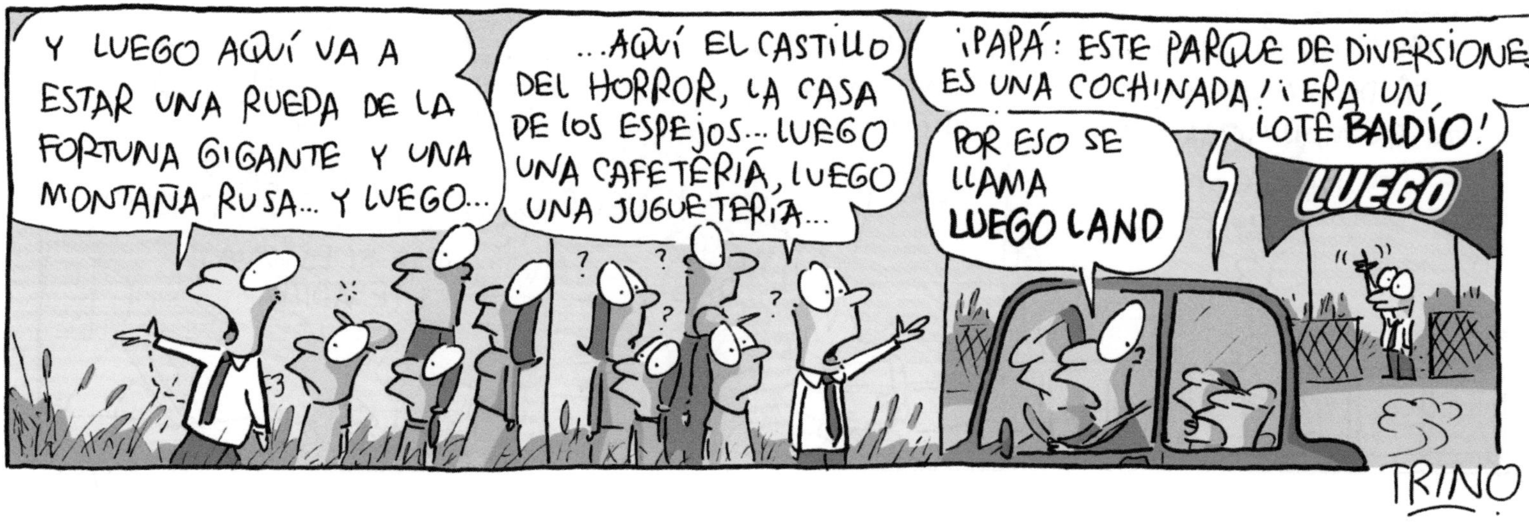
Y LUEGO AQUÍ VA A ESTAR UNA RUEDA DE LA FORTUNA GIGANTE Y UNA MONTAÑA RUSA... Y LUEGO...
...AQUÍ EL CASTILLO DEL HORROR, LA CASA DE LOS ESPEJOS... LUEGO UNA CAFETERÍA, LUEGO UNA JUGUETERÍA...
¡PAPÁ: ESTE PARQUE DE DIVERSIONES ES UNA COCHINADA! ¡ERA UN LOTE **BALDÍO**!
POR ESO SE LLAMA **LUEGO LAND**
LUEGO
TRINO

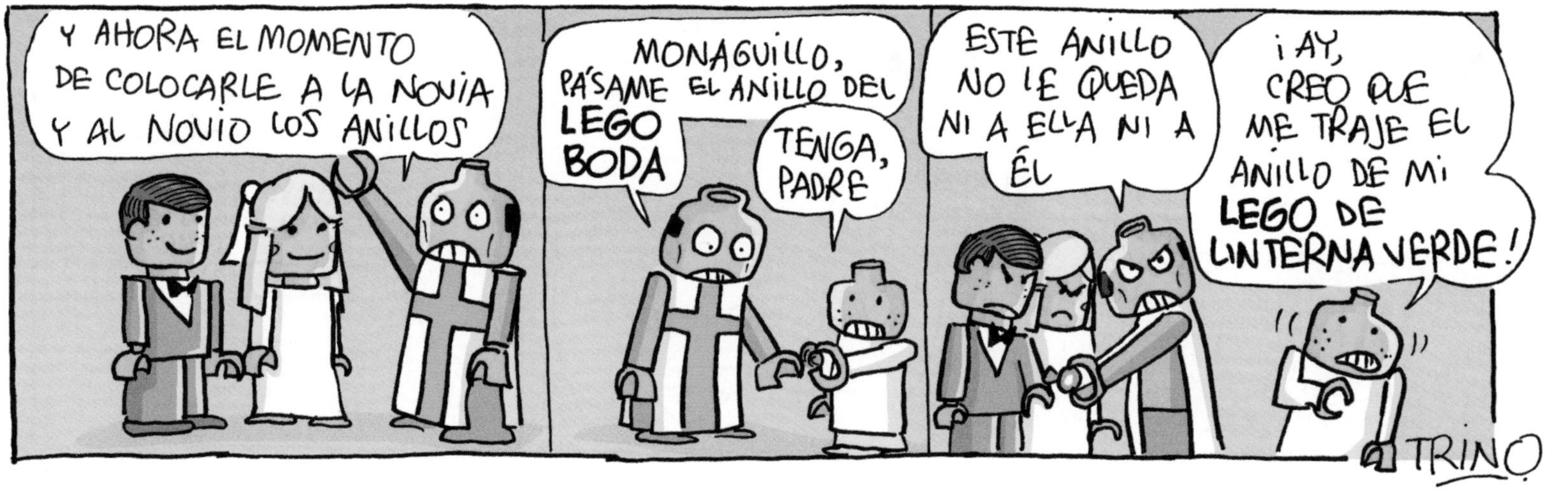
Y AHORA EL MOMENTO DE COLOCARLE A LA NOVIA Y AL NOVIO LOS ANILLOS
MONAGUILLO, PÁSAME EL ANILLO DEL **LEGO BODA**
TENGA, PADRE
ESTE ANILLO NO LE QUEDA NI A ELLA NI A ÉL
¡AY, CREO QUE ME TRAJE EL ANILLO DE MI **LEGO DE LINTERNA VERDE**!
TRINO

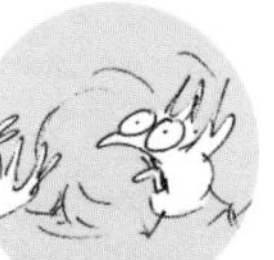

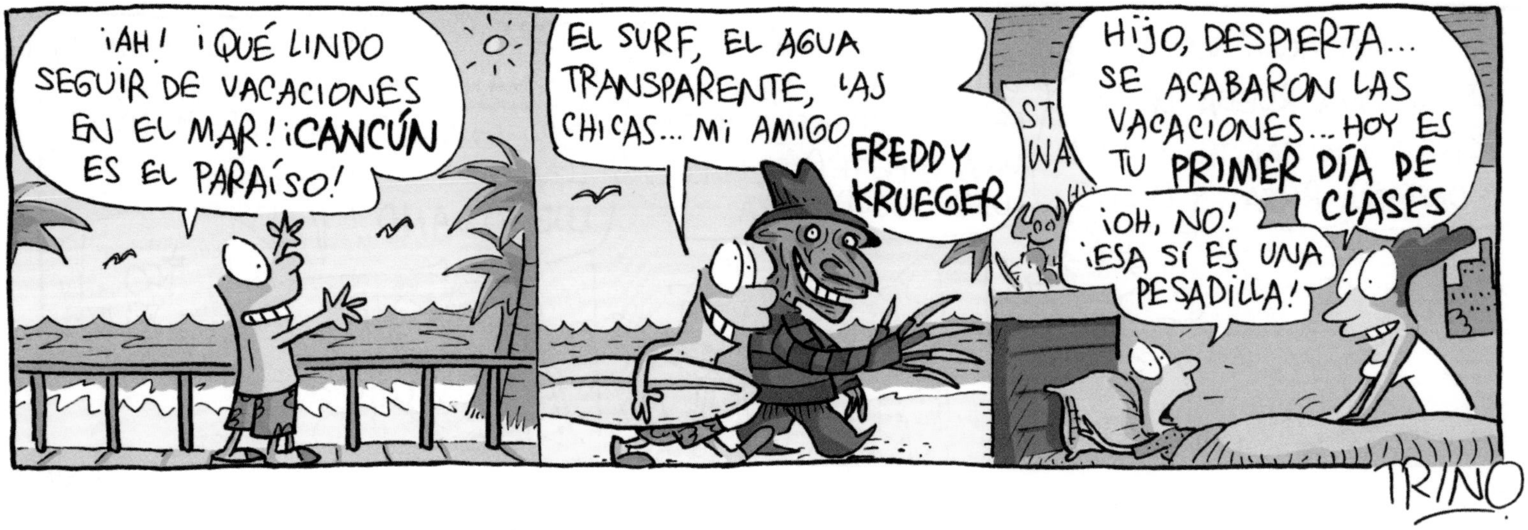
¡AH! ¡QUÉ LINDO SEGUIR DE VACACIONES EN EL MAR! ¡CANCÚN ES EL PARAÍSO!
EL SURF, EL AGUA TRANSPARENTE, LAS CHICAS... MI AMIGO FREDDY KRUEGER
HIJO, DESPIERTA... SE ACABARON LAS VACACIONES... HOY ES TU PRIMER DÍA DE CLASES
¡OH, NO! ¡ESA SÍ ES UNA PESADILLA!
TRINO

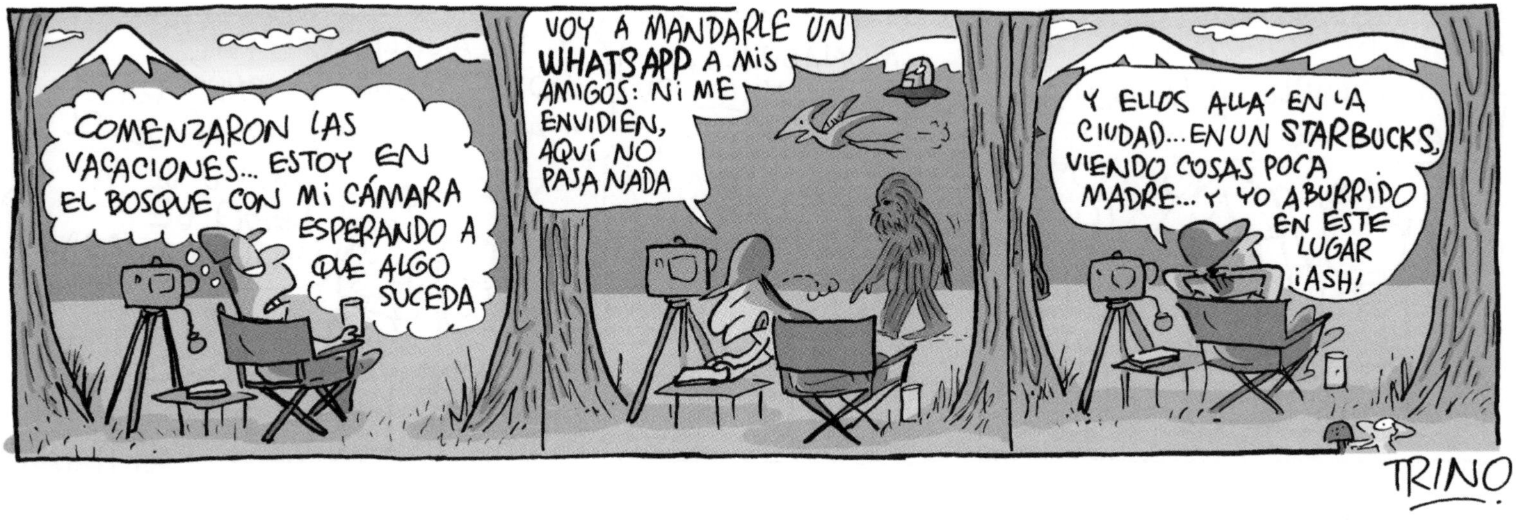
COMENZARON LAS VACACIONES... ESTOY EN EL BOSQUE CON MI CÁMARA ESPERANDO A QUE ALGO SUCEDA
VOY A MANDARLE UN WHATSAPP A MIS AMIGOS: NI ME ENVIDIEN, AQUÍ NO PASA NADA
Y ELLOS ALLÁ EN LA CIUDAD... EN UN STARBUCKS, VIENDO COSAS POCA MADRE... Y YO ABURRIDO EN ESTE LUGAR ¡ASH!
TRINO

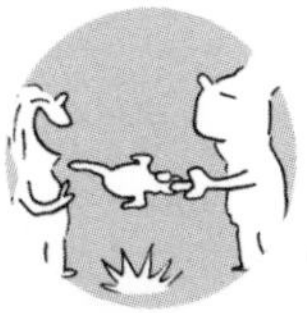

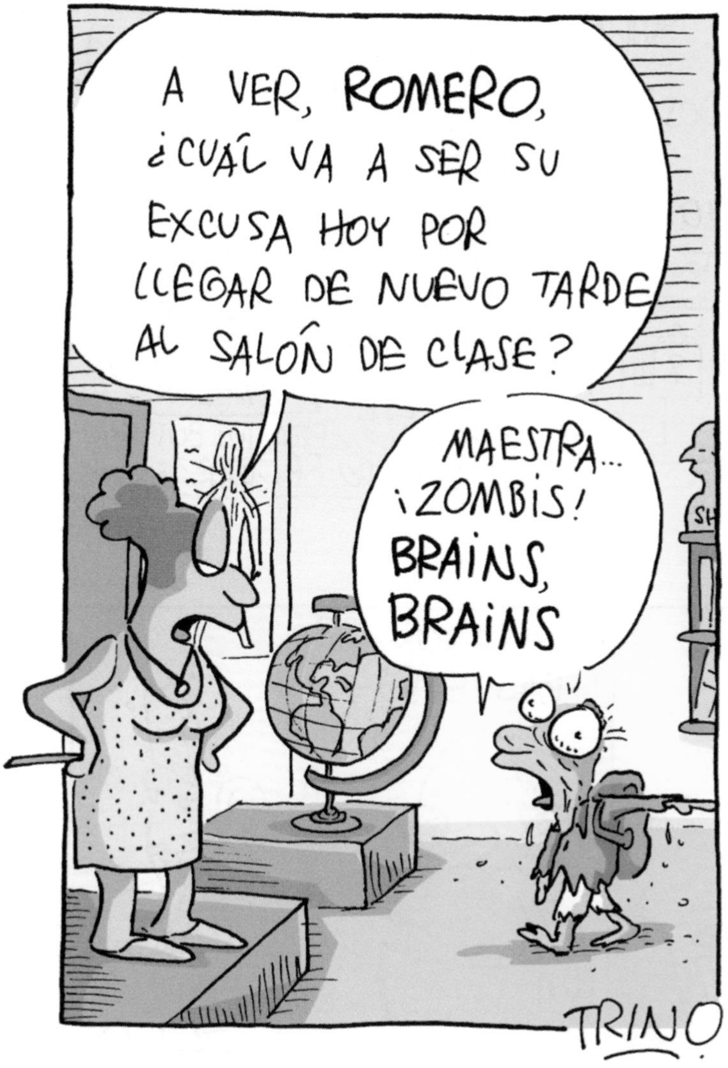
A VER, ROMERO, ¿CUÁL VA A SER SU EXCUSA HOY POR LLEGAR DE NUEVO TARDE AL SALÓN DE CLASE?
MAESTRA... ¡ZOMBIS! BRAINS, BRAINS
TRINO

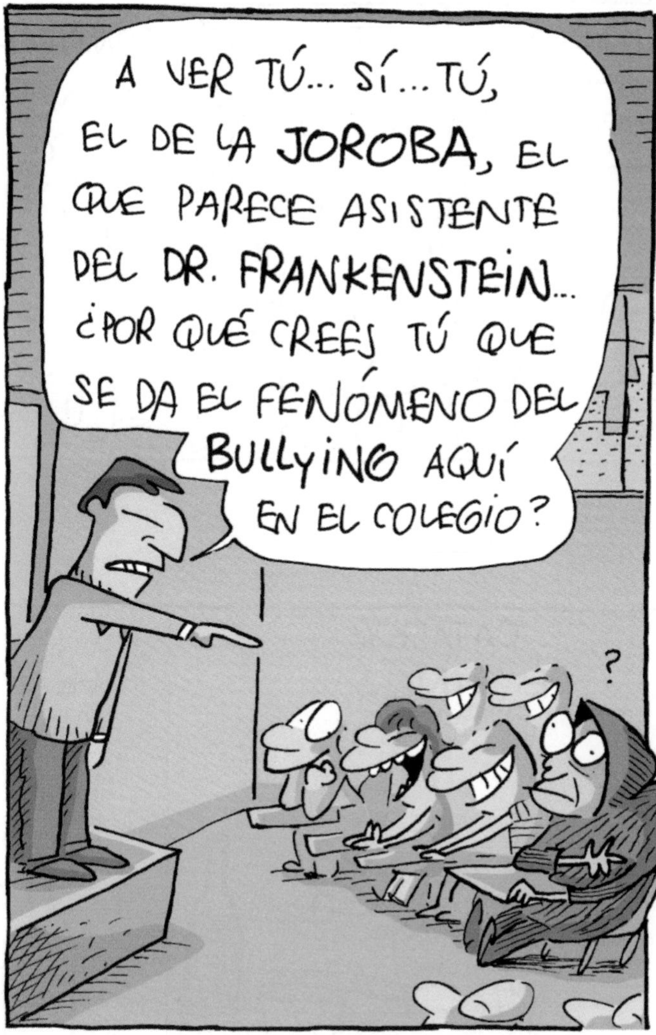
A VER TÚ... SÍ... TÚ, EL DE LA JOROBA, EL QUE PARECE ASISTENTE DEL DR. FRANKENSTEIN... ¿POR QUÉ CREES TÚ QUE SE DA EL FENÓMENO DEL BULLYING AQUÍ EN EL COLEGIO?
?

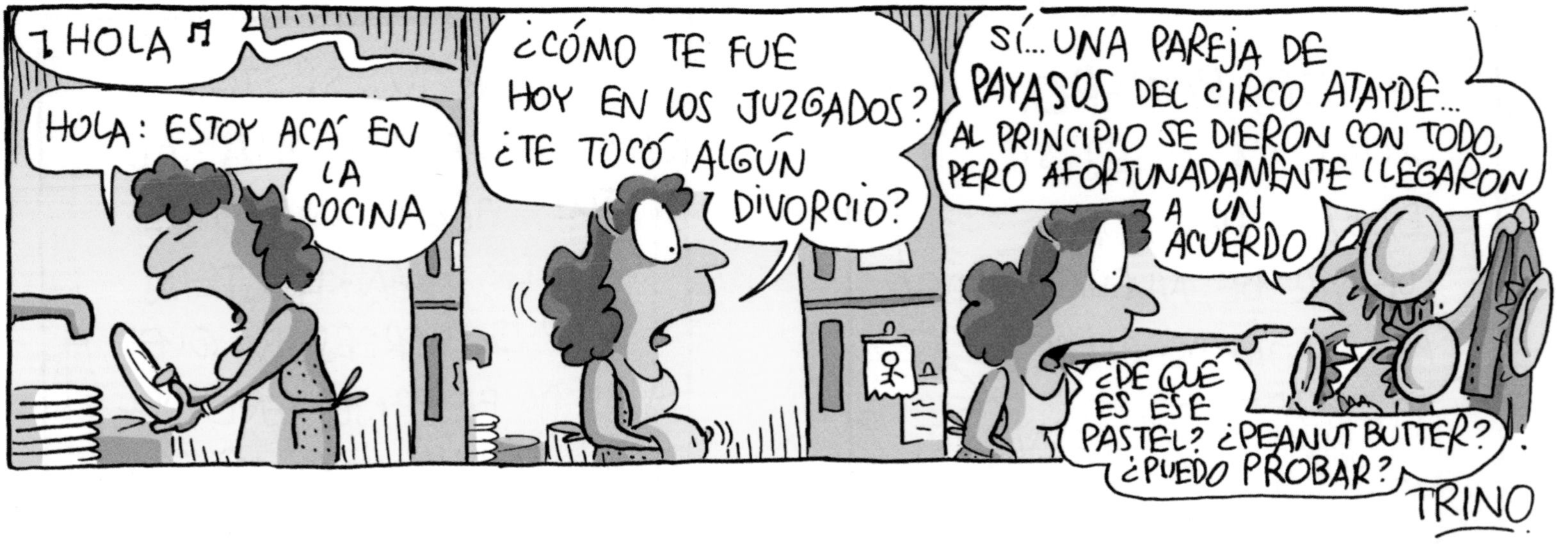
¡HOLA♫
HOLA: ESTOY ACÁ EN LA COCINA
¿CÓMO TE FUE HOY EN LOS JUZGADOS? ¿TE TOCÓ ALGÚN DIVORCIO?
SÍ... UNA PAREJA DE PAYASOS DEL CIRCO ATAYDE... AL PRINCIPIO SE DIERON CON TODO, PERO AFORTUNADAMENTE LLEGARON A UN ACUERDO
¿DE QUÉ ES ESE PASTEL? ¿PEANUT BUTTER? ¿PUEDO PROBAR?
TRINO

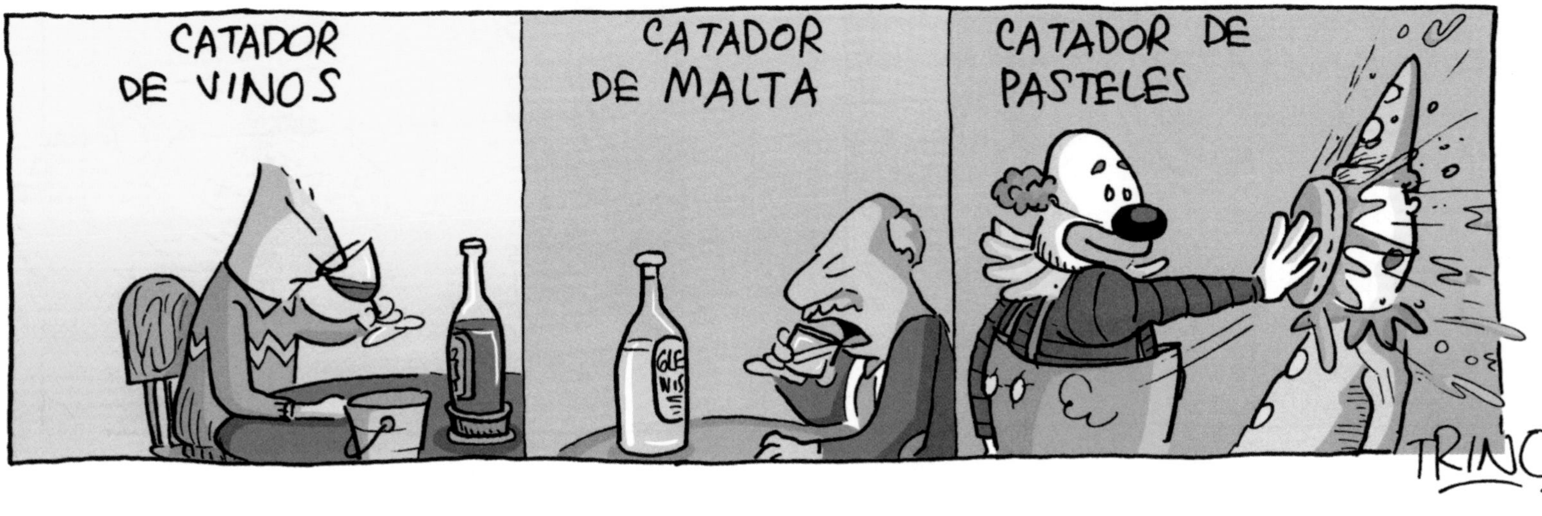
CATADOR DE VINOS
CATADOR DE MALTA
CATADOR DE PASTELES
TRINO

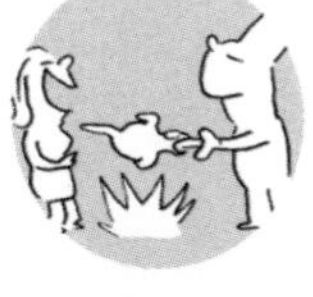

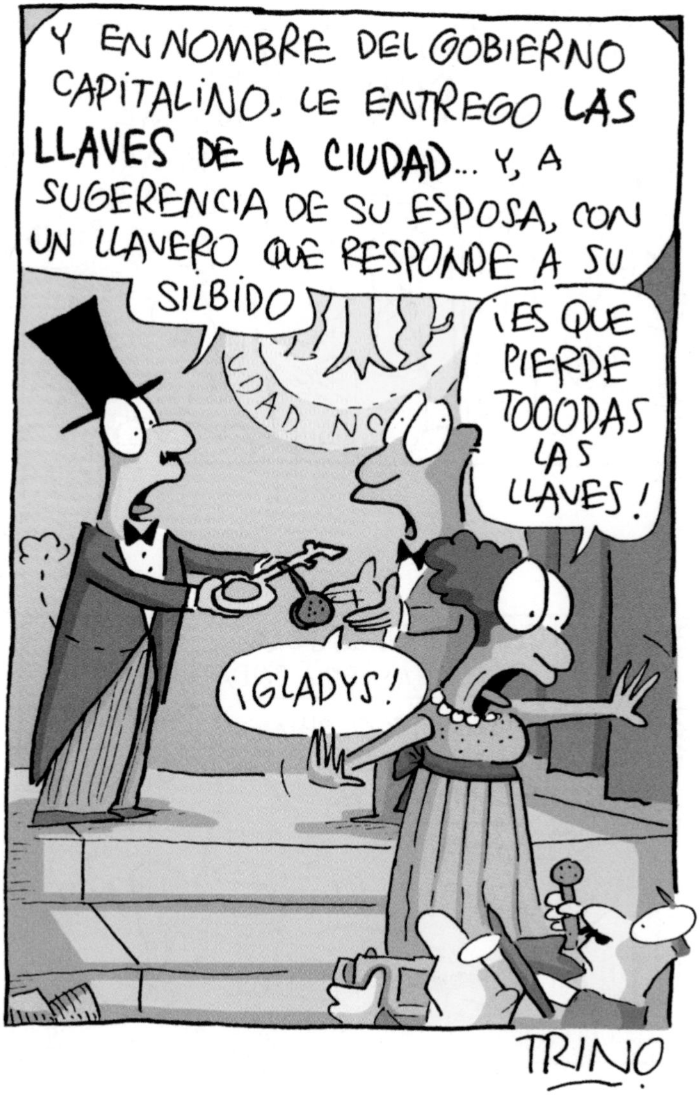
Y EN NOMBRE DEL GOBIERNO CAPITALINO, LE ENTREGO **LAS LLAVES DE LA CIUDAD**... Y, A SUGERENCIA DE SU ESPOSA, CON UN LLAVERO QUE RESPONDE A SU SILBIDO
¡ES QUE PIERDE TOOODAS LAS LLAVES!
¡GLADYS!
TRINO

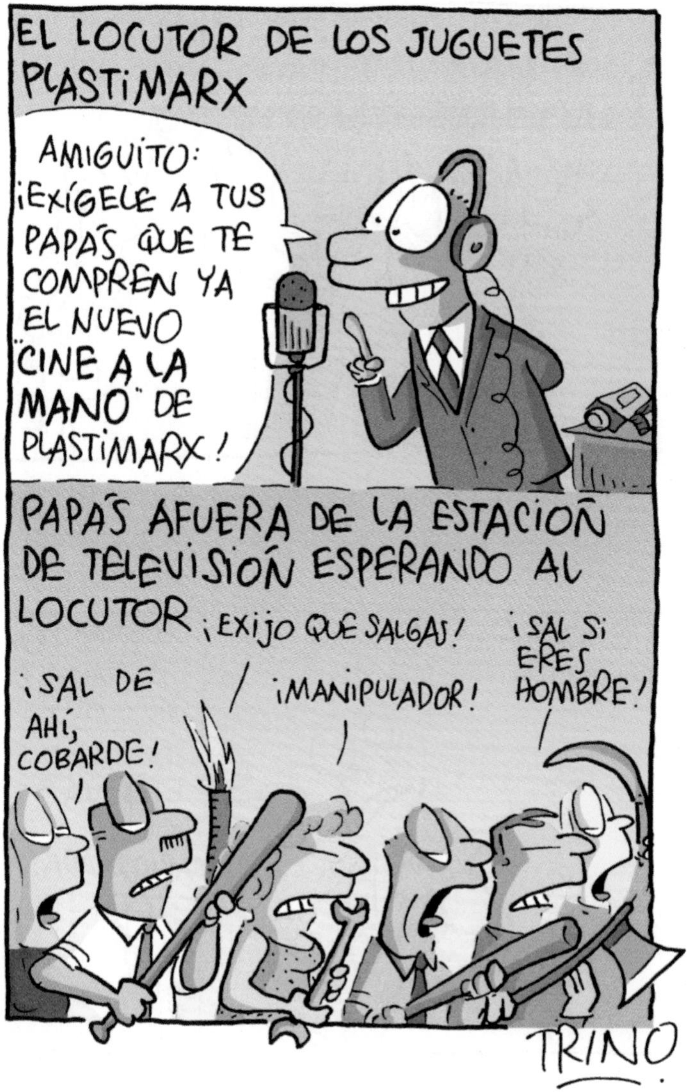
EL LOCUTOR DE LOS JUGUETES PLASTIMARX
AMIGUITO: ¡EXÍGELE A TUS PAPÁS QUE TE COMPREN YA EL NUEVO **"CINE A LA MANO"** DE PLASTIMARX!
PAPÁS AFUERA DE LA ESTACIÓN DE TELEVISIÓN ESPERANDO AL LOCUTOR
¡SAL DE AHÍ, COBARDE!
¡EXIJO QUE SALGAS!
¡MANIPULADOR!
¡SAL SI ERES HOMBRE!
TRINO

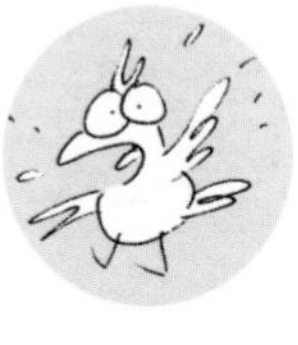

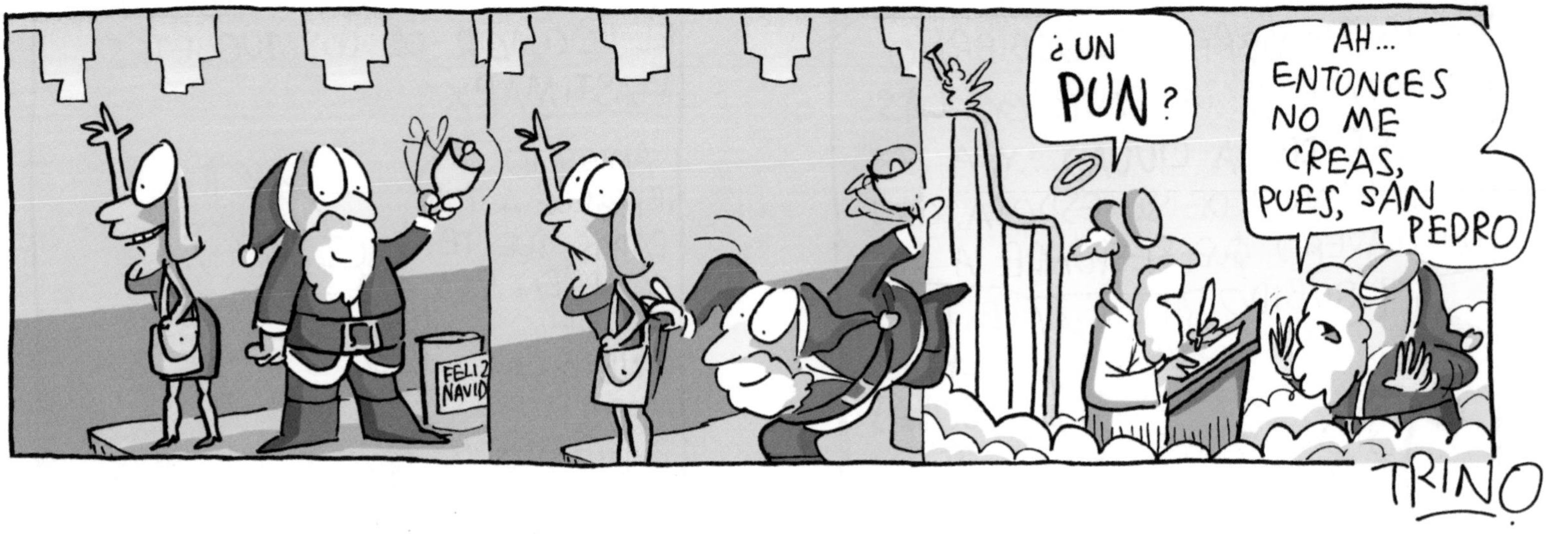
FELIZ NAVID
¿UN PUN?
AH... ENTONCES NO ME CREAS, PUES, SAN PEDRO
TRINO

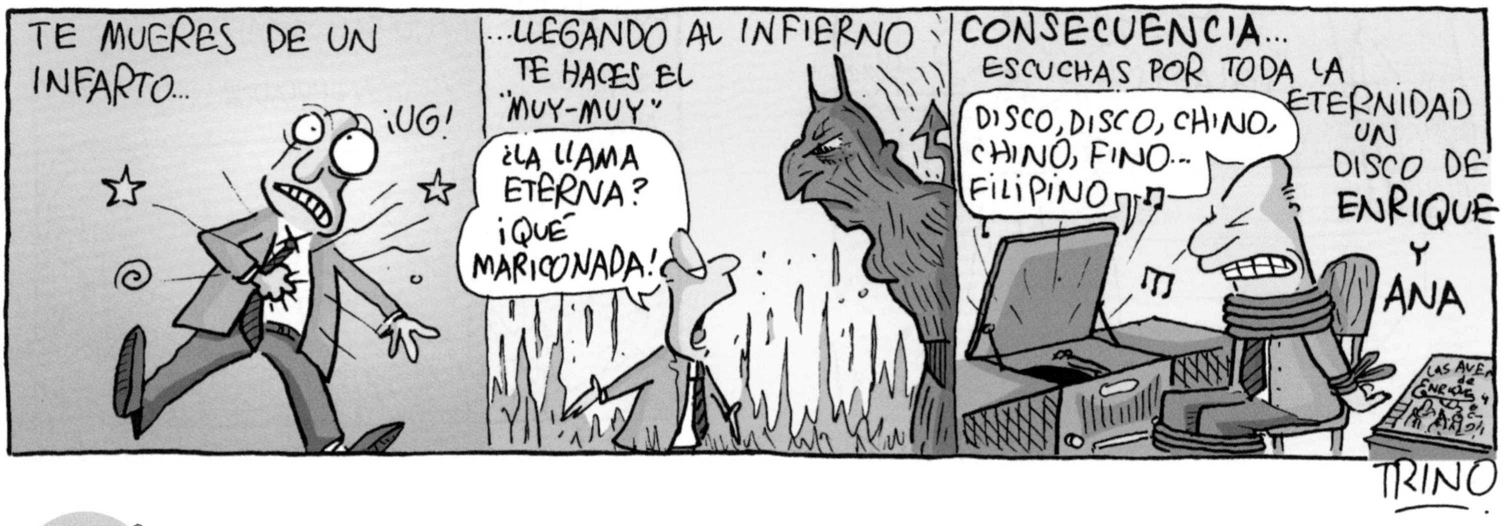
TE MUERES DE UN INFARTO...
¡UG!
...LLEGANDO AL INFIERNO TE HACES EL "MUY-MUY"
¿LA LLAMA ETERNA? ¡QUÉ MARICONADA!
CONSECUENCIA... ESCUCHAS POR TODA LA ETERNIDAD UN DISCO DE ENRIQUE Y ANA
DISCO, DISCO, CHINO, CHINO, FINO... FILIPINO
TRINO

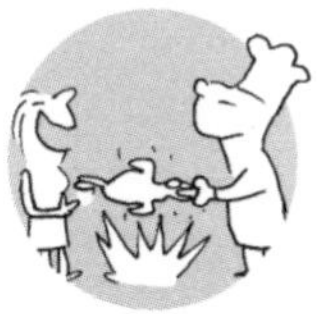

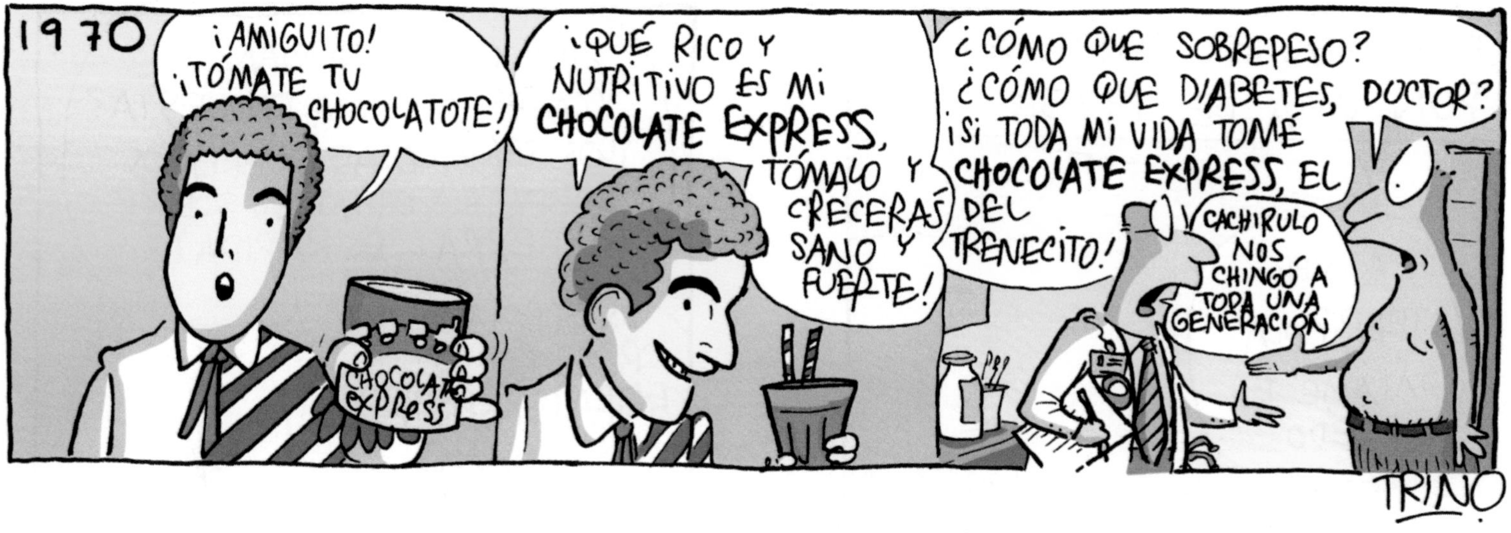
1970
¡AMIGUITO! ¡TÓMATE TU CHOCOLATOTE!
CHOCOLATE EXPRESS
¡QUÉ RICO Y NUTRITIVO ES MI CHOCOLATE EXPRESS, TÓMALO Y CRECERÁS SANO Y FUERTE!
¿CÓMO QUE SOBREPESO? ¿CÓMO QUE DIABETES, DOCTOR? ¡SI TODA MI VIDA TOMÉ CHOCOLATE EXPRESS, EL DEL TRENECITO!
CACHIRULO NOS CHINGÓ A TODA UNA GENERACIÓN
TRINO

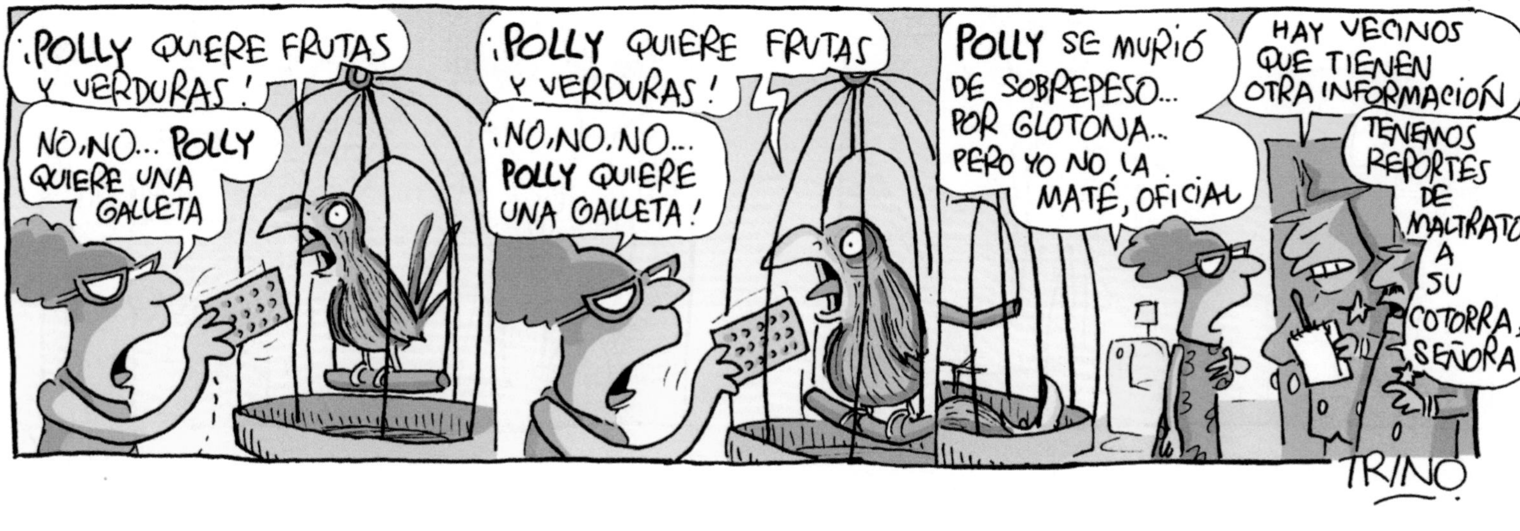
¡POLLY QUIERE FRUTAS Y VERDURAS!
NO, NO... POLLY QUIERE UNA GALLETA
¡POLLY QUIERE FRUTAS Y VERDURAS!
¡NO, NO, NO... POLLY QUIERE UNA GALLETA!
POLLY SE MURIÓ DE SOBREPESO... POR GLOTONA... PERO YO NO LA MATÉ, OFICIAL
HAY VECINOS QUE TIENEN OTRA INFORMACIÓN
TENEMOS REPORTES DE MALTRATO A SU COTORRA, SEÑORA
TRINO

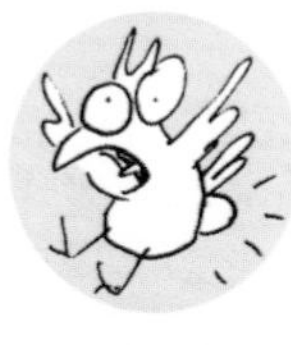

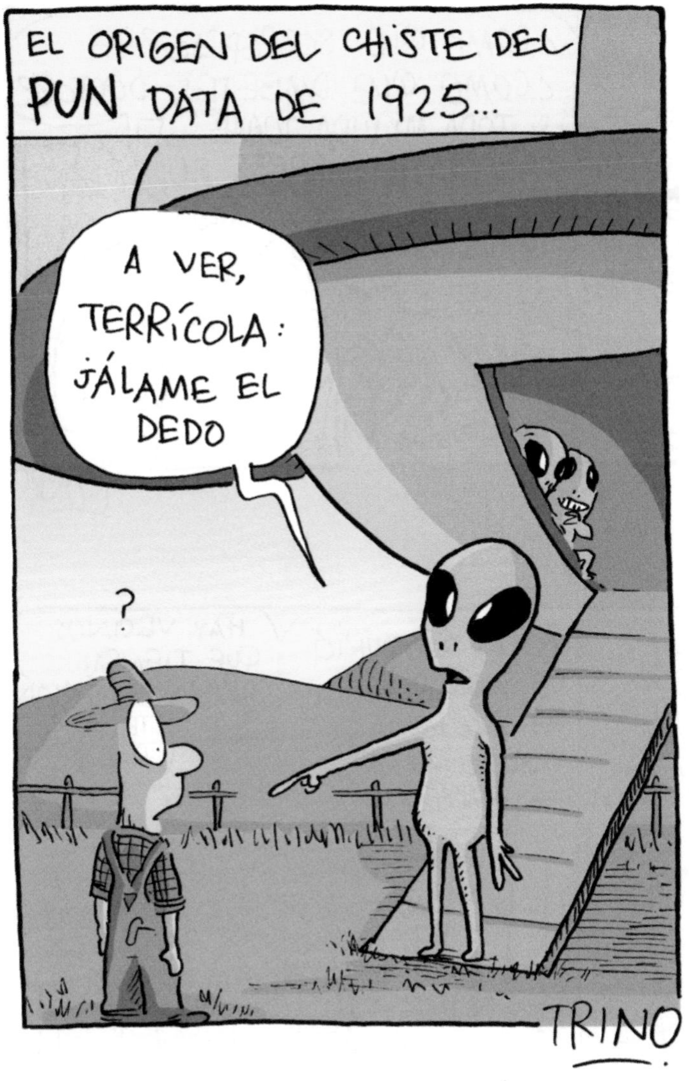
EL ORIGEN DEL CHISTE DEL PUN DATA DE 1925...
A VER, TERRÍCOLA: JÁLAME EL DEDO
?
TRINO

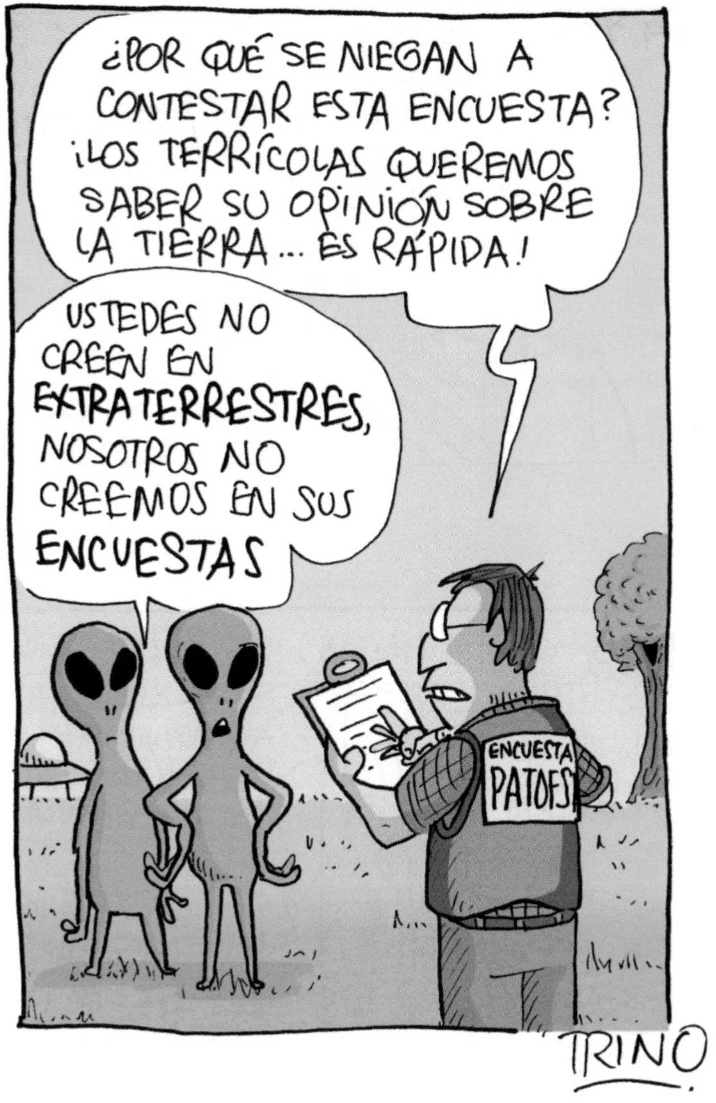
¿POR QUÉ SE NIEGAN A CONTESTAR ESTA ENCUESTA? ¡LOS TERRÍCOLAS QUEREMOS SABER SU OPINIÓN SOBRE LA TIERRA... ES RÁPIDA!
USTEDES NO CREEN EN EXTRATERRESTRES, NOSOTROS NO CREEMOS EN SUS ENCUESTAS
ENCUESTA PATOFS
TRINO

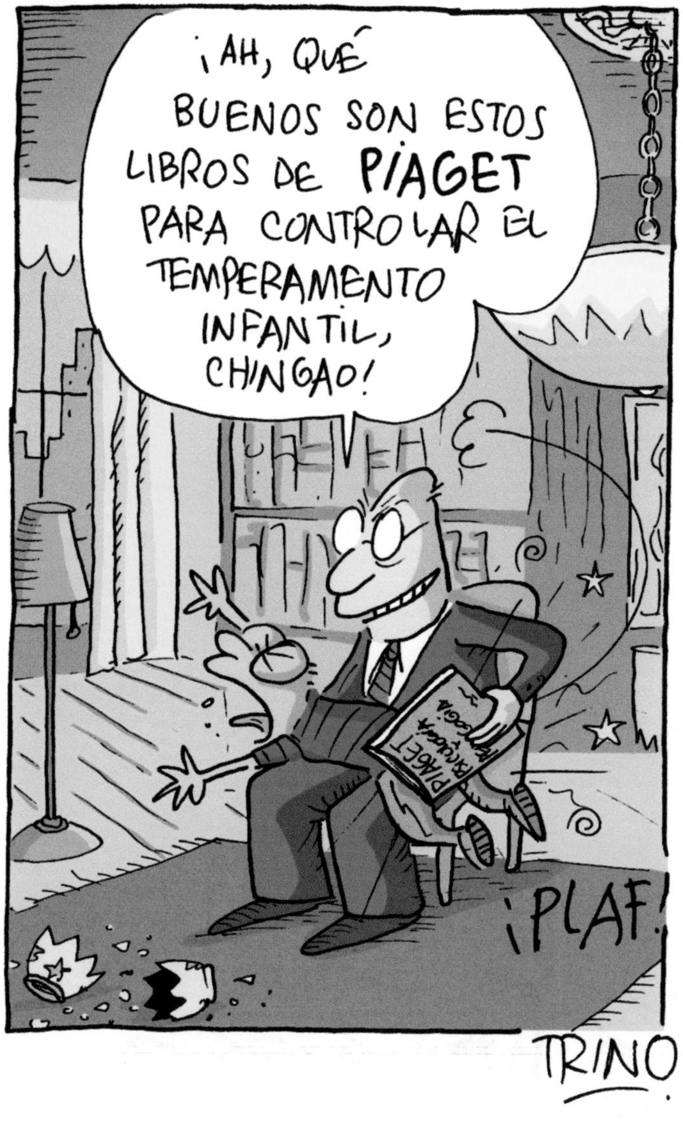
¡AH, QUÉ BUENOS SON ESTOS LIBROS DE PIAGET PARA CONTROLAR EL TEMPERAMENTO INFANTIL, CHINGAO!
PIAGET
¡PLAF!
TRINO

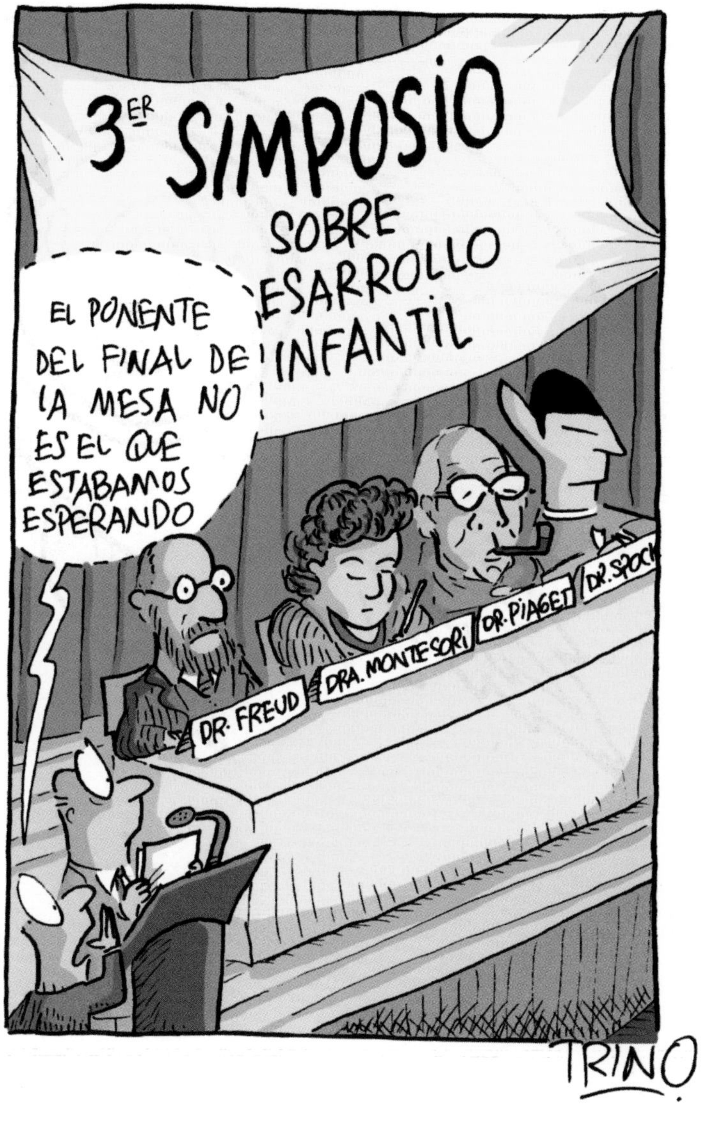
3ER SIMPOSIO SOBRE ESARROLLO INFANTIL
EL PONENTE DEL FINAL DE LA MESA NO ES EL QUE ESTABAMOS ESPERANDO
DR. FREUD
DRA. MONTESORI
DR. PIAGET
DR. SPOCK
TRINO

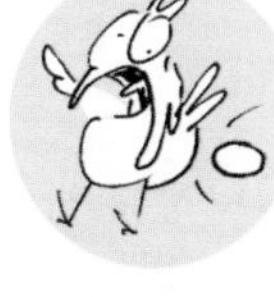

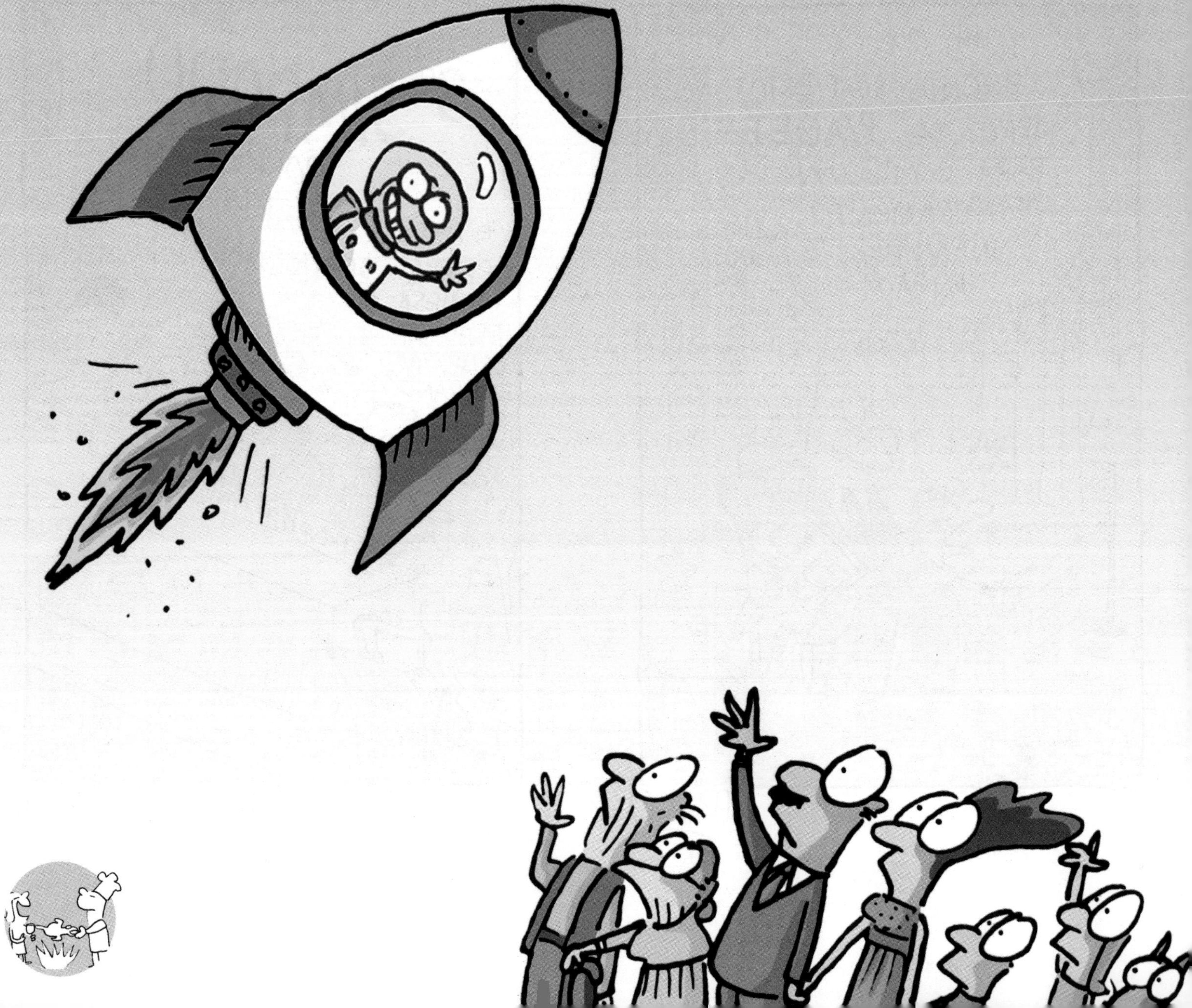

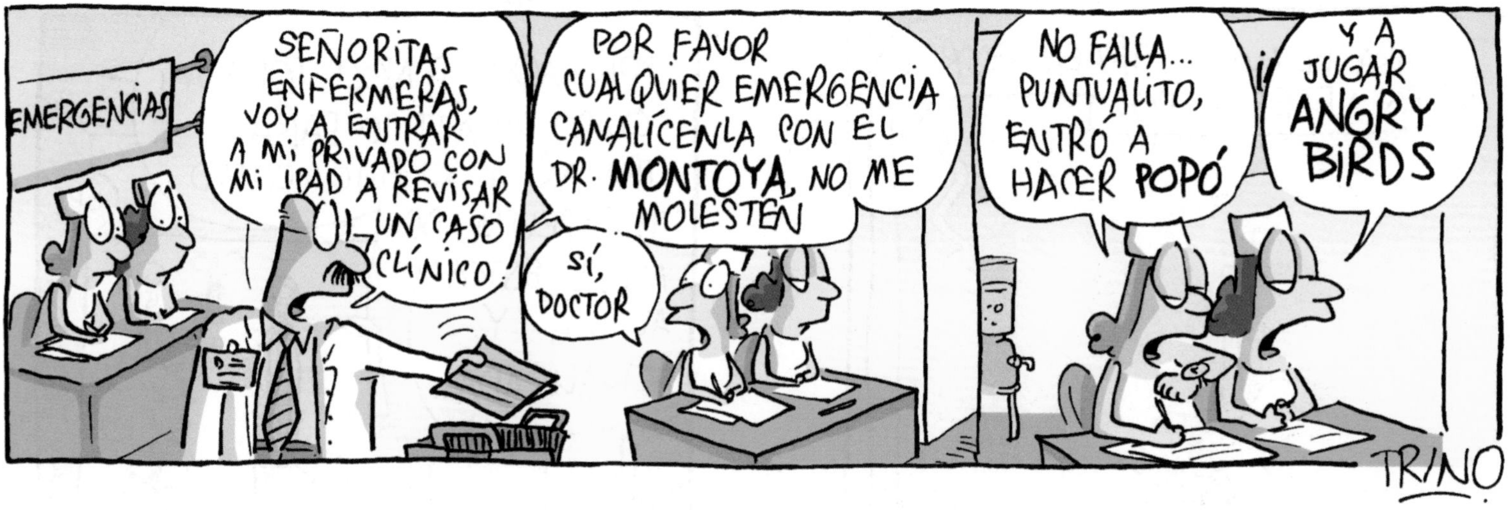
EMERGENCIAS
SEÑORITAS ENFERMERAS, VOY A ENTRAR A MI PRIVADO CON MI IPAD A REVISAR UN CASO CLÍNICO
POR FAVOR CUALQUIER EMERGENCIA CANALÍCENLA CON EL DR. MONTOYA, NO ME MOLESTEN
SÍ, DOCTOR
NO FALLA... PUNTUALITO, ENTRÓ A HACER POPÓ
Y A JUGAR ANGRY BIRDS
TRINO

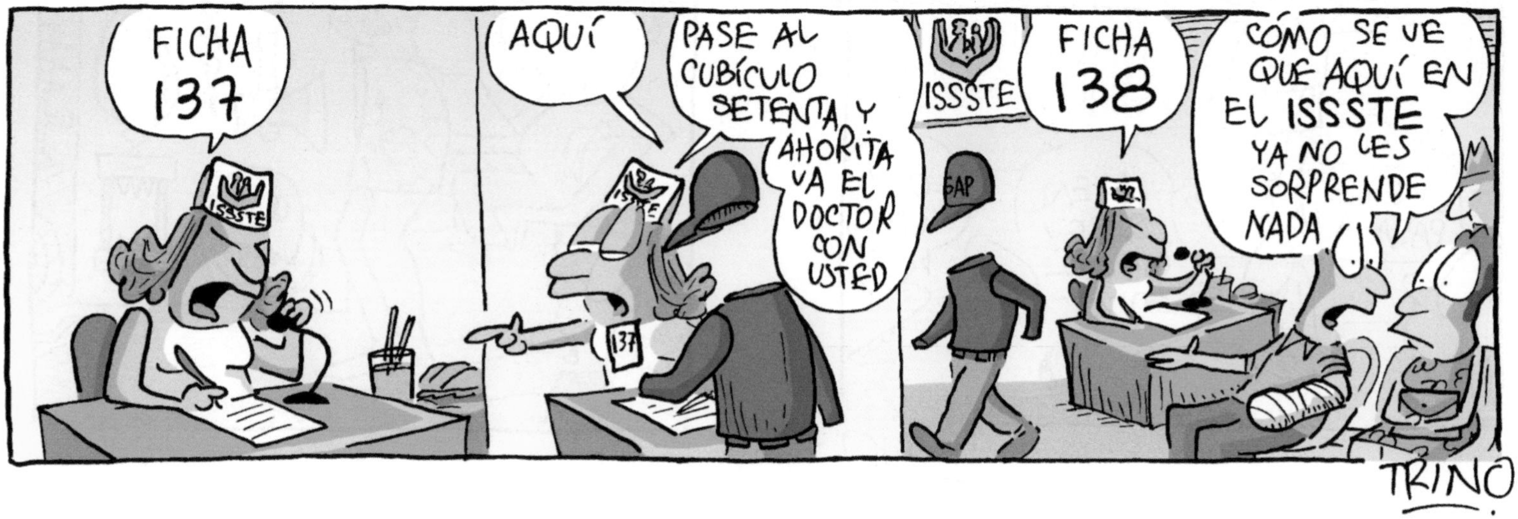
FICHA 137
ISSSTE
AQUÍ
PASE AL CUBÍCULO SETENTA Y AHORITA VA EL DOCTOR CON USTED
137
ISSSTE
GAP
FICHA 138
CÓMO SE VE QUE AQUÍ EN EL ISSSTE YA NO LES SORPRENDE NADA
TRINO

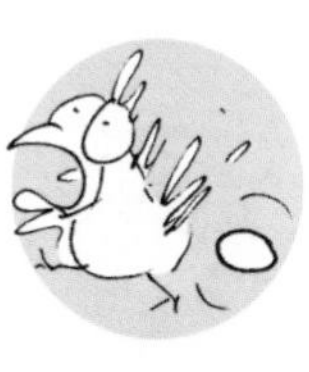

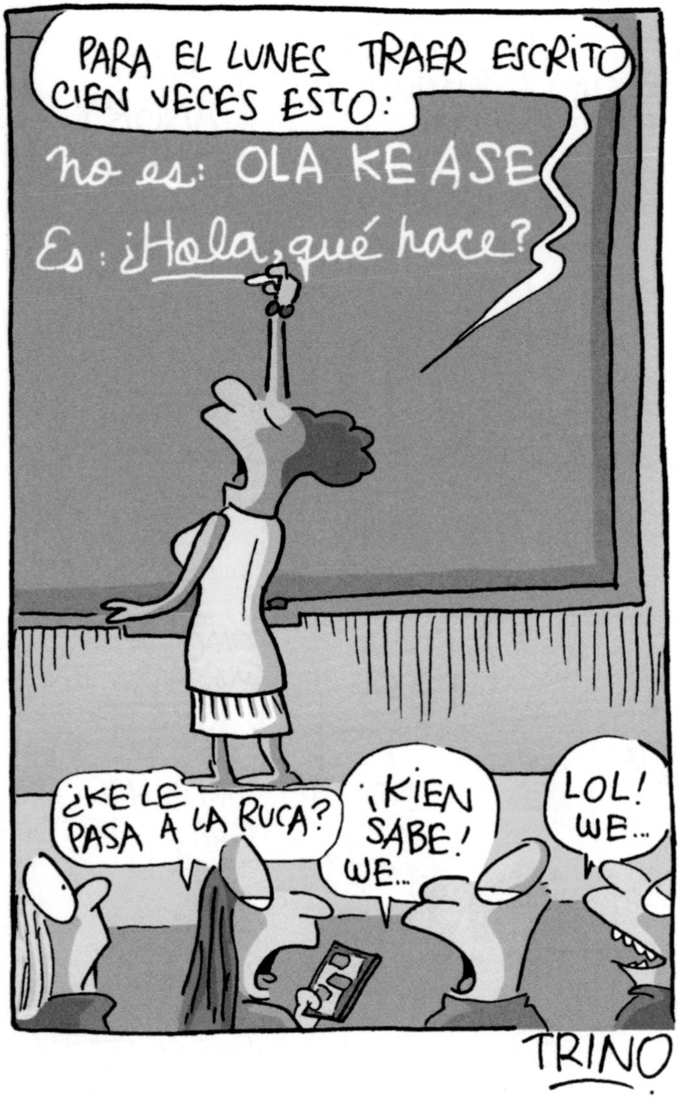
PARA EL LUNES TRAER ESCRITO CIEN VECES ESTO:
no es: OLA KE ASE
Es: ¡Hola, qué hace?
¿KE LE PASA A LA RUCA?
¡KIEN SABE! WE...
LOL! WE...
TRINO

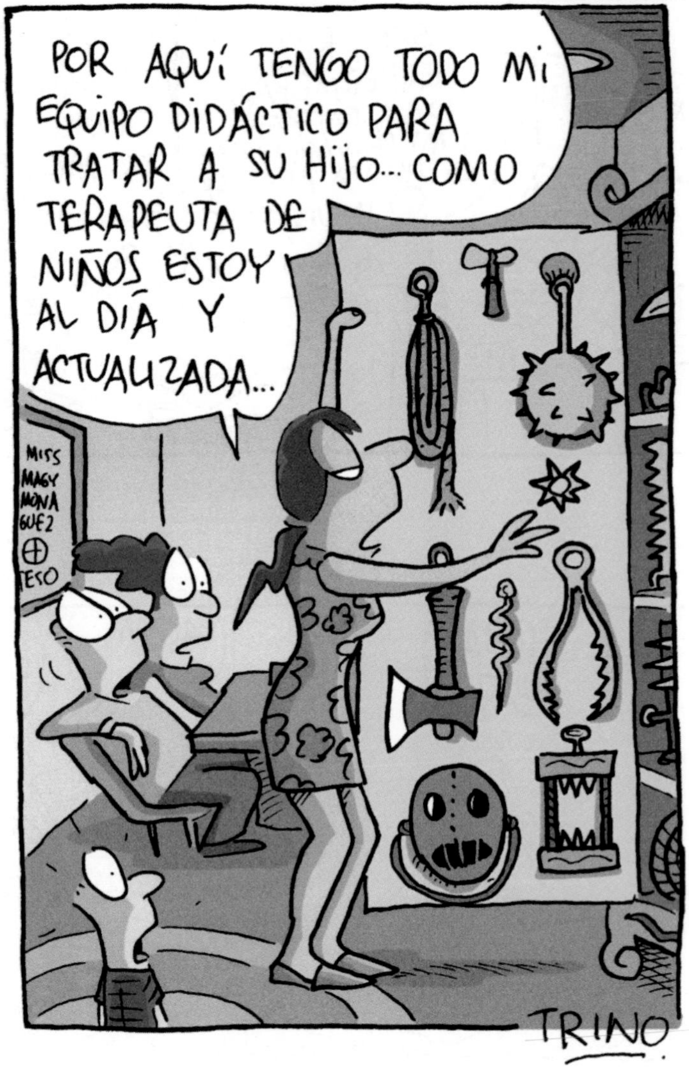
POR AQUÍ TENGO TODO MI EQUIPO DIDÁCTICO PARA TRATAR A SU HIJO... COMO TERAPEUTA DE NIÑOS ESTOY AL DÍA Y ACTUALIZADA...
MISS MAGY MONA GUEZ
TESO
TRINO

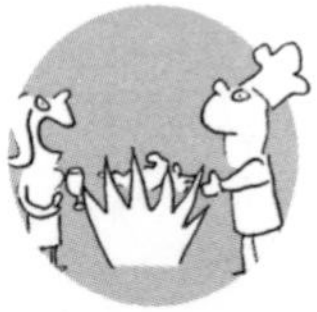

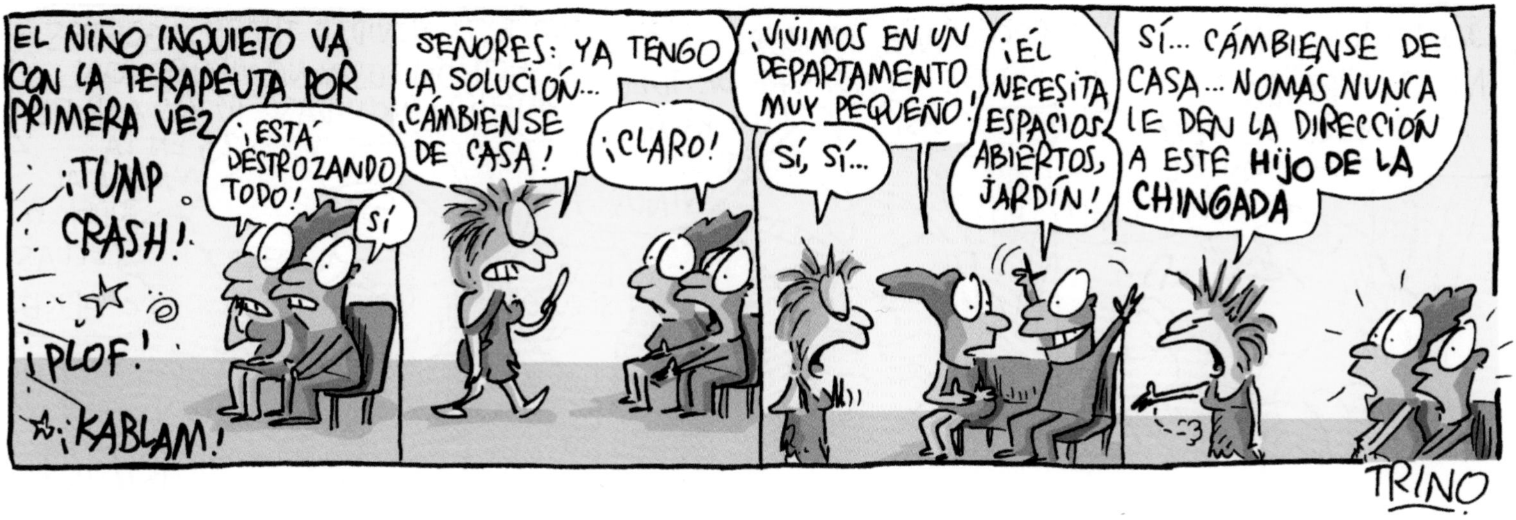
EL NIÑO INQUIETO VA CON LA TERAPEUTA POR PRIMERA VEZ
¡TUMP CRASH!
¡PLOF!
¡KABLAM!
¡ESTÁ DESTROZANDO TODO!
SÍ
SEÑORES: YA TENGO LA SOLUCIÓN... ¡CÁMBIENSE DE CASA!
¡CLARO!
¡VIVIMOS EN UN DEPARTAMENTO MUY PEQUEÑO!
SÍ, SÍ...
¡ÉL NECESITA ESPACIOS ABIERTOS, JARDÍN!
SÍ... CÁMBIENSE DE CASA... NOMÁS NUNCA LE DEN LA DIRECCIÓN A ESTE HIJO DE LA CHINGADA
TRINO

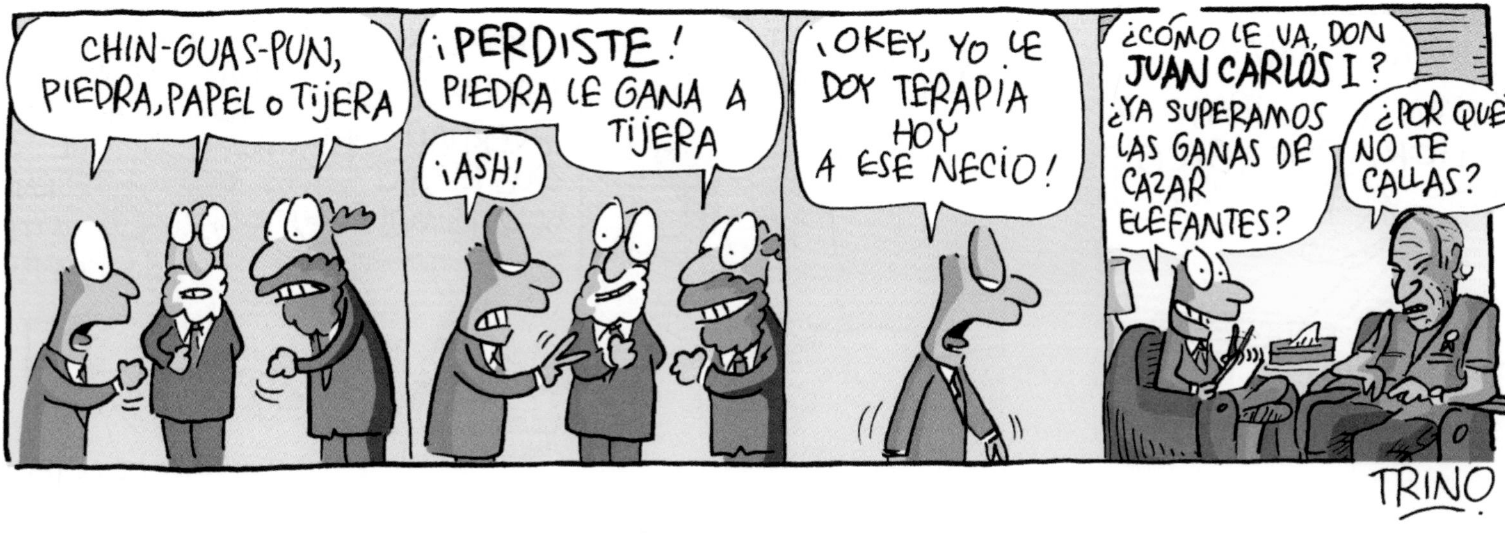
CHIN-GUAS-PUN, PIEDRA, PAPEL O TIJERA
¡PERDISTE! PIEDRA LE GANA A TIJERA
¡ASH!
¡OKEY, YO LE DOY TERAPIA HOY A ESE NECIO!
¿CÓMO LE VA, DON JUAN CARLOS I? ¿YA SUPERAMOS LAS GANAS DE CAZAR ELEFANTES?
¿POR QUÉ NO TE CALLAS?
TRINO

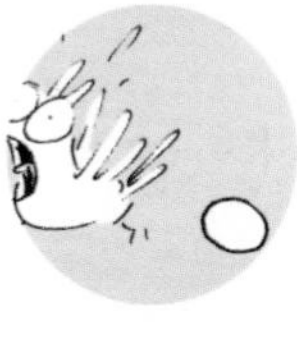

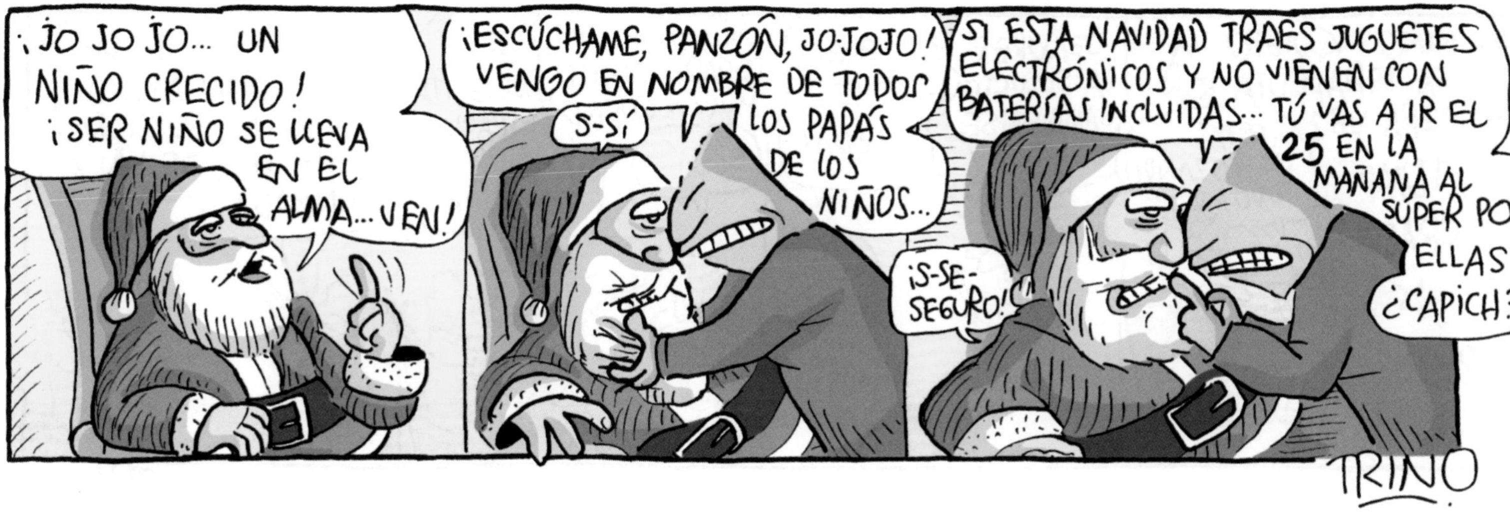
¡JO JO JO... UN NIÑO CRECIDO! ¡SER NIÑO SE LLEVA EN EL ALMA... VEN!
¡ESCÚCHAME, PANZÓN, JO-JOJO! VENGO EN NOMBRE DE TODOS LOS PAPÁS DE LOS NIÑOS...
S-SÍ
SI ESTA NAVIDAD TRAES JUGUETES ELECTRÓNICOS Y NO VIENEN CON BATERÍAS INCLUIDAS... TÚ VAS A IR EL 25 EN LA MAÑANA AL SÚPER POR ELLAS ¿CAPICH?
¡S-SE-SEGURO!
TRINO

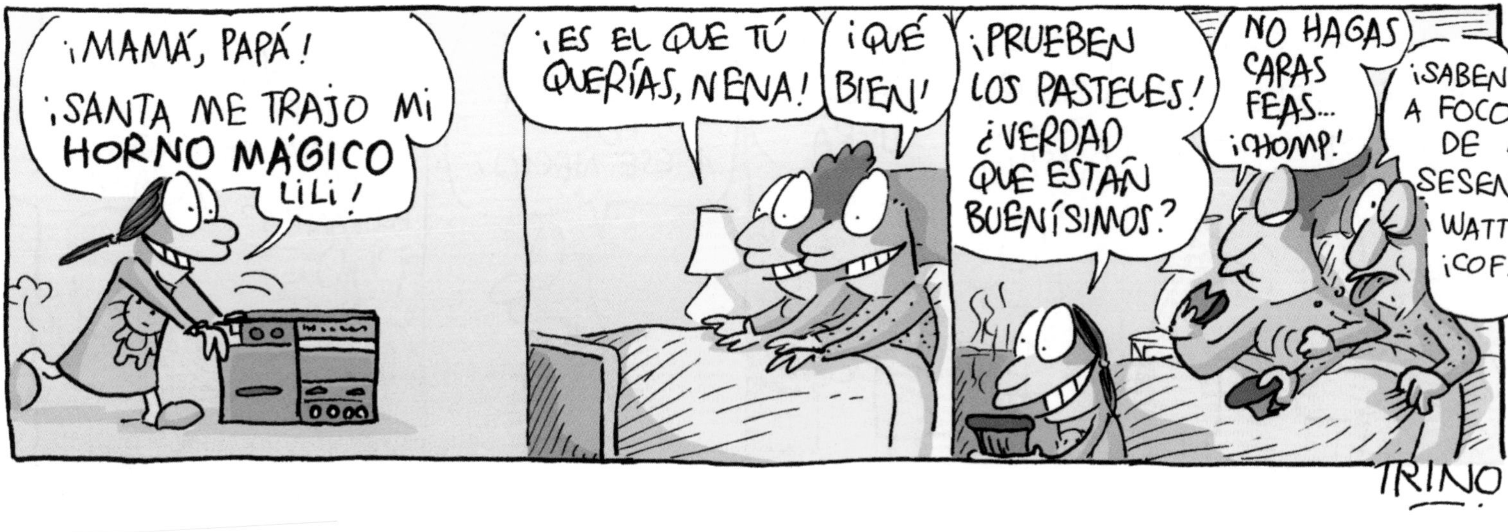
¡MAMÁ, PAPÁ! ¡SANTA ME TRAJO MI HORNO MÁGICO LILI!
¡ES EL QUE TÚ QUERÍAS, NENA!
¡QUÉ BIEN!
¡PRUEBEN LOS PASTELES! ¿VERDAD QUE ESTÁN BUENÍSIMOS?
NO HAGAS CARAS FEAS... ¡CHOMP!
¡SABEN A FOCO DE SESENTA WATTS! ¡COF!
TRINO

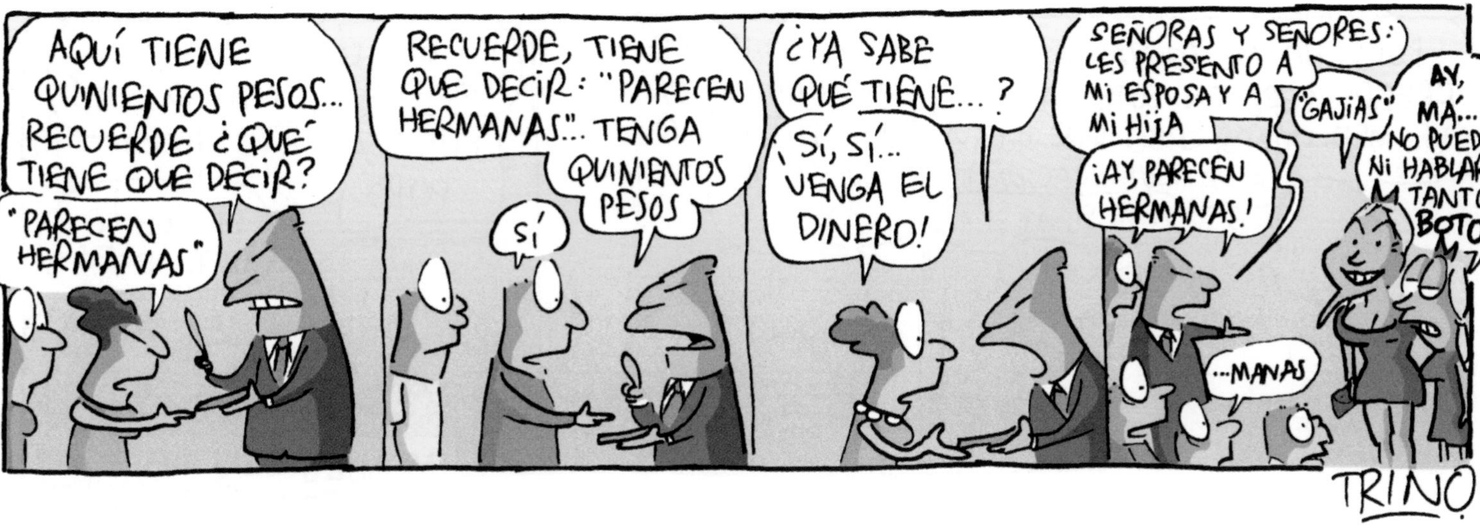
AQUÍ TIENE QUINIENTOS PESOS... RECUERDE ¿QUÉ TIENE QUE DECIR?
"PARECEN HERMANAS"
RECUERDE, TIENE QUE DECIR: "PARECEN HERMANAS"... TENGA QUINIENTOS PESOS
SÍ
¿YA SABE QUÉ TIENE... ?
SÍ, SÍ... VENGA EL DINERO!
SEÑORAS Y SEÑORES: LES PRESENTO A MI ESPOSA Y A MI HIJA
¡AY, PARECEN HERMANAS!
...MANAS
"GAJIAS"
AY, MÁ... NO PUEDES NI HABLAR DE TANTO BOTOX
TRINO

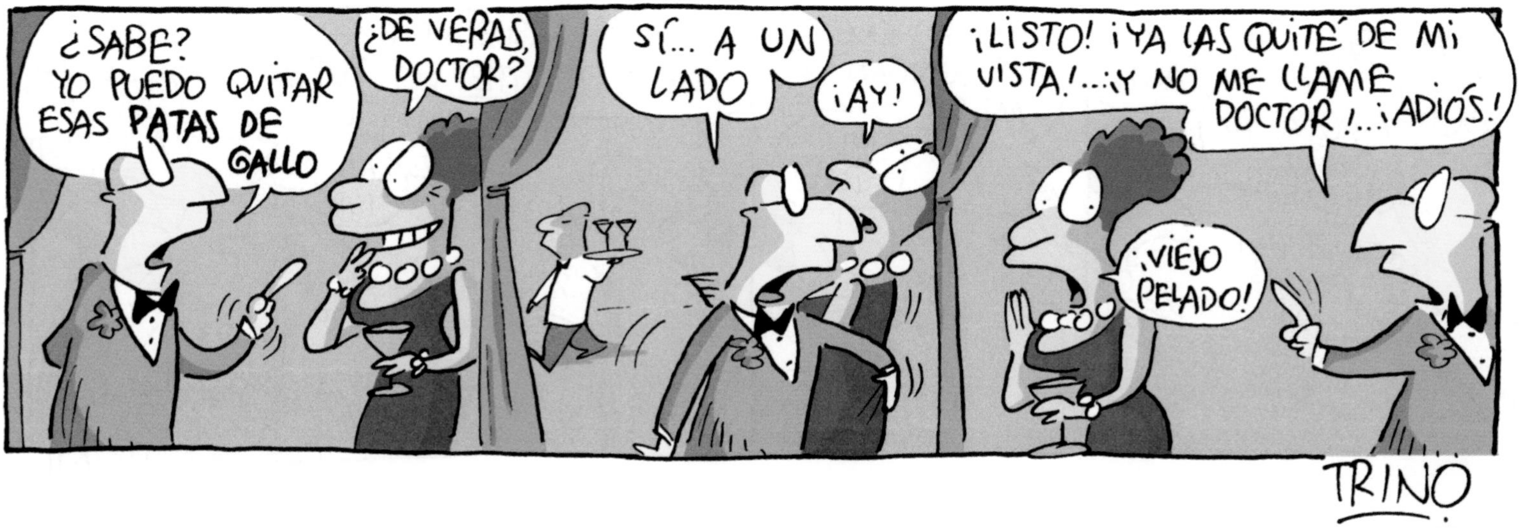
¿SABE? YO PUEDO QUITAR ESAS PATAS DE GALLO
¿DE VERAS, DOCTOR?
SÍ... A UN LADO
¡AY!
¡LISTO! ¡YA LAS QUITÉ DE MI VISTA!... ¡Y NO ME LLAME DOCTOR!... ¡ADIÓS!
¡VIEJO PELADO!
TRINO

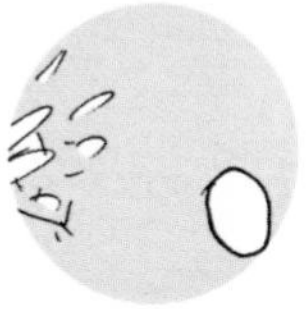

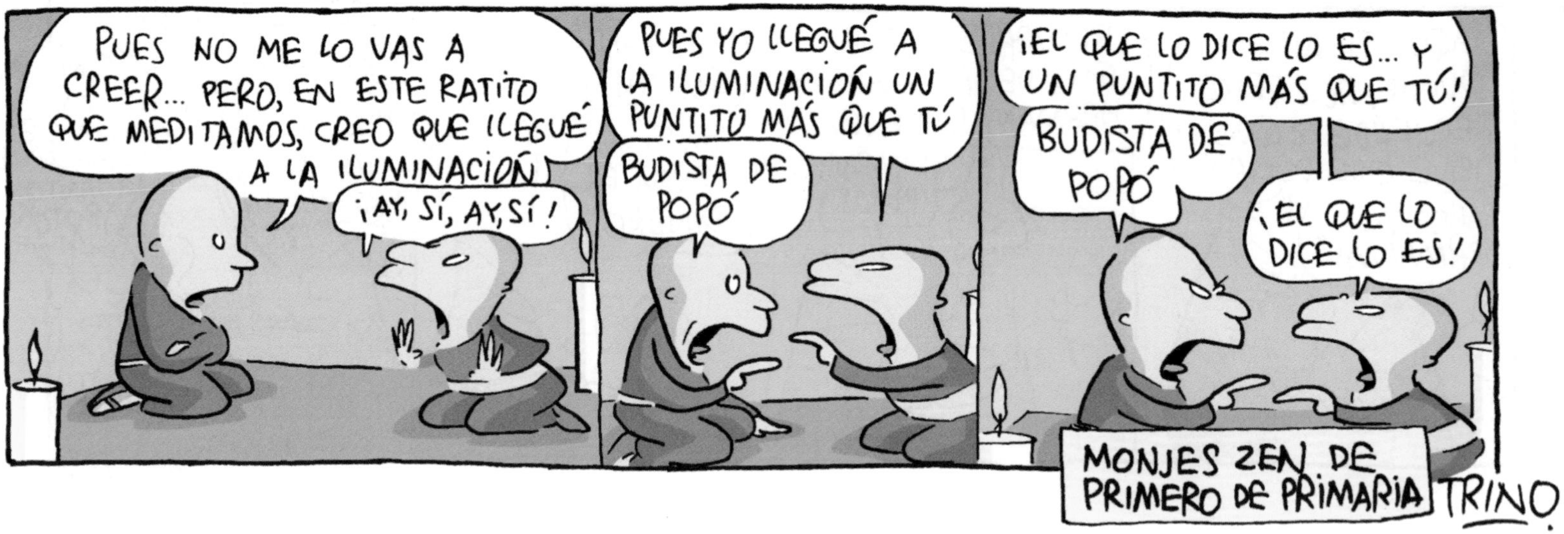
PUES NO ME LO VAS A CREER... PERO, EN ESTE RATITO QUE MEDITAMOS, CREO QUE LLEGUÉ A LA ILUMINACIÓN
¡AY, SÍ, AY, SÍ!
PUES YO LLEGUÉ A LA ILUMINACIÓN UN PUNTITO MÁS QUE TÚ
BUDISTA DE POPÓ
¡EL QUE LO DICE LO ES... Y UN PUNTITO MÁS QUE TÚ!
BUDISTA DE POPÓ
¡EL QUE LO DICE LO ES!
MONJES ZEN DE PRIMERO DE PRIMARIA
TRINO

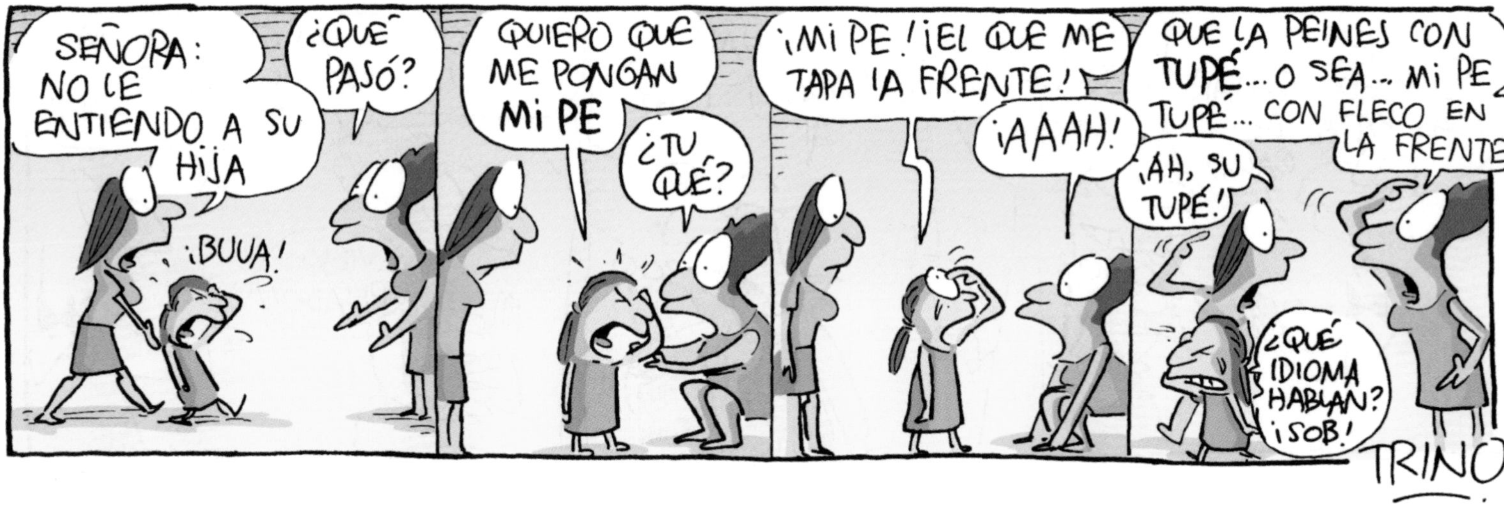
SEÑORA: NO LE ENTIENDO A SU HIJA
¿QUÉ PASÓ?
¡BUUA!
QUIERO QUE ME PONGAN MI PE
¿TU QUÉ?
¡MI PE! ¡EL QUE ME TAPA LA FRENTE!
¡AAAH!
QUE LA PEINES CON TUPÉ... O SEA... MI PE TUPÉ... CON FLECO EN LA FRENTE
¡AH, SU TUPÉ!
¿QUÉ IDIOMA HABLAN? ¡SOB!
TRINO

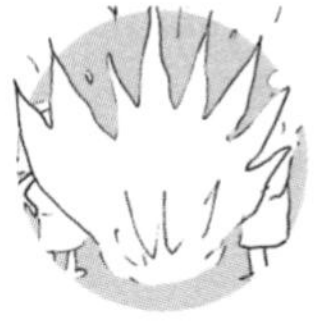

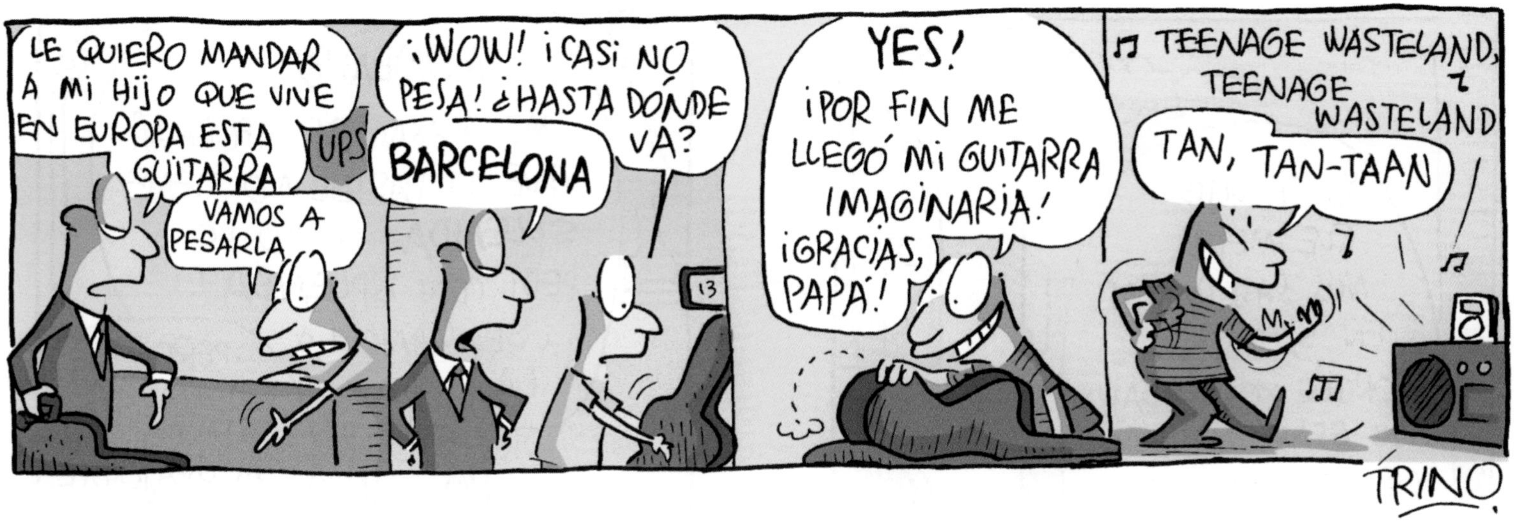
LE QUIERO MANDAR A MI HIJO QUE VIVE EN EUROPA ESTA GUITARRA
UPS
VAMOS A PESARLA
¡WOW! ¡CASI NO PESA! ¿HASTA DÓNDE VA?
BARCELONA
13
YES!
¡POR FIN ME LLEGÓ MI GUITARRA IMAGINARIA!
¡GRACIAS, PAPÁ!
♫ TEENAGE WASTELAND, TEENAGE WASTELAND
TAN, TAN-TAAN
TRINO

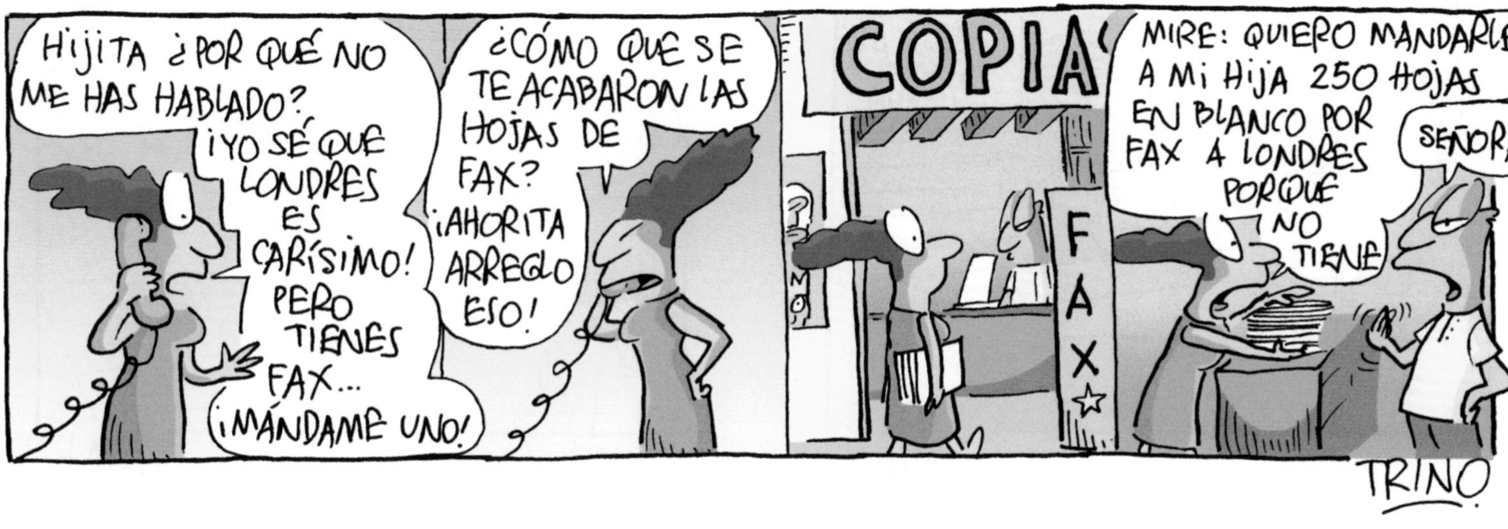
HIJITA ¿POR QUÉ NO ME HAS HABLADO?
¡YO SÉ QUE LONDRES ES CARÍSIMO! PERO TIENES FAX...
¡MÁNDAME UNO!
¿CÓMO QUE SE TE ACABARON LAS HOJAS DE FAX?
¡AHORITA ARREGLO ESO!
COPIA
FAX☆
MIRE: QUIERO MANDARLE A MI HIJA 250 HOJAS EN BLANCO POR FAX A LONDRES PORQUE NO TIENE
SEÑORA...
TRINO

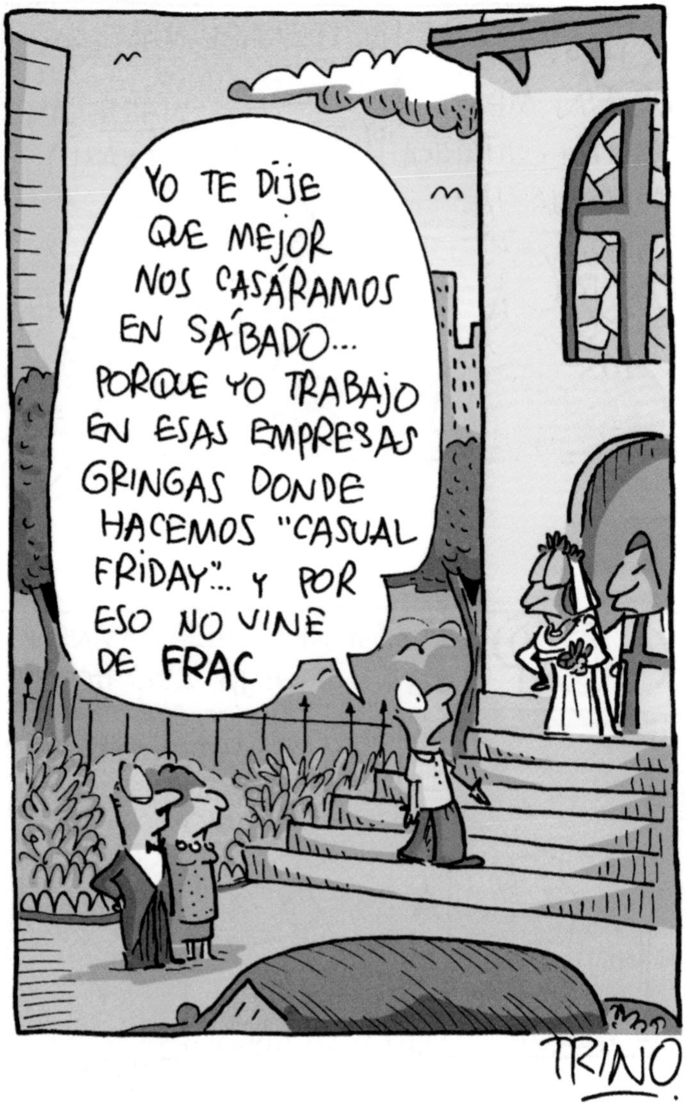
YO TE DIJE QUE MEJOR NOS CASÁRAMOS EN SÁBADO... PORQUE YO TRABAJO EN ESAS EMPRESAS GRINGAS DONDE HACEMOS "CASUAL FRIDAY"... Y POR ESO NO VINE DE FRAC
TRINO

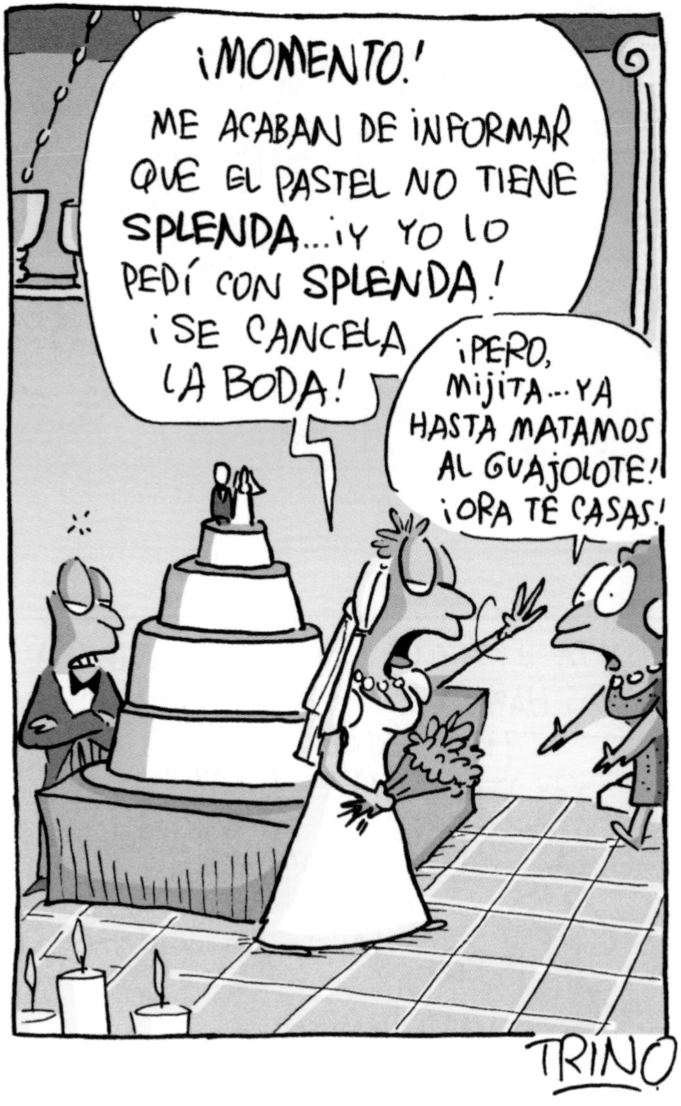
¡MOMENTO! ME ACABAN DE INFORMAR QUE EL PASTEL NO TIENE SPLENDA... ¡Y YO LO PEDÍ CON SPLENDA! ¡SE CANCELA LA BODA!
¡PERO, MIJITA... YA HASTA MATAMOS AL GUAJOLOTE! ¡ORA TE CASAS!
TRINO

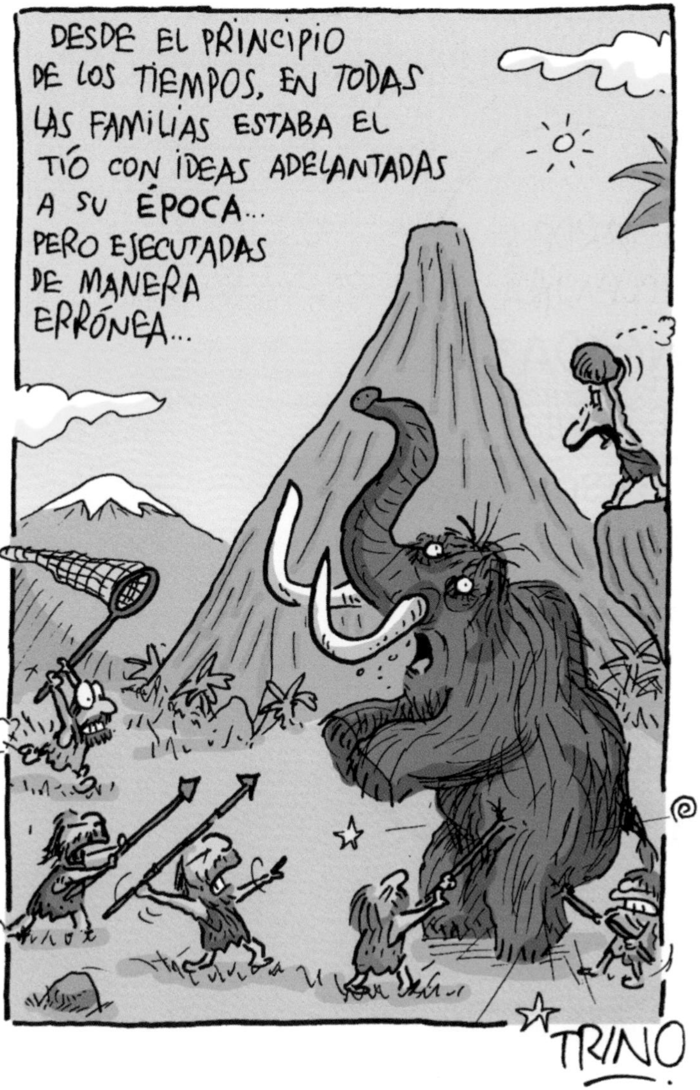
DESDE EL PRINCIPIO DE LOS TIEMPOS, EN TODAS LAS FAMILIAS ESTABA EL TÍO CON IDEAS ADELANTADAS A SU ÉPOCA...
PERO EJECUTADAS DE MANERA ERRÓNEA...
TRINO

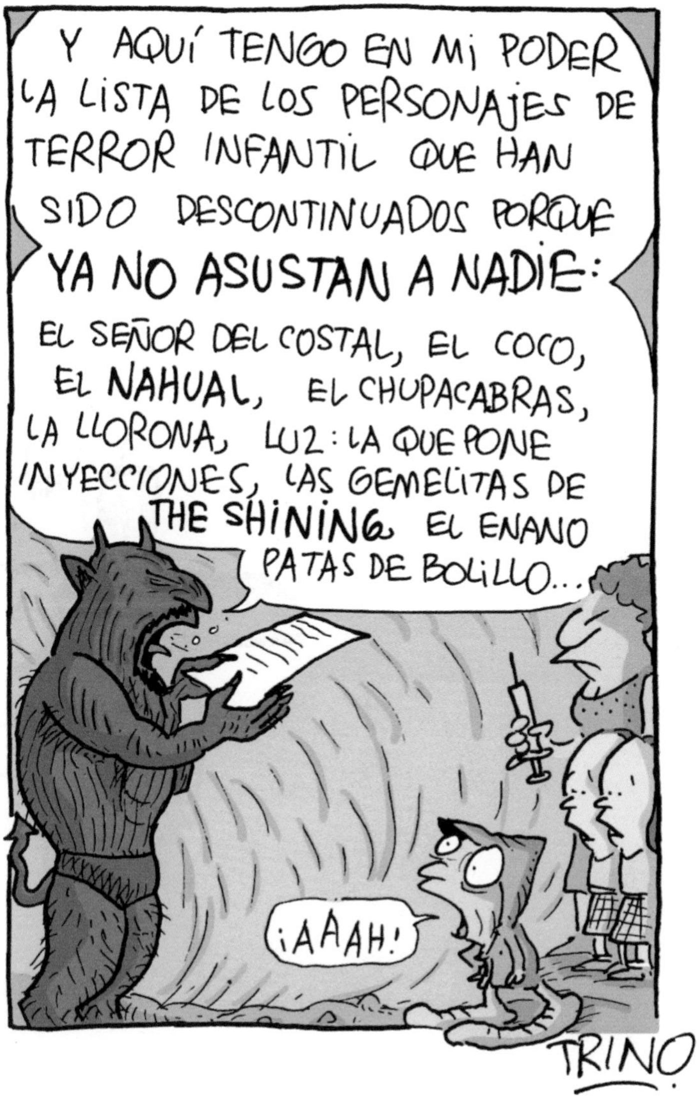
Y AQUÍ TENGO EN MI PODER LA LISTA DE LOS PERSONAJES DE TERROR INFANTIL QUE HAN SIDO DESCONTINUADOS PORQUE YA NO ASUSTAN A NADIE: EL SEÑOR DEL COSTAL, EL COCO, EL NAHUAL, EL CHUPACABRAS, LA LLORONA, LUZ: LA QUE PONE INYECCIONES, LAS GEMELITAS DE THE SHINING, EL ENANO PATAS DE BOLILLO...
¡AAAH!
TRINO

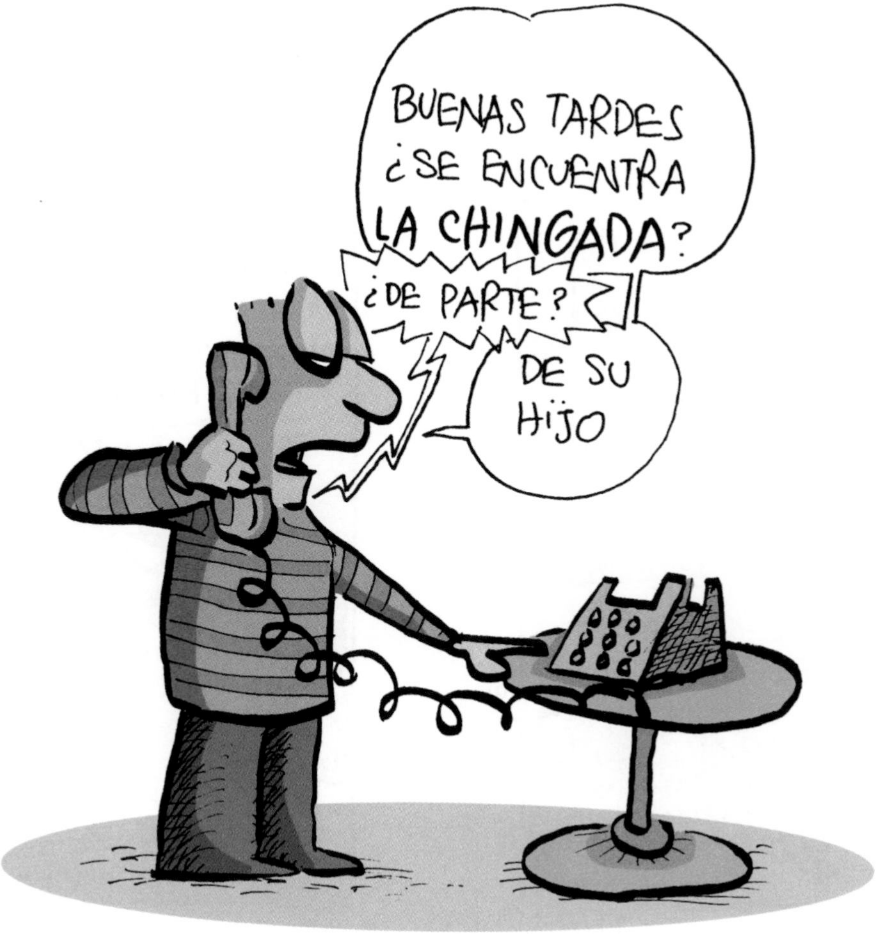
BUENAS TARDES ¿SE ENCUENTRA LA CHINGADA?
¿DE PARTE?
DE SU HIJO

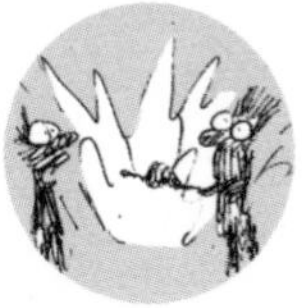

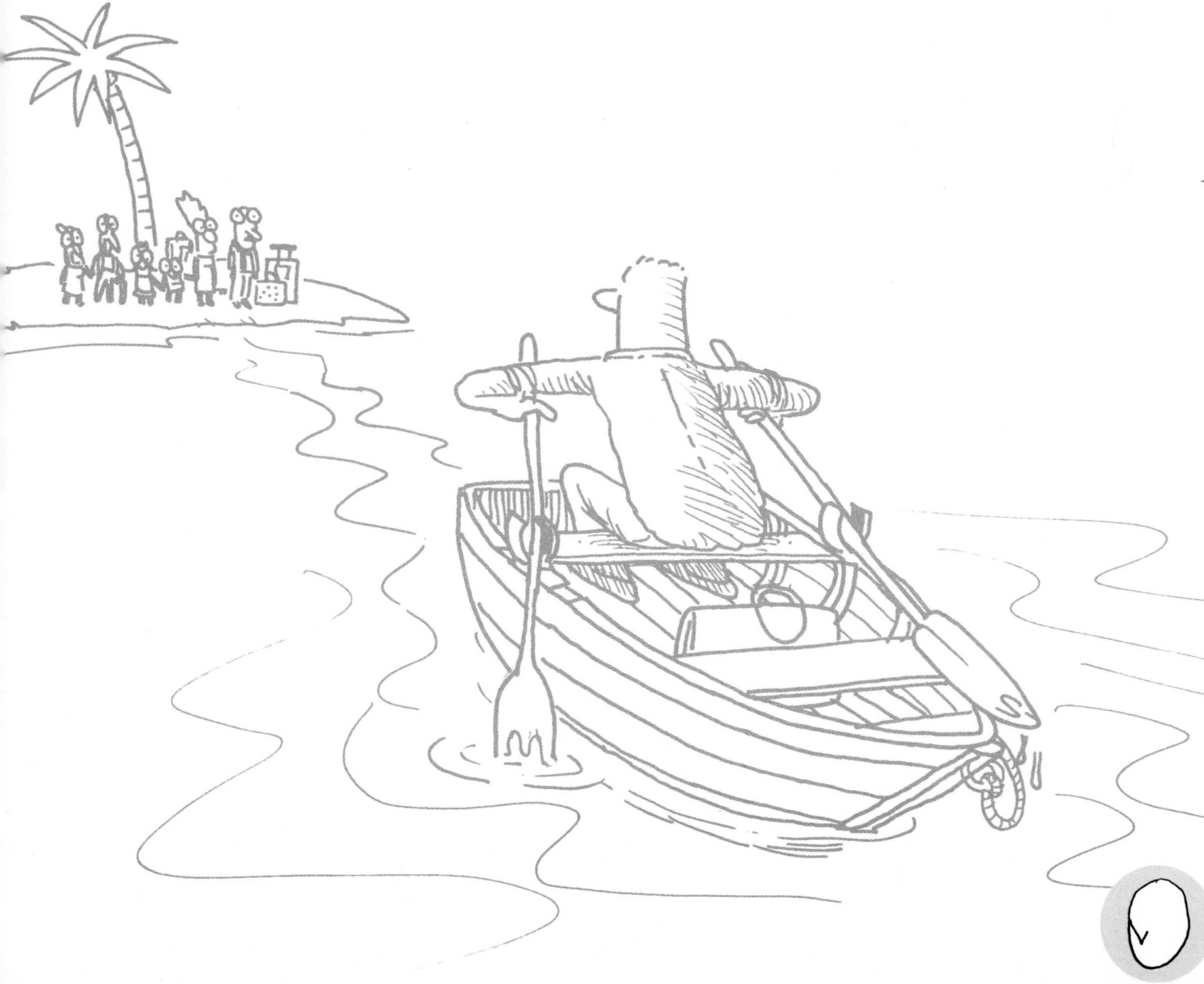

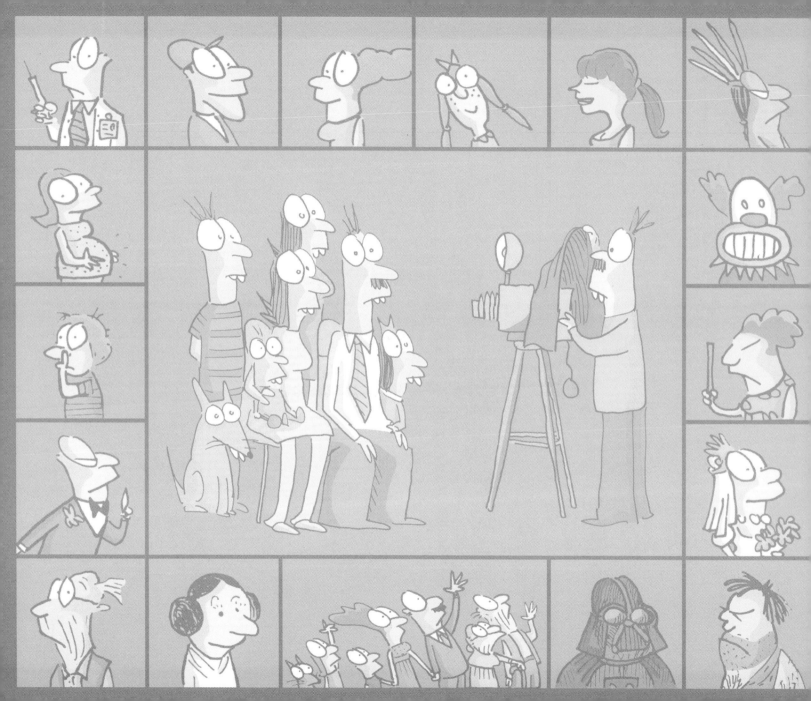